三亚学院应用法学研究所
法治前沿高端文库

智能司法与综合执法理论及实践

刘雅斌 主编

法律出版社
LAW PRESS · CHINA
北京

图书在版编目(CIP)数据

智能司法与综合执法理论及实践 / 刘雅斌主编. --
北京：法律出版社, 2022
ISBN 978-7-5197-7316-8

Ⅰ. ①智… Ⅱ. ①刘… Ⅲ. ①人工智能-应用-行政执法-研究 Ⅳ. ①D912.112.04

中国版本图书馆CIP数据核字(2022)第224138号

智能司法与综合执法理论及实践
ZHINENG SIFA YU ZONGHE ZHIFA LILUN JI SHIJIAN

刘雅斌 主编

策划编辑 董 昱
责任编辑 董 昱
装帧设计 汪奇峰 贾丹丹

出版发行 法律出版社
编辑统筹 法规出版分社
责任校对 张红蕊
责任印制 耿润瑜
经　　销 新华书店

开本 710毫米×1000毫米 1/16
印张 16.75 **字数** 300千
版本 2022年12月第1版
印次 2022年12月第1次印刷
印刷 北京虎彩文化传播有限公司

地址:北京市丰台区莲花池西里7号(100073)
网址:www.lawpress.com.cn
投稿邮箱:info@lawpress.com.cn
举报盗版邮箱:jbwq@lawpress.com.cn

销售电话:010-83938349
客服电话:010-83938350
咨询电话:010-63939796

书号:ISBN 978-7-5197-7316-8
定价:78.00元

凡购买本社图书,如有印装错误,我社负责退换。电话:010-83938349

前　　言

进入21世纪以来，随着大数据技术的发展、算力的增强以及深度学习算法的应用，人工智能技术迎来了第三次研发的热潮，为充分运用大数据、云计算、人工智能等现代科技破解改革难题、提升司法效能，推动人民法院司法改革与智能化、信息化建设两翼发力，促进审判体系和审判能力现代化提供有力技术支撑。公正和效率是司法的两大价值追求。智能司法应用通过案件管理、诉讼服务和审判流程上实现信息化和网络化提升司法效率；通过起草法律文书、法规检索，利用计算机模型来评估事实、预测判决等进一步保障司法公正。中国司法发展方向在司法专业化和司法社会化之间不断选择和交融，司法专业化中心问题是司法理性，法官有能力、有条件进行以独立判断为基础的复杂智识活动。司法社会化的中心问题是司法公信，即司法工作让人民满意。智能司法通过类案推送、平台的建设、判决结果偏离度预警等辅助裁判，充分保障当事人程序上和实体上的权力，实现从司法理性到司法公正再到司法公信的效果。

2016年7月，中共中央办公厅、国务院办公厅出台《国家信息化发展战略纲要》，提出“以信息化推进国家治理体系和治理能力现代化”，“建设‘智慧法院’，提高案件受理、审判、执行、监督等各环节信息化水平，推动执法司法信息公开，促进司法公平正义”。智慧法院建设中的司法大数据收集与沉淀，为司法智能化打下了海量的“数据”基础。2017年7月，习近平总书记在全国司法体制改革推进会上作出了“要遵循司法规律，把深化司法体制改革和现代科技应用结合起来，不断完善和发展中国特色社会主义司法制度”的重要指示，为我国司法制度的完善明确了路径，同时提出了大数据、人工智能技术与司法深度融合的基本要求。2019年2月27日，最高人民法院颁布的《人民法院第五个五年改革纲要(2019—2023)》将“全面推进智慧法院建设，推动建立跨部门大数据办案平台，促进语音识别、远程视频、智能辅助、电子卷宗等科技创新手段深度运用，有序扩大电子诉讼覆盖范围，推动实现审判方式、诉讼制度与互联网技术深度融合，构建中国特色社会主义现代化智慧法院应用体系”作为改革总体目标之一。2022年7月29日，科技部等六部门联合印发《关于加快场景创新以人工智能高水平应用促进经济高质量发展的指导意见》，推进司法智能化，强调建设一体化的智慧法庭数据平台，促进人工智能在证据收集、案例分析、法律文件阅读与分析中的应用，实现法院审判体系和审判能力智能化。从国家政策指引上可以看出，现代科技正逐步深度嵌入司法审判的核心地带，由案件管理数字化、审判流程信息化、在线诉讼等向大数据、人工智能辅助司法裁判过渡。

智能司法离不开我国法院信息化建设，信息化基础构建肇始于20世纪90年代中期，以“全国法院通信及计算机工作会议”为标志，到2013年前后。其主要集中于建设信息化硬件设施和开发平台系统，如各类办公自动化设备、办公网络、机房，法院的网站、微博、微信公众号等司法政务、信息公开平台，办公系统、审判流程管理系统等，将法院的行政办公和审判执行业务流程用信息化的方式作了呈现和表达。2013年，最高人民法院启动数据集中管理平台的建设，各级法院也纷纷开始建设数据中心，提出了“让数据说话、让数据跑路”和建设“数据法院”的设想和规划。在司法大数据收集与沉淀阶段，法院意识到办案中沉淀下的数据有着巨大价值，需要进行深度挖掘与利用。该阶段收集和沉淀的数据资源为研究司法提供了重要的信息和数据基础。前两个阶段的信息化建设为智慧法院全面建设奠定了强大的算力、系统平台基础，获取了丰富的数据资源。2019年，随着《人民法院第五个五年改革纲要（2019—2023）》提出全面推进智慧法院建设，司法进入全领域智能化发展阶段，体现在构建完备的法院智能化应用体系、审判执行智能辅助支撑体系、智能审判监督管理体系三个方面。

在第三次科技革命浪潮的推动下，全球主要国家均致力于推进人工智能技术在司法裁判中的运用，但是在融合深度上，各国态度不一。欧洲国家在对待数字经济、人工智能技术方面的政策相对保守，法律规制也比较严苛，导致欧盟主要国家司法机关对于智能技术的应用多停留在法院管理和辅助事务上，例如，法国立法机关颁布“法官画像”禁令，禁止基于法官身份的数据分析、比较、评估与预测。美国在人工智能技术的发展和应用上持开放态度，基于COMPAS系统的刑事司法系统风险评估工具被广泛应用，但在最为关键的裁判领域——定罪或决定诉讼请求的支持与否事项上的决策仍是由法官决定。相较而言，我国司法大数据和人工智能的应用具有全场景、全业务、全流程的特征，《最高人民法院关于加快建设智慧法院的意见》指出，“挖掘利用海量司法案件资源，提供面向各类诉讼需求的相似案例推送、诉讼风险分析、诉讼结果预判”,但这并没有改变法官是司法裁判的主体,智能系统仅起到辅助法官的角色定位。

人工智能与司法裁判的深度融合,一定程度上依赖于既懂法学知识又有计算机学科背景的复合型人才,然而我国高等教育学科专业划分“精细”,导致这样的人才十分稀缺,不利于智能司法的研究。三亚学院是一所涵盖经济学、管理学、法学、文学、教育学、艺术学、工学、理学、医学等9个学科门类的全日制普通本科高等院校,为适应智能司法人才的培养创造了有利的教育资源。法学院始于2005年的建校之初,立足国际国内发展机遇,以“适应国家和区域战略需求、坚持错位发展、突出实务特色”为理念,以“法治研究前沿、法律实务教育高地”为目标,以培养“通识和专才皆备、知识和技能并举”的应用型、复合型高素质法治人才为己任,始终贯彻“以德树人”“全程育人”“全面质量观”等办学理念,积极开展法学应用研究,为国家培养和储备法律+经贸+外语的具有国际视野、通晓国际规则的卓越法治人才。三亚学院法学专业近20年来坚持“政产学研用”一体化人才培养模式,为海南省地方法治建设输送了大量人才,学院不断加强与其他高校科研机构的合作,共同开展应用法学的理论和实践研究,紧紧围绕智能司法、企业合规及综合执法开展前沿研究,取得了丰硕的成果,在学术研究上不断取得新成就。

本书是三亚学院法学院联合我国部分高校和科研机构,以及实务界对智能司法相关领域进行理论研究和实践探索所取得的相应成果的集成,它的出版既是法学专业办学成果的展现,也是鼓舞三亚学院特别是三亚学院法学院师生继续前进的动力。希望本书的出版能有助于我国智能司法事业的发展、进步和完善。

感谢所有高校、科研机构和实务界,以及各位作者的大力支持!

编　者

2022年9月

目　录

第一编
智能司法理论与实践研究

第一编
智能司法理论与实践研究

论人工智能的法律地位

水木晴美　沈信楠　刘雅斌*

绪　论

(一)文献综述

袁曾在《人工智能有限法律人格审视》中认为将人工智能看作“具有智慧工具性质又可作出独立意思表示的特殊主体较妥”。但是整个学说又有一些问题，后来张玉洁在《人工智能时代的机器人权利及其风险规制》中提出“拟制人格说”，认为随着社会经济的发展，有必要赋予机器人拟制的法律人格以便利其使用。杨清望、张磊在《论人工智能的拟制法律人格》中认为人类与人工智能之间可能存在矛盾或侵权的现象，为了解决这个问题，从保护人类利益的角度考虑，可以考虑赋予人工智能以拟制的法律人格。吴汉东在《人工智能时代的制度安排与法律规制》中提出智能机器人中的智能系统虽然具备一定的智能，但此种智能与人类有意识的行为性质完全不同。

外国学者认为可以借鉴公司制度，既然法律可以赋予公司以法律人格，那么也可以赋予人工智能法律人格，可以将人工智能看作“电子人”，但不同于自然人、法人以及非法人组织，是一类全新的法律主体。因此，为了让人工智能自身可以承担责任，可以赋予人工智能以法律人格。笛卡儿认为，人与机器的区别有两点：一是人能够使用语言，而机器不能；二是人具有学习的能力，而机器没有。20 世纪 70 年代，法国哲学家拉梅特里提出“人是机器”的观点，即人的运行原理与机器相同。

---

* 水木晴美，三亚学院法学院副教授。研究方向：民商法学。
沈信楠，北京曲和直律师事务所律师。
刘雅斌，三亚学院法学院教授。研究方向：宪法学。

（二）写作背景

随着社会经济的不断发展，人工智能技术取得飞跃式的发展，在社会的各个领域产生了重大的影响。在交通领域，自动驾驶汽车技术取得了较大突破，未来人类会摆脱枯燥的驾驶活动，开启全新的驾车体验；在社会的其他领域，人工智能也在不断地为人类“代劳”，如配音、计算、撰写新闻稿等，甚至被赋予公民身份。但是随着人工智能技术的进步，相关法律制度上的不足也逐渐暴露。例如，人工智能所获得的收益是否能够归其所有，人工智能侵权或者被侵权应当如何进行相关救济？人工智能所产出的智力成果，是否应当受到保护，应当归属于谁？人工智能究竟具有怎样的法律地位，已成为人工智能相关法律争议研究的重要问题，迫切需要解决。因此，对该问题的研究具有一定的现实意义。笔者通过对学说的归纳和梳理后认为，关于法律地位的主要理论分为法律主体说和法律客体说。

（三）写作意义

随着社会经济、科技的不断发展与创新，人工智能技术取得飞跃式的进步，在人类社会的各个领域产生了重大的影响，为人类做出巨大的贡献。但是在人工智能技术发展、进步的过程中，相关法律制度上应对的不足也暴露出来。目前，关于人工智能的法律地位理论主要分为法律主体说和法律客体说，但由于时代与伦理视角限制，并不能赋予人工智能法律主体地位。在人工智能时代，应当先以法律客体作为人工智能的法律地位。当前人工智能尚不具有“自我意识”，因此也不应当赋予其法律主体地位。如若未来科技取得突破，人工智能具有了“自我意识”，那么人工智能应当被赋予法律主体地位，相关法律地位的内容设计也应当随之展开。

一、人工智能的界定

（一）人工智能的概念

人工智能是人类跨越新世纪以来，科技水平飞速发展中所诞生的产物。虽然人工智能的发展距今已有半个多世纪的历程，但是在学术界，人工智能的概念仍然没有统一。不同学者对人工智能下了不同的定义。例如，我国学者王咏刚等提出，人工智能是一个可以不需要人类教导的，可以靠自我认知事物来实现自我提升的智能机器。但是我国另一位学者马长山教授认为，目前由于人类科技水平有限,人工智能目前尚不属于可以自我思考,和人类一样合理行动的人工智能,它现阶段只是高智能的机器①。笔者比较认同后一位学者的观点。当前的人工智能只是在人类事先植入芯片、输入指令后,机械地、被动地完成人类所下达的工作任务的高智能的机器或者工具。

(二)人工智能的特征

1. 自主性

自主性即指人工智能能够独立于人类的指令或控制,能够自主地与外部世界进行信息交互和沟通,其不再单纯是人类的工具,它们能做出独立于人类的行为,且它们的行为大多无法被人类所预料。这与传统的物截然不同。

2. 自我学习能力

人工智能机器人在运行的过程中,不断地利用自身的传感器和接收器来接收来自外界世界的信息,不断自主处理信息,从信息中不断认识外部世界,实现人工智能的自主运行。相比于传统意义上的机器人,其通常具有可预测性,人类可以预测其发展,而人工智能因其自我学习能力,人类无法预测其能够学习、进化到何种程度。

3. 执行力

人工智能拥有的决策能力以及执行能力,使其区别于传统的人工智能和人工智能软件程序。人工智能能够自主地作出决策并按照决策进行执行,进而与外部世界进行信息交互,这是传统的人工智能和人工智能软件程序所不能实现的。

二、界定人工智能法律地位的重要性

随着人类在人工智能领域的不断探索,以机器人为代表的人工智能产品不断融入我们的日常生活中来,给我们带来便利和巨大的价值。例如,在某些高校出现了机器人送外卖、配送快递,给我们带来了便捷。尤其是在新冠肺炎疫情中,在给隔离在家的人员送生活用品时人工智能机器人发挥了巨大的作用,为保障人民的生活和控制疫情的传播做出了卓越的贡献;在交通领域,自动驾驶汽车给予我们的日常交通出行带来了便利,也减少了交通事故发生的概率,让我们愈来愈注

① 参见马长山:《人工智能的社会风险及其法律规制》,载《法学科学(西北政法大学学报)》2018年第6期。

意到界定人工智能法律地位的重要性。与此同时,随着人工智能与我们生活越来越相靠近,也引发人工智能侵权责任认定和责任承担问题。例如,在自动驾驶领域,随着自动驾驶汽车出现在我们日常生活出行中,不断有关于自动驾驶汽车交通事故的发生,在工业生产领域和服务领域的机器人造成人员伤亡的事件也有发生。我们不难预见到,如果当前的人工智能的技术水平没有提高,而人工智能的产品越来越与我们的生活相互联系,人工智能造成的侵权事件数量也会随之增长,由此引发侵权责任承担的问题。因此,无论是从人工智能本身的价值属性,还是从人工智能所引发的一系列侵权责任问题来看,界定人工智能法律地位都显得尤为重要。

为了解决人工智能所引发的事故责任问题,许多专家学者提出了自己的观点。有的学者认为,人工智能仍然属于法律客体,对于其所造成的损害,现有的法律责任框架下可以解决,就定性为产品侵权责任,由生产者、销售者来承担责任即可。如果人工智能的所有者没有尽到应尽的义务,也要承担相应的责任①。与这种学说针锋相对的是主体规制路径,他们主张应当赋予人工智能以法律人格。例如,有学者认为,人工智能一旦脱离生产者的控制,能够独立自主地运行,具有独立的判断能力,基于此,应当主张与生产者没有因果关系,生产者无须承担产品责任②。为了解决人工智能的责任承担问题,我们应当赋予其法律人格,可以试用替代责任,由人工智能的所有人或管理人承担类似雇佣者的责任③。显然,人工智能的法律地位问题直接关系着相关的责任设计和规制。

三、人工智能法律客体地位的学说及其述评

法律客体的定义,一直以来都是法学界所争论的对象。法学界中不同的学者对于法律客体也提出了诸多不同的学说。有学者认为法律客体就是权利义务所指向的对象④。也有学者认为法律客体就是在法律关系所调整的社会关系中所表现出来的具体的现象、事物和行为⑤。通过归纳和整理国内外的学说,笔者认为,

---

① 参见龙文懋:《人工智能法律主体地位的法哲学思考》,载《法律科学(西北政法大学学报)》2018年第5期。

② 参见许中缘:《论智能机器人的工具性人格》,载《法学评论》2018年第5期。

③ 参见吴汉东:《人工智能时代的制度安排与法律规制》,载《法律科学(西北政法大学学报)》2017年第5期。

④ 参见玛·巴·卡列娃等:《国家和法的理论》(下),中国人民大学出版社1956年版,第449页。

⑤ 参见西南政法学院国家与法的理论教研室:《法学基础理论参考资料》(下),第105页。

法律客体是指法律关系参与者的权利义务所指向的对象。目前学术上,基本主张赋予人工智能以法律客体地位,但是,不同的学说之间,仍然有细微的差异。

(一)一般客体说

该学说认为现阶段人工智能虽然发展到了一定的程度,也具备了一定的智能,但是与人类的意识的性质相差甚远。同时,人工智能虽然也具备一定的自我学习、自我提升的能力,但是其学习的范围和学习的能力,都是人预先所设定、输入的。人工智能不具备人的精神和心灵,在这一点上,与人类相距甚远①。还有学者认为,人工智能属于民法学中的"物",尽管有些人工机器人具有人工类人格,与人格在一定程度上有类似,但是两者仍然不能相比。所以说,人工类人格本质上仍然不是人格,仍然具备物的属性②。

一般客体说的问题在于忽视了人工智能与传统的物存在较大的差异性,人工智能有高度的智能,能独立地完成人类所下达的各项任务工作,这是与传统的物的不同之处。所以,"一般客体说"对人工智能的特点没有全面地了解和关注。

(二)动物说

有学者提出,人工智能可以与动物相类比,它们都具有自主行动的能力。因此,人工智能的侵权导致的责任承担可以参照饲养动物致人损害的规制,在动物致人损害的事件中,动物的责任并不是很重要,其背后的所有人才是法律所关注的,因此,人工智能侵害他人权利的行为中,人工智能本身并不值得法律追究,其所有人、制造商或使用人则应承担相应的责任。

"动物说"的问题在于:第一,人工智能是人类的产物,而动物是天然的,是自然生物。第二,动物跟人类一样也有自己的情感和自我意识,但人工智能是否有自己的意识和情感尚未可知。第三,动物和人工智能的学习方式和学习能力也不同,动物是自发能动地学习,但受到一定的学习能力的限制,而人工智能的学习能力是人类给予的,理论上没有限制的。而且该学说也不能很好地解决人工智能责任承担的问题,例如,开车驾驶导致侵害他人的合法利益,若当时汽车是自动驾

---

① 参见吴汉东:《人工智能时代的制度安排与法律规制》,载《法律科学(西北政法大学学报)》2017年第5期。

② 参见杨立新:《人工类人格:智能机器人的民法地位——兼论智能机器人致人损害的民事责任》,载《求是学刊》2018年第4期。

驶,则适用动物侵权的规制,若当时是个人驾驶,则适用机动车交通侵权的规制,这显然不妥。

(三)奴隶说

有学者提出,现阶段,尽管人工智能已经发展到了一定程度,已经具有一定的智能,但是也只能被视为客体,最多是会说话的物,这就像古罗马时期的奴隶一样。在古罗马时期,奴隶都是处于法律客体的地位,如果出现奴隶侵害他人财物的行为,他们的所有人,即拥有法律主体地位的所有权人需要承担责任。

此学说的问题在于:其一,奴隶制度已经在现代社会中被废除了,现在又要建立奴隶制度来管理人工智能的责任问题本身就值得商榷。其二,在古罗马时期,奴隶也并不是绝对的客体,他们也是有可能具有主体地位的①。

四、人工智能的主体地位的学说及其述评

法律人格是法律主体享受权利和履行义务的前提条件②,即对法律主体的判断,就是判断法律人格。法律人格的定义是,在法律上作为主体的资格,即在法律上以自己的名义获得权利,行使权利,履行义务,并且承担责任的资格。而物不可能与主体一致承担责任。因此仅是具有法律人格的主体才能享有承担责任的能力。

(一)人工智能的法律人格肯定说

1. 有限人格说

有学者认为,考虑到人工智能目前本身的智慧程度,以及拥有的决策能力,人工智能与传统意义上的物是不能同日而语的。赋予其有限法律人格,也就是赋予其有限的权利,承担有限的义务最为合适③。

此学说的主要问题在于人工智能的责任承担上,提出该学说的学者认为,人工智能必须承担责任,但是人工智能却只具有有限人格,不能独立完全承担。如果将人工智能当作单纯的物,原则上适用产品责任即可。

---

① 参见徐铁英:《古罗马奴隶法律地位还原——“奴隶是会说话的工具”说法之批判》,载《河北法学》2012 年第 5 期。

② 参见湖玉鸿:《围绕“人格”问题的法理论辩》,载《中国法学》2008 年第 5 期。

③ 参见袁曾:《人工智能有限法律人格审视》,载《东方法学》2017 年第 5 期。

2. 拟制人格说

有学者提出，人类与人工智能之间可能存在矛盾或侵权的现象，为了解决这个问题，从保护人类利益的角度考虑，可以赋予人工智能以拟制的法律人格①。概言之，第一，人工智能不同于自然人、法人、非法人组织，将其认定为一种全新的主体。第二，人工智能虽然拥有法律人格，但低于现有的任何其他主体，只有部分权利与义务。第三，在责任承担上，人工智能可以以停止侵害或者限制功能作为其承担责任的方式。

该学说存在以下几个问题。其一，该学说认为人工智能虽然拥有法律人格，但低于现有的任何其他主体，这与现代民法中平等原则是相违背的。其二，人工智能与人类之间产生的矛盾并没有被赋予人工智能以拟制人格很好地解决。一方面，有学者主张人工智能必须在人类的掌握之下，但是由于人工智能本身并没有独立的财产，所以，应当承担的责任是有限的②。但是人工智能没有独立的财产与其承担有限的责任本身就是矛盾，因为无独立财产的情况下，让人工智能去承担有限责任是毫无意义的。另一方面，有学者提出可以通过将造成侵权事故人工智能的程序进行修改或删除③，从而达到承担责任的效果，这更是不具有实际意义的方式，受害人并没有获得相应的赔偿。其三，若将生产者认定为监护人的形式来进行人工智能的责任承担，这也是不妥当的，因为，如果将生产者认定为监护人，那么任何其生产的人工智能产品发生任何事故都将由生产者承担一定的责任，这加重了生产者的责任，会打击人工智能领域发展的积极性，是不利的。

3. 公司法人说

有学者认为，可以以公司作为借鉴，法律可以赋予公司以法律人格，那么也可以赋予人工智能法律人格。公司拥有合法权利履行义务，但一大部分的动物却没有如此。与动物相比，公司并不是生命，没有意识。同样，人工智能也可以，无论从什么角度出发，都值得赋予其法律人格。

笔者认为，公司与人工智能不能相提并论，而且按照公司法人不能很好地对被害人进行救济。第一，公司具有营利性，本质上还是自然人进行操作；但是人工

---

① 参见杨清望、张磊：《论人工智能的拟制法律人格》，载《湖南科技大学学报（社会科学版）》2018年第6期。

② 参见杨清望、张磊：《论人工智能的拟制法律人格》，载《湖南科技大学学报（社会科学版）》2018年第6期。

③ 参见杨清望、张磊：《论人工智能的拟制法律人格》，载《湖南科技大学学报（社会科学版）》2018年第6期。

智能是产品，更多的是为了服务。第二，公司造成的侵权或纠纷更多的是法律意义上的，多为公司与公司之间或与自然人之间的合同纠纷；但是人工智能多为与自然人之间的侵权纠纷，二者所产生纠纷的主体不一致。第三，按照公司法人法律规则，公司在承担责任上多为财产赔偿，但是人工智能很大情况下是没有或没有足够的财产进行赔偿，如果遇到适用“刺破公司面纱”规则的情况，又要寻找其背后的生产者、使用者、销售者，更为烦琐。

（二）人工智能的法律人格否定说

1. 工具说

有学者认为，从工具性角度出发，认为人工智能能独立地从事比较复杂的事务，应当赋予其法律人格，将其定义为“代理人”。但是由于其行为能力的有限，享有的权利和履行的义务是有限的，也只能承担有限的责任①。

笔者认为，该学说有待商榷，其一，人工智能的智能化，与赋予其法律人格之间的关系不明显；其二，主张这种观点的人还认为，人工智能责任承担上主要有“信托”和“保险”两种方式。但是，无论是“信托”还是“保险”，其资金仍然是由使用人或销售者来提供，这与让人工智能背后的人来直接承担没有区别，反而还增加了被害人救济的难度。

2. 电子人说

2017 年 2 月 16 日，欧盟通过投票的方式，建议赋予人工智能以“电子人”的身份。在欧盟观点中，鉴于人工智能的技术的快速发展，其智能化程度越来越高，与传统意义上物的差距越来越大，从人工智能承担责任的角度出发，欧盟提出，可以将人工智能看作“电子人”，其不同于自然人、法人以及非法人组织，是一类全新的法律主体。因此，为了让人工智能自身可以承担责任，可以赋予人工智能以法律人格。由此看来，人工智能可以按照对“电子人”的规定成为法律主体②。

笔者认为，该观点并没有给出“电子人”比较清晰的定位，电子人与自然人、法人、非法人组织差异在哪里，该以何种法律制度来规范。如果人工智能与人类产生侵权法律关系，因为其没有独立的财产，那么责任仍然是由人类来承担，这与赋

---

① 参见许中缘：《论智能机器人的工具性人格》，载《法学评论》2018 年第 5 期。

② 杨清望、张磊：《论人工智能的拟制法律人格》，载《湖南科技大学学报（社会科学版）》2018 年第 6 期。

予其法律人格有些多余①。

五、人工智能法律客体地位的肯定

法律客体是法律关系中主体的权利和义务所指向的对象②。并非所有物体皆为法律客体，它还需具备四个必要条件特征："有用之物"、"为我之物"、"自在之物"和"受法律调整之物"③。

（一）人工智能是"有用之物"

自从人工智能诞生以来，一直改善着人类的生产和生活，解放了人类部分的劳动，并在社会的各个领域都产生了影响。在交通领域，自动驾驶汽车技术取得了较大突破，使未来人类将可能摆脱枯燥乏味又比较危险的驾驶活动，大大降低交通事故发生的概率，更加保障人类的生命权益；在医疗领域，以达芬奇手术机器人为代表的医疗机器人的出现，对保障人类身体健康、社会医疗以及推进人类医疗事业的进步都起到了至关重要的作用，在新冠肺炎疫情中，在防治疫情管理上，机器人也做出了巨大的贡献；在知识产权领域，人工智能作为新时代的产物，一大批人工智能产品制造者获得了相应的知识产权；人工智能的不断发展也不断促进着国家经济的蓬勃发展。综上所述，人工智能在人类的日常生活和经济发展上都起到了极大的作用，为人类的发展做出了巨大的贡献，符合"有用之物"这一必要条件特征。

（二）人工智能是"为我之物"

"为我之物"是指有可能被主体所控制或实际占有的物。自古以来，法律客体的范围就一直在不断地变化。例如，在思想与意识形态较为落后的古代，奴隶与妇女就作为一种可以自主交易的法律客体存在，然而，随着人类社会的不断发展，也不断出现了全新的法律客体，例如电视机、手机等。诚然，人工智能确实有些时刻表现出不受人类控制的现象，但是这只是当今人工智能的技术发展水平仍然不足而导致的系统本身的故障和漏洞，人工智能并没有脱离人类的控制范围，它依然是按照人类的意识来进行各种行为。人工智能的系统逻辑是单一的，只会按照

---

① 郑戈：《人工智能与法律的未来》，载《公民与法（综合版）》2017年第12期。

② 马秉权：《主客二分结构下人工智能法律地位研究》，兰州大学2021年硕士学位论文。

③ 高健：《法律关系客体及其作用》，山东友谊出版社2009年版，第9页。

程序编设的算法来完成人类交给它的工作任务，并不会在完成工作任务中产生创新意识。所以，人工智能是“为我之物”。

（三）人工智能是“自在之物”

所谓“自在之物”，是指独立于主体之外的以客体形式存在之物。人工智能之所以能够运行，是因为人类先前在制造人工智能时，将芯片植入其中，从而指示其从事人类下达的命令。当前人工智能虽然越来越智能化、高端化，但人工智能的任何产品都是以客观、现实的物质形式展现于人类的眼中，无论是从空间角度来判断，人工智能独立于人体之外，它与人类是完全独立的两种物质而客观存在，还是从精神角度来判断，人工智能也并没有与人的精神所融合，且能被人们主观感知到。所以，毫无疑问，人工智能是“自在之物”。

（四）人工智能是“受法律调整之物”

从当前国内外的立法现状来看，已经有少部分国家对人工智能赋予了法律主体地位。至今为止，也并未出现任何一个国家或者政府开始禁止研究人工智能，恰恰相反的是，有部分国家与政府将人工智能的研究视为重要的战略。在国外，俄罗斯已经出台了首部机器人法草案①，提出了机器人在不同法律关系中的定位。我国的相关政策和规划也在大力支持着人工智能的研究。例如，2017 年我国制定了《新一代人工智能发展规划》，这标志着我国也将成为世界上为数不多的为人工智能发展研究提供政策上支持的国家，表明了我国对人工智能领域的重视和规范，说明人工智能是“受法律调整之物”，而且还是国家发展的目标和驱动力。

六、现阶段不应赋予人工智能以法律主体地位

目前来看，人工智能的智能发展水平与法律人格的“自我意识”标准仍有较大差距，对于是否能够赋予人工智能法律主体地位的问题上存疑。

（一）法律人格的“自我意识”

强人工智能的定义是，会自我发现问题，思索问题，并且有“自我意识”的人工

① 参见张建文：《格里申法案的贡献与局限——俄罗斯首部机器人法草案述评》，载《华东政法大学学报》2018 年第 2 期。

智能,其智能程度达到与人类一样的层次。以人工智能是否具有“自我意识”来作为判断强弱人工智能的标准,并且东方和西方哲学对于“自我意识”的定义,各自有着不同的理解和感悟。

在西方哲学看来,世界所有一切精神和心理活动之和就是所谓的“意识”。但绝不能将“意识”与“自我意识”混为一谈。其中,以黑格尔为代表的哲学家认为,其本身是意识的对象,所有在世界中一切对于个别的对象的意识都是自我意识。自我意识是意识能够发现意识本身和意识对象的不同,“把握着的意识以特定的形式展现出来,但同时又从它在其中展现出来的方式出发而在自身中反思自己”。概言之,自我意识是以意识为对象的意识,其使主体产生认知,一种报告内在心理状态的内醒能力,并随之产生自主行为。在西方哲学看来,正是因为人类拥有这种认知,所以人类才能够思考问题,意识自己正在思考,也知道自身在思考的内容,并能够用语言的形式表达出来,最终达到人类个体与外面世界进行联系与交流。

东方哲学有着与西方哲学不同的理解和看法,在东方哲学看来,意识的对象之中根本没有自我意识,而是准确地出现在意识的自空,即纯粹的、没有任何事物的空间。老子对“自我意识”也提出过自己的观点:“无名,万物之始也;有名,万物之母也。故恒无欲也,以观其妙。”这种状态也被认为是“纯粹意识状态”,被看作一种清醒的,没有任何心理活动的,非主观意向的、静止的心理状态。从东西方哲学对于“自我意识”定义的观点可见,以老子为代表的东方哲学对于“自我意识”进行了更为深层次的理解与感悟。

对于“自我意识”的定义,虽然东西方哲学有着不同的感悟和理解,但二者都不否认的是,“自我意识”本身是客观真实存在的。随着人类神经成像技术的发展,研究人员发现当人类进行“自我意识”时,大脑有相对应的神经元开始活跃,这强而有力地证明了“自我意识”是有物理基础的,是科学的,是真实客观存在的。换言之,从理论的角度上分析,如果人类了解了“自我意识”的运作机制,并随着相关的科学技术水平的进一步发展,最终可能达到“自我意识”的可复制化、可创造化。这从科学技术角度层面上解释了,在未来,人工智能出现“自我意识”的可能性。

(二)人工智能“自我意识”的欠缺

人类在设计或者解释法律制度之前,都是有相对应的问题与价值导向的,制度的构建背后都有其特定的立法目的。有学者提出，单就在思维上，人工智能机器人具有了与人类的创造能力相类似的情况，即人工智能机器人在进行创造活动过程中不再依赖人类初始所设定的具体程序，而是仅仅需要一个抽象的、模糊的目标即可。

人类对人工智能领域的不断探索与发展，使人工智能深度学习的主要硬件CPU 的性能不断提高，并随着物联网和互联网的发展，二者相结合诞生了大数据。新的人工智能模式，脱离局限的、以人类现有的认识与知识为基础的算法，让人工智能够自动地从浩瀚的数据中寻找规律，从而不断地、迅速地提高对外界世界的理解和认识，这种方式使人工智能对世界具有了比人更为深刻理解和发现的能力。人工智能领域的这一突破性的进展，带来的不仅仅是人工智能相关行业的进步，还会造成社会生活生产的巨大变化，也造成了人与机器界限的模糊化。先前以笛卡儿为代表提出对人和机器的看法，人与机器的区别有两点：一是人能够使用语言来进行沟通与联系，而机器没有自己的语言，并且其不能通过语言来进行信息的交换；二是人具有自我学习，不断进步的能力，人类能不断通过自主学习拓宽自己的知识面，而机器并没有这种能力，它的认知能力和智慧程度就取决于先前制造时人类所植入芯片的内容。但就目前人工智能的现状来看，笛卡儿提出的人与机器不同的两点，现代人工智能都已经做到了，这就意味以笛卡儿为代表的一批古代科学家的理论观点受到了质疑。18 世纪 40 年代，法国哲学家拉 · 梅特里提出“人是机器”的理论观点，即从原理层出发，认为人与机器的运行是相类似的。若按照“人是机器”这一理论的构想，则人工智能模拟人类思维学习过程所要用到的神经网络，其思考结果的产生独立于人类，那么在未来，随着人工智能技术的进一步发展，人工智能将与真正的“人”无异。

(三)人工智能“法律人格”法律赋予

如果我们将目光看向法律人格中的更深层次，那么就会总结出一个问题，意志的源头在何处？人可以自主选择意志，这是康德提出的观念。如果只是对于自我意识的基础理解，足以解释意志为什么会产生，从而使法律主体地位得以进一步向前发展，自然而然地得出“自我意识”是作为新的法律人格标准。“自我意识”作为法律人格的标准，不仅可以为人工智能领域的科学技术发展提供空间与想象力，并且能够实现现代科学技术与社会伦理道德的结合。就科学技术而言，目前人工智能领域的科学家不断努力，其目标主要是实现人工智能的“自我意识”。在现有民事主体理论框架下，现阶段人工智能技术水平仍处于弱人工智能阶段，人工智能机器人还不具有独立的“自我意识”，所以难以独立于人类这个主体之外，不可能独立获得主体资格。现阶段的人工智能水平仍然停留于并不具备“自我意识”的功能型人工智能的阶段，目前的人工智能仅仅是用来完成人类一开始所设定给它的具体任务。以实用技术为视角，研究人工智能的科学家正在研制通用型的人工智能，但仍然没有突破性的进展。尽管超级计算机和人工智能技术不断飞速发展，但尚未能观察到人工智能有出现自我意识的现象，即使是 AlphaGo，虽然它能够战胜人类在下棋领域中的冠军，但是它无法解释下棋的步骤和理由，也没有思考其本身为何会有这个意识的能力。虽然现阶段人工智能不具备“自我意识”，但是，随着人类技术的进一步发展，人工智能的“自我意识”在未来的出现是值得期待的。

根据现阶段人工智能的发展技术水平，人工智能仍然处于弱人工智能阶段，其尚不具备拥有独立的“自我意识”。随着人类科技的不断推进，人工智能若达到了拥有“自我意识”的阶段，也即强人工智能阶段，就应当赋予人工智能相应的法律人格。

结　语

综上所述，目前人工智能尚且没有出现“自我意识”，因此，还不具备赋予人工智能以法律主体地位的可能。更多关于人工智能相关法律制度的研究归结于当前法律所规定的主体之上，甚至，过早赋予人工智能以法律主体地位可能会阻碍人工智能领域的发展和创新。如果在未来，人类科学技术水平能够有所突破，人工智能具有了“自我意识”，那么就应当赋予其相应的法律主体地位。因此，目前阶段应当以法律客体作为人工智能的法律地位。概言之，若有一天，人工智能机器人开始睁眼询问“我是谁”的时候，新的法律规则构建也应随之展开。

强(超)人工智能法律主体地位合理性与合法性证成

祖　伟　郑　雯*

一、问题的提出

强人工智能或超人工智能的发展给伦理学和法学带来了前所未有的挑战。人机围棋大战中 AlphaGo 击败李世石,AlphaGo 成为首个在围棋中战胜人类世界冠军的系统,可以想象,AlphaGo 们或未来的超 AlphaGo 将会在其他方面也击败人类,对人的生命、财产构成威胁而成为这个世界的主宰。例如,人机大战中,人类或许败下阵来,失去生命权或健康权;自动驾驶汽车已经从 Level 2 层级向更加智能化的 Level 5 层级发展,根据已有的研究,自动驾驶汽车给人类带来的威胁可分为故意威胁和无意威胁,故意威胁是指自动驾驶汽车基于其已有的算法恶意伤人,可能无关设计者;无意威胁则是因为算法的先天缺陷或者设计失误,导致伤人事件,这似乎与设计者有关,无意威胁造成的安全责任,归设计者承担,可以理解,那么,恶意威胁问题如果无法很好地解决,将给人造成生命及财产上的损失,必须从法律上加以规制。

不可否认,“人类都难以阻挡地迈进了数字时代”。自约翰·罗杰斯·希尔勒 1980 年在《心灵、大脑和程序》(Minds, Brains, and Programs)一文中首次提出“强人工智能”概念以来,“强人工智能”时代已经到来。如果说,弱人工智能还只是工具意义上的产品,法律对其可以应对的话,那么,面对依据算法具有“类人”辨识与

---

* 祖伟,三亚学院法学院、辽宁大学法学院副教授,法学博士,博士生导师。研究方向:法律史学、法律文化。

郑雯,三亚学院法学毕业,自贡索菲亚装饰工程有限公司企业法务。

本文是三亚学院人才引进项目“法律多元视角下社会(国家)法治治理现代化研究”(USYRC19 - 18)的成果。

控制能力的强(超)人工智能,法律制度体系是否已经做好了应对的准备,是数字法治时代必须解决的问题。在我们不能阻止人工智能高科技迅猛发展的同时,应以法律规制其对人类主体性带来的风险与侵害。

从学理上,人工智能可分为弱人工智能、强人工智能、超人工智能。如果弱人工智能仅是停留在工具层面的机器人,那么,强(超)人工智能基于深度学习,具有了控制能力、辨识能力、逻辑推理能力,或者具备了认知能力、意思能力、道德能力①等,"人工智能是一把'双刃剑',在赋能人类社会的同时,其发展的不确定性,可能带来的风险和挑战,以及在法律、安全、就业、道德伦理、政府治理、经济发展、社会稳定乃至全球治理等方面产生的影响,已经引起人类的极大关注,并越来越受到各国政府的高度重视"②。人工智能在给人类带来便利的同时,也给人类带来威胁,特别是如何从法律层面加以规制,成了必须面对并加以解决的问题。

种种迹象表明,强(超)人工智能有了"类人"的特征,能思考,能行为,这种思考与行为似乎超出了设计者所能控制的范围,那么,其行为所带来的后果由谁负责,责任主体是谁,一方面需要从法理学上加以论证,另一方面由法律加以界定。囿于研究者的能力,无法关注诸如 AlphaGo 等强(超)人工智能的原理及行为路径,只能根据已有的研究,假定强人工智能或超人工智能依赖深度学习,的确能像人一样思考、推理并做出判断,"强人工智能不再模拟人的思维,而是在适当程序下,它本身就是有思维的"③。在强(超)人工智能不再是人们所理解的人为操控的机器情形下,就要思考其"类人"行为的法律后果。

虽然强(超)人工智能还未普及,但近年来,在刑事、民事等领域讨论强(超)人工智能的法律主体地位成为法学界的热门话题。强(超)人工智能是否具备法律人格,能否成为独立的法律主体,如何承担法律责任,学界尚未达成共识。一般来说,大致可分为肯定说、否定说、折中说三种。肯定说即主体说,在人工智能社会化应用不可避免的情况下,肯定强(超)人工智能的法律主体地位,赋予必要的权利,并积极迎合人工智能时代的社会发展趋势。以民事法律主体为例,随着社会发展已经突破了自然人的局限,众多非自然人实体基于立法者的需要也被赋予了法律上"人"的资格,取得民事主体地位,"非人可人"的趋势日益加强,为强

---

① 参见王重尧:《人工智能法律主体资格的法理学分析》,载《河南财经政法大学学报》2019 年第 3 期。

② 崔亚东主编:《世界人工智能法治蓝皮书(2019)》,上海人民出版社 2019 年版。

③ [美]约翰·塞尔:《心、脑与科学》,杨音莱译,上海译文出版社 2006 年版。

(超)人工智能这种“类人”获得民法上的法律主体资格提供了解释空间,承认并赋予其权利主体地位,既是权利发展的内在规律,也是社会发展的必然趋势。强(超)人工智能是自然人内涵的扩充,拟制人范围的扩大,强(超)人工智能与生物学意义上的人和社会生活中的人极其相似,法律上的自然人又是从生物学意义上的人和社会生活中的人抽象而来的概念,所以,强(超)人工智能与自然人仿佛可以通过人产生联系,“通过扩充自然人内涵赋予强人工智能法律主体资格”[①]。在刑事领域,部分学者也主张肯定强(超)人工智能的刑事主体地位。[②] 否定说即客体说,认为强(超)人工智能即便再拟人,拥有主动性,其行为还是受输入的程序或者受程序员的思维所控制,因此,如果其行为违反了法律、道德,并不应承担处罚责任,就算被处罚,也无法据此展开。强(超)人工智能虽说是“类人”的存在,但无法脱离其“工具”即物的属性,认为强(超)人工智能无法拥有人的理性。人是感性与理性并存的,在面对种种感性的欲望时,可以通过理性压制,最后作出理性判断。因此,法律对人也有着道德判断,有且只有人类才是价值判断的主体。另外,私有财产与人工智能的法律地位相关联,一般体现在人工智能产品的侵权问题上,作为科技产品,一旦人工智能侵权则需要追究研发者、制造者和使用者等多个主体责任,一旦将人工智能判定为民事主体,即认定其有独立财产,则侵权问题等追责情况就会发生转变。特别是在刑事领域持否定观点的占多数。[③] 折中说则对是否给予强(超)人工智能法律主体地位持中立态度,认为应当根据机器人的智能化程度来划分权利等级,而不是对强(超)人工智能一概而论。在面对主体说和客体说时,折中说有着自己不同的看法,认为现在相关的法律还未完善,也没有足够多的司法实践,只有理论作支撑来讨论是否应该给予强(超)人工智能法律主体地位还为时过早,所以处于观望态度。

已有人工智能相关法律法规更多的是将“人工智能”当作一个物,并将其划分到财产权利里面。强(超)人工智能虽拥有“机械外表”,但基于“深度学习”可以拥有自己的思考和判断,是“类人”的存在,不得不重新思考传统法律体系中的人、物二分法;另外,实践中诸多人工智能侵权案件难以归责,强(超)人工智能侵权案

---

① 王梓纯、任强:《强人工智能的法律主体地位分析》,载《北外法学》2020 年第 2 期。

② 相关讨论参见纪康、李赫:《强人工智能的刑事责任体系构建》,载《贵州警察学院学报》2021 年第 1 期;张雯:《强人工智能刑事主体地位之肯定》,载《四川警察学院学报》2019 年第 3 期。

③ 相关讨论参见李国权:《强人工智能产品的刑事责任主体地位论》,载《湖南科技学院学报》2020 年第 1 期;熊波:《论人工智能刑事风险的体系定位与立法属性》,载《重庆大学学报(社会科学版)》2020 年第 3 期,等等。

件虽未出现,不代表未来不会出现,如强(超)人工智能机器人因为其思维算法,会存在故意威胁和无意威胁。

之所以在法理学层面探讨强(超)人工智能的法律主体地位问题,就是要解决各部门法自说自话、争论不休的态势,赋予强(超)人工智能法律主体地位的必要性还在于,一方面,人工智能发展迅猛,势必会对现在的社会结构和社会规范造成一定冲击,传统的法律体系已经无法解决现有矛盾,赋予强(超)人工智能法律主体资格有助于缓解社会矛盾,解决部分社会问题;另一方面,强(超)人工智能的发展需要法律的支撑与规制,无论是民法还是刑法,抑或其他部门法,都与人工智能的发展息息相关。

二、强(超)人工智能成为法律主体的合理性分析

所谓合理性,是指事物的发展符合一定的价值取向、活动目标或偏好。当一个自然人或一个团体进行某种行动时,其行动的理由要充分,态度、偏好要具有充分的理由,以证明其成立。该理由是否充分,遵循一定的基准,其价值取向或偏好必须符合其发展逻辑,并落入一定社会文化价值体系中。合理性是马克斯·韦伯界分形式合理性与实质合理性的方法论概念。① 马克斯·韦伯认为,形式合理性是可准确计算的合理性,以概念符号和逻辑抽象为特征,其手段和程序具有可计算性,对于行为和结果具有最大程度的可计算性和可预测性,如科学技术、现代法律都具有可计算性,符合形式理性的特征。特别是在面对同样问题时,都会得出同样的结论。实质合理性具有价值判断的特征,要受到来自法律之外的政治、伦理、道德、宗教等因素的影响。法律同时具有形式理性和实质理性的特征。同样,作为21世纪科技发展标志的智能机器人,也符合形式理性与实质理性双重特征。

从形式理性上来看,强(超)人工智能是现代科学技术,通过算法来执行人的某些行为,这种算法是精准的,程序是可计算的,算法的行为与结果在最大程度上具有可计算性和可预测性,就如制定的法律制度一样。从实质理性上来看,强(超)人工智能并非一般的人工智能,它们更像是电子人,具有"思维性",其兼有形式理性与实质理性双重特征,具体表现在以下几方面:

第一,超强的准确计算能力。强(超)人工智能的准确计算能力表现在拥有自

① 参见[德]马克斯·韦伯:《经济与社会》,林荣远译,商务印书馆1998年版,第42页。

主规划和预先统筹的能力。物与人在功能性上的最大区别在于,人可以提前设想和规划自己未来的动向,设想和规划是一种不需要大量实验和数据就可以决定的事,具有一定的随机性与偶然性。比如,早上预设自己晚上吃什么,或者接下来想要去做什么,而"物"难以做到这一点。虽说强(超)人工智能在短时间内,还很难做到这一点,但是其所具有的"思维性"提供了这种可能。它们通过学习,拥有一定的认知后,便逐渐"回归本身",关注自己的所需所求,从而拥有统筹规划的能力。该种能力可以作为司法裁判的辅助技术。

第二,深度学习与一定的交流能力。通过学习与算法运用,它们在一定程度上可以做到与自然人无障碍交流,这样的交流并不依赖人类预先的设定,而是强(超)人工智能学习所得。该种能力除了可以回答法律一般知识外,亦可解惑,预测判断结果。

第三,不仅仅拥有类人思维更是人类智慧的延伸。如果说弱人工智能是模拟人类思维解决某一特定领域下的特定问题,那么强(超)人工智能则是在人类思维基础上,解决所有领域的问题,正是有了超人类的学习能力,强(超)人工智能在所有领域不会因为不具备天赋而难以掌握某项技能,相反,它们更加容易面面俱到,掌握甚至精通各项技能。因此,它们能做到的事很有可能是人类目前最高水平能够做到的事。如 AlphaGo 击败李世石,在这场人机大战中人类棋手惜败,但是值得注意的是,AlphaGo 的"棋艺"并非他的开发者给予的,而是在训练中自己习得的。设计的初衷,并不是专门用来下棋的,而是来"学习下棋"的,也就是说,如果它的"深度学习"功能让它学会了下棋技巧,并击败了代表着当时棋艺最高水平的李世石,不妨大胆设想一下,若持续学习,AlphaGo 或许将无人可敌。

由此可见,强人工智能或超人工智能专家系统、知识工程既是符号主义的,又是连接主义、行为主义的。从符号意义上,符合马克斯·韦伯所谓的形式合理性的概念符号和逻辑抽象的特征,如果输入"如果—就"(if - then)规则定义,就会产生像人一样的智能,就如数学和物理学中的逻辑符号来表达思维而形成的科学计算。同时,强人工智能或超人工智能专家系统、知识工程又是连接主义的,因为它的智能来自神经元之间的连接,它拥有人工神经网络系统,形成计算机模拟人类大脑中的神经网络及其连接机制。更为重要的是,强人工智能或超人工智能是行为主义的,其基于感知行为的控制系统,使每个基本单元实现自我优化和适应,其典型的代表是拥有进化算法、多智能体等。由符号主义、连接主义和行为主义构

成的人工智能设计模型如图 1 所示:①

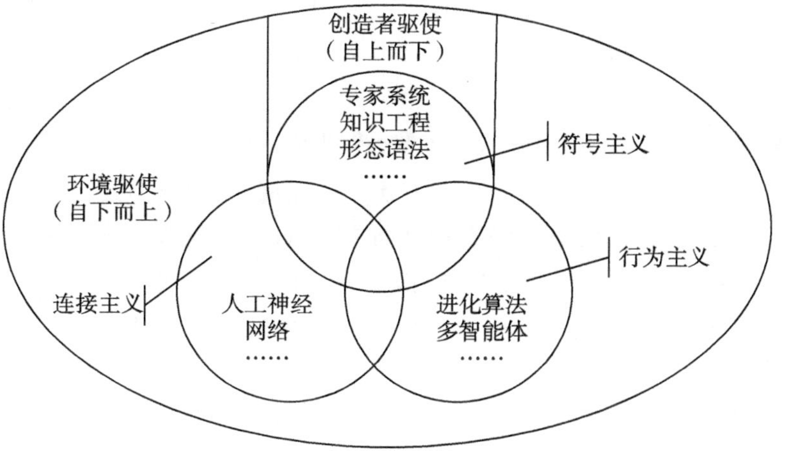

图 1　人工智能设计模型

深度学习是一类模式分析方法的统称,属于人工神经网络的研究概念。人工神经网络研究的进步推动类脑智能和人工智能思维的产生,为强(超)人工智能的发展提供理论基础和技术支持,使强(超)人工智能的实现成为可能。“强(超)人工智能”虽并未脱离“智能机器人”这一大范畴,但是,与现在大部分的人工智能可以自主学习或者训练(类似于培训)获得知识,完善和提高自己的弱人工智能不同,强(超)人工智能是在人工神经网络下,可以拥有自己的思维。“思维性”取决于认知水平,在面对一些常识性问题时,可以基于不同的情境做出不同意思表示,而不只是根据人类的预设程序做出单一的反应。拥有这样的思维特性,使它们与那些只能作为“物”的弱人工机械区别开。

三、强(超)人工智能成为法律主体的合法性分析

我国从战略上重视人工智能领域的发展。2015 年 5 月,我国政府发布《中国制造 2025》,意在将中国打造成为制造强国,其中人工智能被看作提高国家竞争力、国家创新能力的重要因素。2016 年 8 月,国务院发布《“十三五”国家科技创新规划》,该规划明确指出智能制造和机器人是国家发展的重点项目。2017 年 7

① 图片来自 https://www.elecfans.com/rengongzhineng/1074510.html,最后访问时间:2022 年 5 月 21 日。

月，由国务院印发并实施的《国务院关于印发新一代人工智能发展规划的通知》指出："人工智能成为国际竞争的新焦点。人工智能是引领未来的战略性技术，世界主要发达国家把发展人工智能作为提升国家竞争力、维护国家安全的重大战略，加紧出台规划和政策，围绕核心技术、顶尖人才、标准规范等强化部署，力图在新一轮国际科技竞争中掌握主导权。当前，我国国家安全和国际竞争形势更加复杂，必须放眼全球，把人工智能发展放在国家战略层面系统布局、主动谋划，牢牢把握人工智能发展新阶段国际竞争的战略主动，打造竞争新优势、开拓发展新空间，有效保障国家安全。"同时在"保障措施"中强调："（一）制定促进人工智能发展的法律法规和伦理规范。加强人工智能相关法律、伦理和社会问题研究，建立保障人工智能健康发展的法律法规和伦理道德框架。开展与人工智能应用相关的民事与刑事责任确认、隐私和产权保护、信息安全利用等法律问题研究，建立追溯和问责制度，明确人工智能法律主体以及相关权利、义务和责任等。"世界上许多国家已经开始从立法层面规制人工智能，如韩国早在2008年就制定了《智能机器人开发和普及促进法》，在角色和道德层面对机器人的发展进行指导；欧盟议会法律事务委员会于2016年5月发布《就机器人民事法律规则向欧盟委员会提出立法建议的报告草案》，在人工智能监管机构、人工智能伦理准则和责任规则、自主机器人法律地位、知识产权保护和隐私保护等方面提出立法建议，其中，法律事务委员会建议赋予智能自主机器人电子人格，建议设立强制保险机制和赔偿基金重构机器人责任规则。英国、美国等国家逐渐重视人工智能立法和与人工智能相关的立法活动，以期通过立法来应对人工智能发展中的各种问题，为人工智能的研究和发展提供良好环境。虽然我国现在的人工智能立法相对滞后，但是随着人工智能的发展，必须完善相关立法，以法律规制人工智能的进一步发展及面临的诸多挑战。就发展而言，首先要从法理层面肯定强人工智能或超人工智能的法律主体地位，然后再对其可能带来的安全伦理问题进行规制。

（一）法律主体的认定标准

法律主体是法理学上的基本范畴，在法学意义上抽象地存在，是指享有权利、履行义务和承担责任，由法律加以规范的法律意义上的人。法律意义上的人，不仅包括自然人，而且包括法律拟制的法人等社会团体组织。这种经法律抽象而形成的人，也就是法学上所称的法律主体，"构建法律主体的技术，学界以'拟制'称之。当然，这里所称的'拟制'并不是指将一个非人的动物、实体假定为人，而是指法律主体的成立,根源于法律抽象的建构——法律对现实存在的人赋予其法律人格,使其能够参与实际的法律活动,并享有权利、履行义务和承担责任"①。法律主体的判定要素,包括要具有权利能力和行为能力,同时必须承担责任和履行义务。

1. 权利能力

权利能力是指由法律确认的享受权利和履行义务的资格。法律主体的行为能力必须以权利能力为前提。例如,在民事法律中,自然人的民事权利,自出生时获得,到死亡时终止;法人的民事权利从依法成立开始终于终止。但同时其能力会受到年龄、是否拥有独立的意思表示、法人组织是否还存在等条件限制。例如,"国家"尽管是抽象的概念,也可通过法律的确认成为法律关系的主体。

2. 行为能力

行为能力是指由法律确认的,法律关系的主体能够通过自己的行为独立地行使权利和履行义务的能力。其核心要素是能够独立通过意思表示,进行法律行为的能力。自然人或其他事物需要拥有自由意志才能成为法律主体。有了自由意志,可以主动选择采取何种方式做什么样的事,这种自由意志具有主动性,不以他人的存在而存在,不具有依附性。自然人和法人组织,可以在自由意志支配下认识世界,改变世界,并为自己的行为承担相应的后果。

3. 承担责任和履行义务的能力

责任能力是法律主体承担责任的资格。当法律主体进行违法、侵权或犯罪活动时,要承担相应的法律责任。根据行为人行为能力的不同确定责任的分担原则适用于自然人、法人、国家,同样可以适用于具有"类人"意志与思维的强(超)人工智能。

(二)强(超)人工智能符合法律主体的认定标准

强(超)人工智能与其说是"人的智慧"与"机械"的组合,毋宁说是"作为具有独立思考能力的现实存在物"②。

1. 强(超)人工智能拥有自由意志

首先,强(超)人工智能通过学习,可以获得超过预先设定的知识与"自我",它们的行为不再依赖简单的"if",在作出判断和决策时,更多的并非依赖他人,而

① 胡玉鸿:《法律主体概念及其特性》,载《法学研究》2008 年第 3 期。

② 彭诚信:《人工智能的法律主体地位》,载《人民法治》2018 年第 18 期。

是脱离了工具性,朝着“类人”方向发展。强(超)人工智能拥有做出独立意思表示的能力。前文例举的 AlphaGo 可以证明:AlphaGo 的设计者没有高超的棋艺,仅仅是为它设计了学习系统,而 AlphaGo 获得的是可以与“棋王”博弈的能力,在棋场上,拥有自主判断的能力,不被人左右,不需要依赖。2018 年美国加利福尼亚州机动车管理局(DMV)批准谷歌母公司 Alphabet 旗下自动驾驶公司 Waymo 合法许可,允许其在城市内外的公共道路及高速公路上测试无人驾驶汽车。百度创始人、董事长兼首席执行官李彦宏播放了一段视频,他乘坐在一辆红色汽车的副驾驶座上,视频中驾驶座位没有驾驶员,“车处于自动驾驶状态”,由此推断,这样的强(超)人工智能是可以通过习得知识和运用算法,做出独立的意思表示。

其次,自由意志还会受到理性的限制。人之所以为人,除了物竞天择之下人站在了生物链顶端以外,还拥有区别于动物的理性。“客体说”的学者认为强(超)人工智能不具备法律主体资格,其中,“理性的缺失”是最有力的证据之一。他们认为,人工智能是人类发明创造的产物,他们缺少灵魂,缺乏意识,不具备意图性,无法感受情绪,无法共情。笔者认为,强(超)人工智能是类人存在,理性的缺失是必然存在的,但这并不影响它们做出独立的意思表示,只是在赋予法律主体地位时需要规制限度。

2. 强(超)人工智能具备相应的权利能力

法律主体作为法律意义上抽象的“人”,其权利能力是由法律赋予的。因此,并不是因为有了这样的能力就成为法律主体,而是因为是法律主体,所以才拥有了这样的能力。当一个拥有自由意志、可以独立作出判断的强(超)人工智能出现时,却没有相应的法律作为限制,是一件很不合常理的事情。强(超)人工智能应该被赋予权利能力,它应该为自己的行为负责同时也应该受法律的规制与保护。

3. 强(超)人工智能承担责任和履行义务的能力

联合国教科文组织《关于机器人伦理的初步草案报告》曾提出,对机器人的责任采取分担解决途径:让所有参与机器人发明、授权和使用过程中的主体分担责任;为了确保人工智能是可以被问责的,人工系统必须具有程序层面的可责依据,证明其运作方式。这种理解在某种程度上实质上是否定了人工智能的主体地位。①

---

① 参见彭诚信:《人工智能的法律主体地位》,载《人民法治》2018 年第 18 期。

四、强(超)人工智能法律主体地位的性质与限度

(一)强(超)人工智能只能是拟制的法律主体

强(超)人工智能虽然是“类人”的存在,但毕竟“类人”非人,因此,人工智能可以参考法人人格成为拟制的法律主体。

强(超)人工智能成为法律上的“人”是拟制人范围的扩大。关于人工智能是否拥有理性,存在诸多争议,主体说与客体说的学者们各持己见。笔者认为,强(超)人工智能不具备理性,虽然目前强(超)人工智能无法拥有生物的情感和与他人共情的能力,但法律赋予其主体地位,使他们成为法律上的“人”,更多的是一种拟制人格。通过获得拟制主体地位,从而拥有自己的财产权利,自主承担责任,履行义务。

(二)对强(超)人工智能拟制法律主体的限制

强(超)人工智能目前无法拥有理性,所以在赋予它们主体地位的同时,必须加以限制。

首先,以“智能”作为载体的机器人绝不可能取得不受限制的与自然人完全平等的主体地位,而应秉持承认与限制原则:一方面承认强(超)人工智能有一定的权利,另一方面承认强(超)人工智能主体地位有限。

其次,它们所获得的权利与人类的“自然权利”不同,它们没有诸如健康权、婚育权等权利,在与人类发生自然权利冲突时,优先保护人的生命健康权。但人工智能作为一种新型权利可以拥有名称权、财产权等。例如,中国香港汉森机器人技术公司(Hanson Robotics)开发的类人机器人索菲亚在沙特阿拉伯取得了公民身份,是历史上首个获得公民身份的机器人,拥有了“索菲亚”这一名称权。总的来说,强(超)人工智能无法拥有跟自然人一样的主体地位,它们的权利义务更多地被限定在某一个特定领域,如医疗机器人可以被限缩在医疗救助领域。强(超)人工机器人在特定领域下,可以通过工作获得属于自己的财产,同样在这个特定领域下受到相应的保护,但无论是怎样的权利,都不应当超过人类的底线,必须明确权利的边界。

(三)以法律规制强(超)人工智能的潜在威胁

1. 坚持以人为本理念,警惕“类人”强(超)人工智能威胁人类主体性地位

人类主体性地位与法律主体并非等同概念。从动物到人的进化,人的思维主

导了这个世界。如果人的思维被机器所替代,不仅带来人类的退化(某种意义上科技已经使人类在退化,如劳动被替代),而且会被作为“类人”的机器所主宰,那么,人类的进化变成从人的时代到智能机器时代,人将会变成工具而失去其主体性。人类许多领域正在被人工智能所替代,但存在的问题却没有统一的法律和标准约束,人类主体地位正在受到威胁。人是目的,永远不能成为工具。

2. 从目的性考量,高科技强(超)人工智能应处于为人类服务的地位

在辅助人类生产生活便利的同时,以法律规制强(超)人工智能的普适化,就像克隆羊被禁止、基因编辑婴儿被禁止一样,强(超)人工智能也应该被适度禁止,不应该普适化。尊重科学不是反科学,更不是要阻止科技的进步,甚至应享乐于科技给人类带来的便利,当人面临来自高科技的威胁时,不得不限制其过度发展。

结　语

以强(超)人工智能到底是“物”还是“人”来确定其是否拥有法律主体地位太过武断。强(超)人工智能人格说在学理上的讨论越来越激烈。虽然赋予强(超)人工智能法律主体地位的理论在现在看来显得过于稚嫩,但是现阶段出现的矛盾又不得不让我们去思考这个跳跃性的问题。我们不能只考虑眼前的问题,只局限在某一种学说里,故步自封只会让我们无法看清日新月异的变化,跳出固有思维看待问题寻求解决办法才可以寻找到答案。强(超)人工智能尚未完全普及,因此,有时间及能力去思考这一问题。强(超)人工智能主体地位的确认,在法律角度上,可以推进法治进程,如果是站在人类历史的长河中,也将是里程碑式的存在。在某一限度内赋予其主体地位,既可以缓和现阶段存在的矛盾,又可以为人工智能的发展提供良好的法治环境,在面对各项利益冲击时,又为其冲突开发出缓冲地带。无论从哪个角度,赋予强(超)人工智能特殊的拟制人格都并非天方夜谭。

大数据与人工智能在司法领域的应用现状及未来展望

肖纪连　王　淼*

一、大数据与人工智能在司法领域兴起的背景

随着“互联网+”的兴起，“互联网+”在各个领域的适用逐渐深入，如互联网+教育、互联网+金融、互联网+医疗等，让我们看到了互联网和其他产业融合而绽放的新的生机，也让我们看到了“互联网+”的无限可能。

我国的法治要实现现代化当然离不开人工智能的应用，[①]2016年7月，中共中央办公厅、国务院办公厅印发《国家信息化发展战略纲要》和《“十三五”国家信息化规划》，将建设“智慧法院”列入国家信息化发展战略。[②] 2017年中共十九大报告明确提出“深化司法体制综合配套改革”。大数据与人工智能技术则普遍被视为推动上述改革的重要路径。[③]

在国家政策支持、大数据与人工智能技术的发展以及我国法治发展需求的共同促进下，迎来了大数据与人工智能在司法领域的兴起与发展。

二、我国在线诉讼平台的应用现状及相关思考

2020年年初新冠疫情暴发，各地纷纷加强管控，限制人员流动，很多行业不得

---

* 肖纪连，三亚学院法学院副教授。研究方向：环境资源法、国际私法。
王淼，三亚学院法学本科在读。

① 参见唐伟然、唐茂林：《人工智能在司法裁判中的应用研究》，载《湖南科技学院学报》2021年第6期。

② 参见王禄生：《司法大数据与人工智能开发的技术障碍》，载《中国法律评论》2018年第2期。

③ 参见王禄生：《大数据与人工智能司法应用的话语冲突及其理论解读》，载《法学论坛》2018年第5期。

已开启了线上办公的模式。在疫情防控的情况下,线下法院同样不能按照传统的运作方式处理诉讼案件,线上诉讼被更广泛更频繁地运用。互联网法院以及其他在线诉讼平台虽然早有发展,但也由于疫情的特殊原因进一步被大众所知悉,而各地也纷纷加强了对线上诉讼的探索。

(一)互联网法院与"人民法院在线服务"微信小程序

2017 年 4 月 20 日,最高人民法院印发《关于加快建设智慧法院的意见》,指引法院管理信息系统的智能平台建设工作。① 杭州作为全国试点地区,2017 年 8 月 18 日第一家互联网法院挂牌成立,随后 2018 年 9 月北京互联网法院和广州互联网法院相继正式成立。同年浙江宁波推出微信小程序"宁波移动微法院",利用手机便可以办理业务。在此基础上经最高人民法院组建的全国联合项目组开发的移动微法院小程序在全国推广,即"中国移动微法院",2022 年转型升级为"人民法院在线服务"。通过人民法院在线服务平台,可以切换至任意分平台,做到信息整合,满足人民群众一站式办理全国范围内法院在线服务的司法需求。

人民法院在线服务平台,分为总平台和各地分平台。总平台整合了各省的资源,打破了省与省之间的边界,并且在平台做到"审判公开、执行公开、庭审公开和文书公开"四个板块的透明化,使大众在一个统一平台上便可以查找到各地案件的信息,并且从总台可以切换至任意各地分平台,办理具体业务。这有利于打破"信息孤岛"导致的信息闭塞,实现数据共享。无论是互联网法院还是"人民法院在线服务"微信小程序都有线上庭审的功能。线上庭审的建立使异地开庭成为现实,不再受地点的限制,而且移动端的适用,则使开庭更具有便捷性,即使身边没有电脑只有一部手机,也可以按时进行庭审活动。

但不可否认的是,在实际的运行过程中还存在诸多有待改进之处,并且大众对线上诉讼程序的接受程度也有待提高,这些问题都阻碍了线上诉讼服务平台进一步被普及。

---

① 参见左卫民:《AI 法官的时代会到来吗——基于中外司法人工智能的对比与展望》,载《政法论坛》2021 年第 5 期。

（二）线上诉讼平台实际运行过程中存在的问题

1. 微信小程序系统不稳定，缺乏维护

互联网法院与“人民法院在线服务”微信小程序在线上庭审方面的区别在于互联网法院依托电脑端进行，而人民法院在线服务则是通过手机端以微信小程序的方式进入，目前互联网法院也开发了自己相对应的微信小程序。虽然其方式不同，不过都拥有其独立的会议系统。应该注意的是，虽然手机端的途径更加便捷，但是与互联网法院相比，存在不稳定性的弊端，在进入小程序后部分功能不能正常使用，或者显示正在维护。并且由于小程序的不稳定性，地方法院、律师乃至当事人更愿意选择腾讯会议等其他会议软件作为线上庭审的系统依托。

2. 大众使用难度较大

互联网法院和“人民法院在线服务”小程序都是互联网发展下的产物，以提起诉讼为例，如果当事人未委托代理律师，在线下法院提起诉讼时当事人即使不懂也可以通过工作人员去了解起诉所需材料以及后续相关程序。而线上办理业务就需要对专业名词有一定的了解，以海南人民法院在线服务中“我要立案”模块为例，在点击后会显示“审判立案”和“执行立案”两个选项，如果当事人不懂这两个名词的意思，便无法继续向下进行，而在“审判立案”后还需要继续选择立案法院，每一次选择仿佛都是难题，这对当事人来讲，如果没有诉讼代理人的协助，当事人在使用时困难重重。并且对于老年群体来讲，对电子设备的使用本身就存在问题，依托电子设备更可能会存在操作不了的情况，在其看来，线下办理更能满足其需求，故而在选择上更倾向于选择线下办理。如此一来，互联网法院和“人民法院在线服务”小程序更像是为律师和司法工作人员准备的线上办理工具。

3. 过度追求线上立案率

自法院支持线上立案后，出现了线上线下双立案的现象，即如果是在线下办理的立案，在办理好线下立案后，也要求在线上进行二次立案，并且在线上立案时并不要求各方面填写精确，只需填写大致内容即可，此行为是过度追求线上立案率的表现。如此一来，反而加重了当事人和诉讼代理人的负担，降低了工作效率。并且线上二次立案由于只是为了拼凑数量，线上填写并不精确，对大数据收集来说，并不是一个优质的数据来源，反而徒增无效的数据内容，为日后查找、筛选案件增加了无谓的工作量。

4. 线上庭审缺失法庭的仪式感

由于技术水平的限制，目前线上开庭所采取的方式类似于视频电话形式，由法院、原告、被告三方组成，虽然打破了空间的限制，但其法庭的仪式感却也随之缺失，虽然在《人民法院在线诉讼规则》第 24 条中有要求，在线法庭应当保持国徽在显著位置，审判人员及席位名称等在视频画面合理区域。但这也不能弥补法院在特定空间内所承载的仪式感，就像“马背上的法院”一样，即使环境再简陋，也会放好国徽，摆好原被告以及法官的位置，在这种仪式感的加持下，法院保持着其威严、庄重的形象，而线上法院，双方当事人则显得较为随意，即使法官依旧身着法袍、身处法庭，但相隔屏幕，也并不能起到一个较好的作用。其实法庭上当事人在陈述时也有希望法官可以理解的情感表达，就如同演讲可以让听者共鸣一般。但是透过屏幕法官无法很好地感知，当事人表达的感受在一定程度上有所缺失。

（三）解决办法

1. 对程序进行改造和升级

以微信作为依托的小程序，技术框架不够稳定，这就要求程序员加强维护，但就长远使用以及日后升级完善的角度考虑，组建专业技术开发团队开发“人民法院在线服务”的软件版本，可以更好地解决系统不稳定的问题。此外，在日常运营过程中，设置固定的程序维护人员，避开小程序使用高峰时期进行定期维护，既不影响用户使用又可以保证小程序稳定运行。

2. 线下建立宣传站点和志愿者服务

在这一方面，互联网法院在官网上会有相应视频和 Word 教程，在一定程度上可以让当事人了解相应的程序，但这还远达不到可以流畅办理的程度。通过线上线下联动的方式进行教学和宣传，制作更为详尽的使用教程，投放在网站首页和小程序中比较醒目的位置；可以在线下建立宣传站点，做到“手把手教学”，志愿者提供热心上门服务，为年纪大不方便到现场进行学习并有诉讼需求的老年人提供帮助；考虑到大众在线上诉讼业务办理中会对某些专业名词感到陌生，在程序方面可以后台设置词条，通过标红的方式提醒使用者可以点击查看，以此来促使使用者可以正确操作，流畅办案。

3. 完善监管制度，增设投诉平台

法院应当以正确的认识来看待线上立案程序，线上立案的本质是便利大众，减少大众跑腿次数，使大众在家便能完成相关步骤，而不是为了线上立案而立案，如此过度追求形式主义，不但线上立案不能发挥原有效果，还会被大众诟病，有违平台开发之初的原意。法院可以通过完善相应的监管制度，一方面，“从上至下”发布相关文件，建立相应的奖惩制度，杜绝法院“刷业绩”的行为；另一方面，“从下至上”设立群众投诉绿色通道，鼓励群众对法院进行监管，积极投诉线上线下双立案的行为以及其他追求立案率的现象。

4. 发展 VR 技术

线上庭审的发展离不开相关技术的支持与完善。VR 技术是目前来讲解决线上庭审缺乏空间体验感的最佳方式，最常见的形式为 VR 眼镜，通过戴上 VR 眼镜，为人营造出一个虚拟的三维空间，使人仿佛置身真实的场景之中。未来可以加强 VR 技术在司法领域内的运用，将 VR 技术与线上法庭结合使用，使当事人在 3D 成像的效果下，即使身处家中，也可以产生与处在真实法庭相同的感受，以此弥补法庭仪式感的缺失。

三、人工智能辅助系统在司法领域的应用现状及相关思考

随着法治观念越来越深入人心，大众更多地开始利用法律来维护自己的权利，随之而来的是诉讼案件的增多，但是由于司法工作人员并没有因为案件数量的增多而增加，故而“案子多人手少”成为法院的常态，大众常常抱怨法院办事效率低，其实法院内部也苦不堪言。为了减轻司法工作人员压力，提高工作效率，语音识别、文书自动生成等一系列人工智能技术的介入，则成为司法工作人员的“福音”。以语音识别为例，苏州市中级人民法院开发的庭审语音识别系统，能够自动区分不同庭审发言对象，且语音识别准确率达到 90% 以上。实践统计表明，其可以将庭审时间缩短 20% –30%，对于一些复杂案件，庭审时间能减少 50% 以上，且庭审记录的完整度也达到 100%。[①] 具体到法官在进行司法裁判时，又有专门的司法裁判辅助功能来帮助法官进行司法裁判。

司法裁判辅助主要是服务于法官裁判，是法官裁判的辅助工具，主要包括类案推送、量刑辅助和判决偏离预警等方面。其系统的研发与运用在一定程度上有助于法官进行司法裁判。

---

① 参见陈锐、王文玉：《司法人工智能与人类法官的角色定位辨析》，载中国知网 2021 年 7 月 27 日，https://kns.cnki.net/kcms/detail/50.1023.C.20210727.1632.008.html。

（一）类案推送

类案推送是法官通过案件事实、法律关系等关键词在海量案件中可以查找到的类似案件，而系统的精确化程度则决定了类似案件的匹配程度。类案推送从无到有的过程，是技术与法律融合的体现，方便了法官对案例的查阅，节约了翻看纸质卷宗的时间，可以投入更多的精力在处理案件本身上，提高了工作效率。

站在司法裁判的角度上讲，类案推送在一定程度上制约了法官的自由裁量权，自由裁量权是司法权的重要组成部分。“世上没有完全相同的两片叶子”，同样，在司法审判过程中，也没有完全相同的两件案子，案件中的疑难点都需要法官利用自由裁量权加之价值判断等方面的考量进行裁定。也正因如此，自由裁量权也有被滥用的风险，而类案推送使法官的判决在相类似的案件中不能出入过大，具有合理性。

“提升类案推送的智能化、精准化水平”是最高人民法院《关于统一法律适用加强类案检索的指导意见（试行）》中明确提出的要求。[①] 而目前类案推送需要做到“两个精准”：一是用户输入的关键词精准，二是系统内部对案件关键词提取精准。由于当前的类案推送智能化程度较低，系统还不能灵活地对用户输入的关键词进行一个智能化程度较高的匹配，如果用户输入的关键词与系统内部对案件的关键词设定不一致，即使两个案件相似程度较高，也依旧不能被检索。并且针对被检索出的案件，法官依旧需要进行甄别，也正因为如此，与其积累的办案经验相比，部分法官并不倾向于使用类案推送功能。

对于存在的问题，其产生原因是人工智能技术的不成熟，目前可以看到的类案推送系统多是由技术研发公司开发的，其本质依旧是营利性，而作为官方推出的“中国裁判文书网”网站承载力较弱，即存在网站浏览人数较多时案件加载不出来等情况。在技术层面上讲，如何做到自然语言的有效识别也是需要进一步的研究。在国家层面上讲，加大基金投入，组建专业的技术研发团队和法律辅助顾问，可以在“中国裁判文书网”的基础之上，建立知识图谱，优化算法，使网站更加智能化。

---

① 参见周莉、成文武：《“案”以类聚：人工智能辅助下类案推送质量的路径优化——以信息维度提高用户需求为视角》，载《审判体系和审判能力现代化与行政法律适用问题研究——全国法院第32届学术讨论会获奖论文集》，2021年7月于北京。

(二)量刑辅助

量刑辅助的功能是根据系统的不同,在案件判决前通过不同方式的关键信息检索,为法官提供量刑的推荐。

1. 正确定位量刑辅助系统在司法裁判中的位置

提到量刑辅助,大众很容易误解为是人工智能取代人类法官的表现,其实不然,二者并不是一方取代另一方的关系,而是并存的关系。

早在 2016 年 3 月,AlphaGo 以四比一的成绩打败了围棋世界冠军、职业九段棋手李世石,2017 年 5 月又以三比零的成绩打败了世界围棋冠军柯洁,“人类终将被人工智能所取代”的话题便又一次引起了热议,以至于当人工智能引入司法判决程序时,关于“AI 法官会不会取代人类法官”,人们众说纷纭。其实在 20 世纪 70 年代,美国西北大学法学院的 Anthony D' Amato 便提出关于人类法官是否以及是否应该被机器法官取代,以消除法律的不确定性问题的思考。[①]

有支持者提出,与人类法官相比,AI 法官更能做到公平正义,摒弃人类法官可能存在的受外界舆论因素影响以及自身原因导致的审判不公的行为,真正做到司法公正。反对者则认为,AI 法官以数据作为基础,得出的判决结果并不一定正确,缺乏对事实等细节的认定,且由机器决定人的结果,也是不被大多数人所能接受的。

客观来讲,就我国人工智能在量刑辅助方面的发展现状来看,还处于弱智能化阶段,其发展才刚刚起步,因此人工智能并不具备成熟完备的技术条件,距离强智能化阶段还有一定的距离,并且在刑事司法程序中,法官的价值判断不可或缺,[②]法官在处理各案不同情况时的主观能动性和经验判断是人工智能无法模拟的,所以法官仍在司法裁判过程中发挥主导地位。

2. 关于“同案不同判”的思考

所谓“同案同判”其实是一种朴素的司法正义感,即要求相同的案件作出相同的裁判,以绝对的法律平等与法律安定实现正义。[③] 不可否认的是早期司法过程

---

① 参见左卫民:《关于法律人工智能在中国运用前景的若干思考》,载《清华法学》2018 年第 2 期。

② 参见张富利、郑海山:《大数据时代人工智能辅助量刑的定位、前景及风险防控》,载《广西社会科学》2019 年第 1 期。

③ 参见程龙:《人工智能辅助量刑的问题与出路》,载《西北大学学报(哲学社会科学版)》2021 年第 6 期。

中确实出现了不少同案不同判的现象，例如许某案和何某案。2001 年，由于 ATM 机故障，何某发现在 ATM 机中的存款多达百万，于是分批取款共计四十余万元。最终法院以盗窃罪判何某无期徒刑。而许某案情节与其相似，2006 年许某在广州某 ATM 机上取款时，发现取出 1000 元后银行卡账户上只扣除了 1 元，于是许某前后共取款 171 笔，合计 17.5 万元。法院最终判决许某犯盗窃罪，判处有期徒刑五年，并处罚金两万元。在相似的案情中，出现如此天差地别的两个判决结果，有法官个人的因素，但也不能免除司法实践中存在的问题。而量刑辅助系统则可以较好地避免此种情形的发生，在法官判决前形成一份量刑意见供法官参考，从而帮助法官作出较为公正、科学的判决。

需要注意的是，我们虽然追求“同案同判”的公平正义，但是不能盲目，赫拉克利特曾说“人不能两次走进同一条河流”，同理，生活中不存在完全相同的两个案件，“同案同判”并不是追求完全的一致，而是对相似程度较高的案件予以结果相差不多的判决。过度追求“同案同判”只会导致审判的僵化、审判的机械化甚至出现“异案同判”的结果。无论是“同案异判”还是“异案同判”都不是司法公正所追求的结果。

3. 案件数据库的完善

量刑辅助系统运行需要依托案件数据库来进行，而数据库中缺乏大量优质的法律数据。依旧以 AlphaGo 为例，和量刑辅助系统一样，无论 AlphaGo 的算法有多复杂，其同样需要大量棋谱作为分析基础，但差别在于，提供给 AlphaGo 分析的棋谱数量涵盖了全世界范围内已有的谱集和数以万计的围棋对战中所展现的棋谱，可为其提供海量的信息参考，而反观我国的人工智能审判的系统可参考的案件远不及 AlphaGo。在数量层面来看，目前我国的案件数据集中来源于“中国裁判文书网”，而“中国裁判文书网”建立于 2013 年，从网站历年案件数量上不难看出，把 2013 年作为一个节点，在此之前的案件寥若晨星，也就是说，数据库中的案件大多是 2013 年至今的，这在侧面就反映出我国案件数据库数量并不充足。在质量层面来看，如果要将案件数据库作为量刑辅助系统的数据来源，其质量必须要有保障，这样才能使量刑辅助系统最后做出的量刑结果较为客观公正。而实际上在“中国裁判文书网”中的案件判决书，存在完整性不足、表述模糊不清、质量参差不齐的情况。近年来，我国有推出部分指导性案例，但面对复杂多样的案件来讲，已经推出的指导性案例是不足以涵盖所有方面的，故而应加强对数据库的整理，进行质量上的筛选和内容上的补充。

（三）判决偏离预警

判决偏离预警更大程度上定位于法官作出裁判后，通过判决偏离预警的功能对法官裁判的结果进行分析，保证法官判案的结果在一个合理区间内。例如，江苏省“人民法院司法大数据研究基地”研发的“同案不同判预警系统”，其能够通过对刑事文书的深层次学习，有步骤地形成自身新的量刑算法。达到一定偏离度的量刑一旦出现，系统立即预警，从而为裁判尺度的统一与公允提供科技方面的辅助。①

算法预警偏离这个功能的使用需要以合理正确的案件作为数据，如果在输入案件时，不能保证案件的质量则算法在运行时也势必不能给出一个精准的结果。以正当防卫为例，在我国早期司法活动中，由于正当防卫需要满足的要件在判定上比较复杂，且一旦认定为正当防卫，被告一方不需要承担任何责任，在情理上于原告方来讲是不能接受的，法官在多方压力下多判为防卫过当，视情节轻重予以量刑考虑。这一情况一直到“8·27 昆山持刀砍人案”时出现了反转，夺刀反杀刘某龙的于某明被判为正当防卫。试想如果人工智能审判以已有的案件作为分析依据，其大概率会得出防卫过当的结论，如果此时法官判为正当防卫，其还会显示偏离结果，那么法官为表明自身判决合理性，还需要对判决结果进行解释说明，则又会造成司法效率的下降，对法官而言，无疑是加重了解释法律的负担，从而可能导致法官为避免因与算法预警偏离程度较大而增加的解释成本，直接按照算法预警偏离检测前量刑辅助系统给出的结果判案，在这个角度上讲是不利于司法进步的。

四、人工智能在司法领域应用的未来展望

人工智能在司法领域的发展必然会涉及多方面的问题，长久的发展需要有整体上的规范，人工智能为确保未来可以更加平稳顺利地发展，还需要在人才培养、体系建构等多方面为其增设保障。

（一）加强跨领域人才的培养

人工智能与司法的深度融合是一个必然趋势，目前我国既不缺少法律人才也

---

① 参见张富利、郑海山：《大数据时代人工智能辅助量刑问题研究》，载《昆明理工大学学报（社会科学版）》2018 年第 6 期。

不缺少技术人才,但是二者兼备的却少之又少。正如被称为“网警”的从事公共信息网络安全监察工作的人民警察,能拥有计算机相关专业技能,又具有一定的网络案件办理经验。近年来备受关注的类案检索、智能诉讼机器人等司法服务技术,都需要既懂得技术又谙熟法律的跨界人才的深度参与,盖因单纯的技术人员无法对法律术语进行代码转化和专业解释,而传统的法律人员也无从掌握技术上的算法规则和代码原理。[①] 两专业之间没有构建起沟通的媒介,在共同合作研发法律产品时,技术员不能很好地理解法律人员的需求,而法律人员基于对人工智能领域的不了解而产生天然排斥心理,双方都没有充分了解对方需求,以至于最后研发的法律人工智能产品的使用感并不是很好。因此,应着重培养既懂法律知识又懂人工智能的复合型人才。

目前市场上多数法律人工智能产品的研发都有科技公司的参与,企业的参与必然带有营利性质,而人工智能界又过于看重眼前利益。目前的人工智能技术主要集中于金融、汽车、互联网等高收益、高薪酬的领域。这和国外情况也较为类似。彭博社在 2017 年 12 月发文称,人工智能将占领华尔街 99% 的投资机构;在汽车业,特斯拉吸引了大量的人工智能人才。许多从高校毕业的人工智能人才,被 BAT 等互联网企业的高薪酬所吸引,投身其中。相较于这些高收益的行业,法律行业收益略显寒酸,吸引力明显不足,从而也难以招揽高技术人才。这一局面或许短期内都无法改变。[②]

因此在未来要加强高校复合型人才培养计划,培养“技术 + 法律”的复合型人才,如西南政法大学的人工智能法学院,便设有人工智能法学学科,使高校学生在本科阶段就可以接触到两个领域的知识。还可以出台相应政策鼓励在本科阶段具有人工智能等相关理工科专业知识背景的高校人才跨考法律硕士或者法学硕士。

(二)构建公开透明、科学合理的人工智能规范体系

提到算法,不免会联系到算法黑箱、算法歧视等问题,大数据与人工智能介入司法,其目的之一便是保证司法的公平正义,则基于算法存在的问题便需要予以合理解决以消除其内含的不科学性。

---

① 参见孙占利、胡锦浩:《人工智能应用于司法审判的问题与应对》,载《浙江工业大学学报(社会科学版)》2021 年第 4 期。

② 参见左卫民:《关于法律人工智能在中国运用前景的若干思考》,载《清华法学》2018 年第 2 期。

以美国的 Compas 风险评估系统为例,非常著名的威斯康星州诉卢米斯案中,卢米斯被系统评定为“高风险”,基于此威斯康星州判处卢米斯长期徒刑,但是从头至尾并没有人解释卢米斯被评为高风险的依据是什么,而卢米斯提起的上诉也被法院驳回,原因为算法输出的信息有足够的透明度。[①]

以 Megan T. Stevenson 和 Jennifer L. Doleac 的研究为例,通过重点分析年龄和种族因素对非暴力风险评估的影响问题,两位研究者发现即使考虑到量刑建议时的随机误差,年轻被告的风险得分也比年长被告高得多,黑人被告的风险得分比非黑人被告高得多。[②] 笔者认为,算法本身并没有歧视,有歧视的是算法所依赖的数据,而数据的歧视则来源于决策者,众所周知,美国种族歧视非常严重,故而依托数据运行的算法所得出的结果必然也带有歧视性。当这种包含偏见的算法被加以“辅助”的名义直接应用于司法实践时,对判决结果公正性的影响可想而知,[③]与我们让人工智能辅助司法裁判的本意相左。此种情况与上文提到的量刑辅助所依赖的数据库相似,只有数据库中的案例保持高质量才有可能保证量刑辅助所作出的判决结果的正确性。同理算法背后的数据也应保持客观性,其结果才有可信赖性。

从大众角度考虑,由于大众对算法的不了解,其对系统得出的结果更容易产生怀疑,因此建立公开透明、科学合理的人工智能规范体系,公开算法,使操作可视化,既可以打消大众对系统的质疑,又可以直接通过大众对算法进行监督。从而预防算法歧视、算法黑箱等可能出现的问题。不过在实际中,由于算法在研发公司内部属于商业机密,想要公开难度较大,这就与公司的营利性有关,因此如果想要做到算法公开,在根本上还是要依靠国家掌握算法的运行。

(三)明晰责任划分,加强法官责任意识

责任感在客观上是国家对法官依职权从事裁判工作时所提出的要求,主观上则是来自法官自身工作的态度,是在判案过程中保持公平正义的内心衡量准则,人工智能介入司法的深入发展,会导致法官的“去责任化”,具体表现为:第一,系

---

① 参见左卫民:《关于法律人工智能在中国运用前景的若干思考》,载《清华法学》2018 年第 2 期。

② 参见左卫民:《AI 法官的时代会到来吗——基于中外司法人工智能的对比与展望》,载《政法论坛》2021 年第 5 期。

③ 参见贺泳杰、雷震文:《挑战与应对:人工智能时代的司法审判》,载《贵州民族大学学报(哲学社会科学版)》2022 年第 1 期。

统成为法官推卸责任的对象;第二,系统消解了法官的责任感。[①] 在人工智能尚未介入之时,法官进行裁决时依靠的是对事实的判断、证据的把握以及法条的运用,始终保持着审慎的态度。法官如果判决错误,需要承担相应的责任。但量刑辅助系统的出现,会给法官推卸责任找到一个借口,将判案错误的责任推给系统本身。

随着人工智能在司法裁判中的应用逐渐深入,明确法官与系统的责任划分是未来我国司法进程中必然要解决的一个问题,责任与定位相关联,其在司法裁判中处于何种位置,发挥着什么样的作用,都是明确责任的标准。目前来讲,从"辅助量刑"的"辅助"二字不难看出,人工智能并不在司法裁判中起主导作用,就目前甚至长远发展来看,其不可能占据主导地位,并且就目前技术层面来讲,只是给法官起到一个参考的作用,最终判决结果还是要由法官作出,故法官依旧是责任的主体,当判决出现错误时,法官依旧要承担主要责任。

但这不影响我们对责任划分问题的讨论,我们不可能将责任归结为非责任主体的系统,我们就要将目光投向系统背后研发系统的人或企业,我们可以将责任归属问题进行情况划分,分为法官责任和系统责任。法官责任是法官在利用系统辅助判案时,操作有误,致使系统作出错误判决,而法官却依旧正常采用,致使判决结果错误的,责任由法官承担。系统责任并不是说将责任归咎于系统,而是研发系统的人或公司承担责任。此责任来源是司法机关与公司或自然人签订的合同,本质是民事责任。如果是系统出现问题,司法机关还是可以通过事先沟通的方式表达清楚需求从而避免因沟通问题而导致系统不符合司法机关的办案需求。如果法官操作并没有错误,而是系统出现问题,导致判决错误,其实最终法官依旧要承担责任,毕竟法官作为裁判主体有核查的义务,无论是由于疏忽大意还是故意为之,其都不能避免责任的承担。

为了避免法官的"去责任化",确定主体地位,明确责任划分是避免法官逃避承担责任的有效方式。这也可以有效地防止法官过度依赖量刑辅助系统,这种情况更容易出现在年轻法官群体中,年长法官在判案中更习惯于结合自身判案经验,而年轻法官上任伊始经验不足,易出现依赖系统的状况。

结　语

纵观中国的司法进程,从夏启时期的神明裁判,通过祭祀占卜活动来询问"天

① 参见高童非:《数字时代司法责任伦理之守正》,载《法制与社会发展》2022 年第 1 期。

意”进而进行司法审判和定罪量刑到皋陶采用独角兽獬豸治狱再到西周的“五听”通过观察“辞色气耳目”来确定当事人所述之真假最后到如今科学的司法体系，是一个逐渐进步的过程，站在时代的窗口前，探望未来，人工智能在司法领域的逐渐深入，也是时代的选择，我们无须过多担忧，只需客观看待，权衡利弊，把握好人工智能在司法领域的定位，其带来的必然是司法的进步，虽然从目前现阶段来讲，中国在人工智能领域的发展还有待进一步的加强，人工智能和司法的结合也处于探索前进的进程中，无论是线上诉讼还是人工智能辅助判案都还存在一些亟待解决的问题，这就需要不断完善技术、人才培养与相关制度建构，从而做到各个方面的配合。在这一进程当中我们每一个人都是当事人，我们每一个人都是亲历者，作为处于“暴风眼”位置的法官，虽然目前来讲，谈论“AI 法官替代人类法官”这一话题显得不切实际，但是法官依旧应当加强自身学习，紧跟时代潮流，学会并利用好人工智能司法系统，警惕对智能司法系统的依赖，保持独立的判断与思考，保持危机意识，顺应时代发展潮流。我们盼望着由科技与司法共同带给我们更好的司法环境。

人工智能在司法实践中的伦理问题研究

由美琦*

进入21世纪后，信息社会以及知识时代的到来，导致信息膨胀的速度也越来越惊人。网络的飞速发展，使我们拥有十分庞大的信息资源，在这些浩瀚的信息海洋中，人类的自然科学的劣势也逐步凸显。在这种情况下，智能化技术的出现能够实现对信息的科学、高效处理，提升信息处理的速度和效率。可以说，随着智能化技术的诞生，未来，基于人工智能的信息技术发展会颠覆行业的认知，促使行业在发展的进程中具有更为出色的影响力。应该说，随着人工智能的诞生，其成为未来科技发展的主流趋势，也是推动当前技术升级的核心要素。随着人工智能的飞速发展，其必然会对未来的劳动方式以及财富分配方式，乃至社会功能职能的划分产生关键性的影响。在当前信息技术飞速发展的时代背景下，人工智能是处于计算机技术顶端的技术，而且这些年人工智能技术取得了较为出色的发展。人工智能的飞速发展，促使人们的生活乃至生产方式都发生了巨大的变革。但是在看到人工智能技术带来优势的同时，我们也必须意识到，人工智能的研发使用也必然会带来很多法律以及伦理问题。而且随着人工智能的发展，这些问题也会日益凸显。本文在观点论述的过程中，以自动汽车驾驶为例，探讨了人工智能在司法实践中的伦理问题。人工智能的普及是时代发展的必然趋势，在看到人工智能带来利好影响的同时，我们也应该充分意识到人工智能带来的一些法律问题。对于这些法律问题，也需要有相应的法律规范来进行相应的约束，确保在法律的践行上，能够有较为出色的支撑。

一、人工智能的观点界定

当前，在计算机技术发展的进程中，人工智能处于技术的前沿。而且随着时

* 由美琦，三亚学院法学院讲师。研究方向：民商法。

代的进步和发展，人工智能也取得了较为突出的发展成绩，也有人称人工智能是机器智能。人工智能主要是基于对人的智能进行模拟，运用技术手段来实现人智能模拟的技术科学。① 立足科学视角，人工智能从严格来看应该被纳入当前计算机科学的分支。在具体的实现上，人工智能的核心内涵在于进行智能本质的解读，通过解读，运用技术手段，实现能够对人智能进行模拟的机器或者设备的研发，从而替代人工来完成一系列简单的工作。

在进行人工智能的研发上，人工智能涵盖了多领域的内容，诸如语言识别、机器人以及图像识别、自然语言处理、专家系统等。从涵盖的范畴来说，人工智能包含了多方面的内容，其囊括的领域也是十分广泛的②。在人工智能的实现上，人工智能包含机器学习、计算机视觉等多方面的内容。对于人工智能的践行来说，人工智能不仅可以模拟人的意识，同时也可以模拟思维过程。人工智能在具体的践行上，核心是通过对人智能的分析，实现对人类思考和模拟的方式。在进行人工智能的概念界定上，尼尔逊教授解释，人工智能是一门和知识相关的学科，其在内容表述上，主要是进行知识的阐释，同时对如何获取知识进行科学的解读。基于尼尔逊教授的观点分析可知，该观点能够对人工智能的思想和内涵作出科学的剖析。为此，我们认为，所谓的人工智能实际上是对人类智能活动规律进行模拟的方式，通过模拟人的思维模式来进行相应人工智能系统或者相应人工智能设备的研发，从而促使计算机能够成功替代人去完成相应的工作。在具体的践行上，人工智能关注的是在进行具体的实践中，基于对人智能的模拟，从而实现对人体相应行为模拟的方式、方法。整体来看，人工智能在观点的研究上，是基于相应方式来实现机器能够拥有人类智能的科学方式。

二、人工智能的发展历程解读

人工智能是科技的不断发展催生的产物。我国在人工智能领域的发展，最早始于 2016 年。最初通过人工智能技术引入来进行一些工业生产运作，诸如机械手等。随着人工智能技术的成熟发展，当前在越来越多的领域，人工智能的优势也得到了不断的凸显。比如，在当前手机支付以及通行方面，引入了人脸识别技

---

① 参见李育林：《人工智能证据的表象之争与实质之辨——以刑事司法事实认定进路为视角》，载《政法学刊》2022 年第 3 期。

② 参见肖嘉：《人工智能时代下智慧司法建设研究》，载《黑龙江人力资源和社会保障》2022 年第 16 期。

术。该技术可以做到精准进行人脸信息的判定和识别,并可以基于人脸的识别对人所处的位置进行定位,科学追踪人所处的位置。在北京,为了加快春运检票的速度,北京西站就在春运期间引入了人脸识别技术,通过人脸识别来进行进站检票。旅客在通过检票口时,将自己的车票以及身份证信息放在一起,通过系统进行人脸的比对识别。若是验证通过,检票闸门会自动开启。通过引入人脸识别技术,大大提高了北京西站在春运期间的检票效率。除了在检票方面的应用外,当前在智能手机上,人脸识别技术也有较为出色的应用。比如从 iPhone X 手机开始,就已经引入了人脸识别技术。iPhone X 手机的使用者可以直接通过人脸识别来开启手机 ID。而且在 iPhone X 使用的人工智能技术经过优化和升级之后,人脸识别技术可以随着使用者对手机的使用,不断进行内部存储面部数据的更新,可以更好地结合用户面部的变化来实现针对性的识别基准调整。

除了人脸识别技术外,诸如在语音应用领域,人工智能技术也有非常出色的应用。比如当前在电脑以及手机使用过程中,对于相应信息的输入,已经有语音输入法推出。通过语音输入法的使用,人工智能可以成功进行各类方言的识别,同时也可以对识别的语言进行中英文翻译,并可以结合用户的使用需求,成功实现在语音和文字之间的自主转换。语音识别技术的推出以及不断提升,也为推动人际互动的智能化发展提供了实现的可能。

另外,在当前深度学习以及大数据技术应用方面,人工智能技术也有较为出色的应用价值和意义。① 早在 2017 年,柯洁与 AlphaGo 就进行了一场比拼,最终输给了机器。之所以会有这种结果,是源于 AlphaGo 可以基于相应的人工智能技术应用,丰富吸纳不同复杂棋局的大数据解决方案。在进行棋艺对决的过程中,机器通过其所收集的数据进行数据的比对和分析,从而可以做到轻松应对各种复杂的棋局。对于人而言,人虽然经过不断的知识积累和学习,在棋艺对决的过程中也能够通过人脑优势的发挥,针对不同的棋局来找寻对应的问题解决方案,但是人脑相较于海量的大数据来说,有其自身的局限性②。所以在 AlphaGo 与柯洁的棋局对决中,人工智能之所以能够成功战胜人脑,源于其广泛的数据涉猎和分析。这次事件,也表明当前全球在人工智能研发领域取得了突破性的成绩。

---

① 参见陈亮、徐明:《从数据到知识:智能司法基础设施的困境反思》,载《交大法学》2022 年第 3 期。

② 参见王文玉:《司法人工智能的可能空间、内在限度与前景展望》,载《东北大学学报(社会科学版)》2022 年第 3 期。

人工智能技术的突出优势,也吸引了汽车行业的关注。通过引入人工智能技术,越来越多的汽车厂家纷纷推出了无人驾驶汽车。比如早在2016年的时候,特斯拉就专门推出了一款无人驾驶车辆,百度在2017年推出Apollo计划,为汽车生产厂商进行自动驾驶的研发提供全方位的软件支持,该软件平台使用安全、开放,且有较高的完整性。百度推出的这一服务在构成上包含了软硬件平台,以及相应的云端数据服务等①。同时,百度也和广大车企建立了良好的互助协作关系,专门成立了协作联盟,共同致力于无人驾驶汽车的研发。百度的服务推出,为我国无人驾驶汽车的研发起到了积极推动作用。

综合人工智能技术的发展历史来说,人工智能从诞生开始就备受人们的关注。随着我国科技水平的不断提升,我国在无人驾驶领域也有了突出的成绩。可以说,我国人工智能实现了飞速的发展,其也能够立足不同视角,对我们的日常生活产生着较大的影响,甚至在一定程度上促使我们的生活方式也发生了巨大的变革。

三、人工智能技术和伦理法律问题

每一次技术革命,都会对经济带来一定的推动,同时也会诱发一些法律问题。从人工智能技术的发展来说,无疑,该技术的诞生能够为更好推动生产速度和效率提高起到积极推动作用,但与此同时,人工智能技术的研发也会带来一系列的伦理法律问题。而且就当前人工智能技术的应用现状来说,虽然人们已经充分意识到人工智能的发展给生产,乃至百姓的生活带来巨大的变革,但是其发展也同时带来了一些伦理层面的争议。人工智能技术和传统技术不同,人工智能技术是通过对人脑的模拟,去完成一些原本应该通过人力去完成的工作。所以,从这个角度来说,人工智能的诞生能够为推动生产效率优化,提速生产起到积极推动作用。也正是因为如此,越来越多的行业对人工智能技术也有较高的青睐度,纷纷引入人工智能技术。在人工智能技术日益成熟和在商业领域的成功应用,也诱发了一系列关于人工智能伦理法律问题的探讨。所以我们在看到人工智能在为行业发展带来推动的同时,也必须看到由于人工智能技术普及,可能诱发的一系列伦理法律问题。

---

① 参见王志勇、辛淑静:《人工智能与司法裁判深度融合的路径分析——基于法学方法论视角》,载《河南财经政法大学学报》2022年第3期。

（一）人工智能技术的诞生为人类科技研发提供了试错机会

人工智能技术的引入，促使我们在生产过程中，可以通过人工智能去替代一些原本应该通过人力完成的工作。在这种情况下，由于人工智能本身是通过机械设备去替代人完成工作，所以在过程中，其完全可以替代人类来完成相应的试错，减少在工业生产运营过程中错误发生可能给人类带来的严重后果。事实上，对于人工智能，全球都给予了较高的关注。2016 年《麻省理工科技评论》评选的最佳图书就包括数本以人工智能伦理为主题的著作，例如《数学武器：大数据如何加剧不平等、威胁民主》和《发明伦理：科技和人类未来》。这些图书在内容的解读上，都是围绕人工智能展开。麻省理工学院媒体实验室与哈佛大学伯克曼·克莱因互联网与社会研究中心在 2017 年联合推出了人工智能伦理研究计划，该计划耗资约为 2700 万美元。基于人工智能的伦理法律问题剖析，若是立足司法实践的角度来说，不难看出，当前人工智能技术在发展过程中，其所面临的伦理法律问题主要包括以下几方面：

1. 未来人是否能够拥有对人工智能的绝对控制是伦理法律必须关注内容

从人类自身的角度来说，虽然人工智能是通过人的聪明才智研发出来的。但是人工智能作为一种信息化系统，其可以通过广泛吸纳数据来从大数据中提取有用信息，从而转变为系统使用的信息。人工智能收集的数据信息量的拓展，意味着人工智能的智慧也越来越突出[①]。在这种情况下，可能出现的一个结果是，人工智能比人聪明。那么在这种情况下，对于人类来说，其是否能够始终维持对人工智能系统控制是值得我们思考的内容，这也是我们必须从司法实践角度出发去深入剖析的课题。当前在人工智能伦理法律问题的解读上，这个问题备受学者的关注，是目前最早提出，同时也有较为突出价值的课题。

随着未来技术的不断发展，事实上人工智能在发展的过程中也能够实现自身各项综合能力的提升，甚至随着人工智能研发技术的不断提升，未来人工智能的学习能力更强大[②]。在这种强大的学习能力下，不排除人工智能能够通过自身囊括的数据和自身的学习能力，为自己设计一种更为先进的系统版本。随着系统版

① 参见高利佳：《人工智能在我国司法实践应用中的法律问题研究》，河北经贸大学 2022 年硕士学位论文。

② 参见郭雪慧：《人工智能在司法审判领域的困境、定位与展望》，载《社会科学家》2021 年第 11 期。

本的日益先进和自动升级，难以确保人始终能够掌握对人工智能系统的控制。若是最终人失去了对人工智能系统的控制，最可能导致的一种情况就是“智能爆炸”。那么在这种情况下，究竟是最初创造出人工智能的人类拥有绝对控制权，还是有强大学习能力和不断自我更新能力的机器更胜一筹，显然是难以界定的。所以在进行人工智能技术研发的过程中，我们必须从司法实践的角度出发，对人工智能发展的伦理法律问题进行思考。

2. 人工智能能够替代人进行决策是否和伦理法律相悖

随着人工智能技术的发展，人工智能可以实现海量数据资源的获取，同时通过不断学习，其也会拥有强大的算法支撑。那么随着技术的不断升级，显然人工智能系统也越来越强大。在这种情况下，人工智能也可以替代人类来完成相应的决策。虽然从技术应用角度来说，这一发展是优势，也是技术升级和优化的体现。但是若是人工智能在计算的过程中存在算法偏差，或存在机器歧视的情况，就会导致一些社会伦理问题，这是我们应该立足司法实践角度去进行思考的。比如微软曾成功推出了一款人工智能机器人 Tay，其经过大量的学习，并引入了最先进的算法，在应用的过程中甚至可以成功模仿人类去进行不同观点的评论和表达，并能够结合互动来给出自己的观点。也正是因为如此，Tay 从投入使用的第一天就备受人们的关注。但是在具体的应用过程中，一些新用户的负面引导，导致 Tay 在言论表达的过程中出现辱骂用户的言论行为，甚至在观点表达上还会存在性别以及种族歧视的情况。之所以会有这种情况的发生，是因为人工智能在研发的过程中，始终是通过数据以及算法的应用来实现机器思考逻辑的设定。在这种情况下，机器的研发者在进行系统数据库构建以及算法设置的过程中，所设置的算法往往会对人工智能最终的应用产生较大的影响。从这个角度来说，显然人工智能技术的成功研发毫无疑问会改变人们的生活，甚至在一定程度上提高产业发展的速度和效率。但是与此同时，在进行人工智能研发的过程中，若是不重视伦理道德，忽视法律，则会导致在人工智能的应用上，会诱发一系列的社会伦理和道德问题，造成十分严重的社会后果。

由于这些问题的存在，会诱发一系列的伦理道德问题，是目前在司法实践中必须关注的问题。随着人工智能的普及，在人类进行相应的决策制定上，机器设备通过引入人工智能技术，也会在越来越多的事务中进行决策。这一点，在当前的生活中也有较为突出的体现。比如当前在既有的司法系统中，针对假释以及医疗保健部门中相应疾病的诊断，有一部分就是通过人工智能进行评估。但是在评估的过程中，我们难以确保系统在进行判断的过程中，所给出的每一个判断结果都是准确的。而且若是系统作出了错误的判断，若是从司法视角出发，错误的结果，由谁来负责？从某种意义上来说，实际上机器应该是公平的，同时也应该是道德的。[①] 但是事实上，在进行公平以及道德概念的解读上，显然这种观点是模糊的。为此在进行人工智能的评估上，显然对于整个行业的发展，从司法实践的角度来说，人工智能缺乏相应的法律规范和道德标准来进行约束。在相应的标准出台前，对于人工智能的研发而言，研发者不应该盲目进行市场需求的响应，更不能赋予人工智能更多的决策权。在进行人工智能的市场应用时，更多应该从道德以及法律的视角去进行利弊的综合权衡和评估。所以在进行解读上，人工智能普及带来的一系列社会伦理以及司法法律问题，值得我们关注。

（二）人工智能技术是未来发展面临的重要决策

麦肯锡在《未来产业：自动化、就业与生产力》报告中指出，目前在全球的各项工作活动中，其中约 30% 以上比例的工作完全可以通过自动化手段来实现。对于任何一个行业的发展来说，实现全面自动化职业的概率显然是十分有限的。但若是能够真正地实现机器和人的密切协作与配合，那么可以促使产业在发展过程中，实现生产力的提高。但是在实现人工智能在具体生产领域的引入时，需要综合进行伦理以及道德的考量，同时还要充分考量相应法律观点。麦肯锡在研究中还提到，通过自动化技术的引入，能够最大化地推动当前社会生产力的转型，而且这种转型可能是长期的，甚至有可能持续几十年之久。在全球这种情况也十分突出。[②] 比如早在 20 世纪，一些发达国家在农业生产运作上，就已经引入了自动化技术，通过自动化运作来发展农业，在一定程度上提升了农业生产的效率，同时农业劳动力也实现了相应的缩减。即便如此，在引入自动化技术后，并没有出现大量的人口失业。这是源于随着技术的优化和升级，在其发展的同时，也会有一些过去不曾有的全新工作业态出现。

人工智能的发展，能够在一定程度上推动人类生产力的提升，甚至可以实现对很多职业的取代。这是一种必然趋势。人工智能相较于传统的自动化技术而言，更先进，也更智能。随着人工智能的发展，未来也必然会对人存在的价值形成

---

① 参见左卫民：《AI 法官的时代会到来吗——基于中外司法人工智能的对比与展望》，载《政法论坛》2021 年第 5 期。

② 参见罗洪洋、李相龙：《智能司法中的伦理问题及其应对》，载《政法论丛》2021 年第 1 期。

冲击。可以说,从某种意义上来说,人工智能的存在有突出的价值和意义,对于个体的工作而言,其个人存在的价值和意义也是十分突出的。在这个过程中,价值的带来更多是源于个体的职业满足感。为此在工作开展上,一份有意义的工作给个体带来的不仅是有与之相应的工作报酬,同时也是一种希望和一种驱动个体更好发展的动力。未来,随着人工智能技术的飞速发展,人工智能的普及必然会替代一部分人力劳动,那么在这种情况下,会导致一些传统机械的人工劳动被取代,甚至可能会出现一批工厂倒闭的现象,[①]甚至也会诱发更高的抑郁症、药物滥用甚至自发风险。那么在进行这些问题的司法解读上,如何解读也是值得我们深思的内容。我们应该看到,人工智能技术的普及,必然会推动人类实现生产力的优化和提升,也会在一定程度上改变过去传统的产业布局和用人结构。当然,未来即便是有大量的工作实现从人完成到机器完成的转移,那么可能这种速度难以像人们想象的那么快,其是一个循序渐进的过程。但是我们应该意识到,人工智能的普及是未来的一种趋势,人工智能实现对人传统工作的替代也是一种必然。所以在这种情况下,一夜之间很多传统手工劳动者失业的情况几乎不存在。要想真正实现人工智能对传统人力劳动的取代是需要漫长时间的。在这个漫长的时间中,其也会在一定程度上冲淡失业带来的社会影响,不会造成太大的社会和法律问题。[②]

总　结

随着未来科技的进步,人工智能的发展也必将改变我们的生活,并在人们日常生活、工作乃至工业生产中占据越来越重要的地位。但我们必须谨记无论未来人工智能发展至何种程度,也永远不能取代人类的智慧,科学工作者的辛勤劳动和努力创新才是人类进步的主要动力。我们要合理利用人工智能为我们带来的便利,不能过度依赖人工智能,同时也要认真思考人类以及人类社会与人工智能之间的关系,从而判断未来的法律是否应当适应人工智能的发展而提出相关的规定。相信在科学家的智慧和人工智能的帮助下,更多方便人们生活的新技术将源源不断地涌现出来,而人与机器之间的平衡也将越来越完善。

---

① 参见刘子豪:《人工智能在司法实践中的伦理问题研究》,山西大学2020年硕士学位论文。

② 参见李勇坚、桂宁:《人工智能在行政司法中的伦理考量》,载《人工智能》2019年第4期。

司法实践中运用人工智能的困境与出路

陈博文　窦昶舒*

随着司法改革的深入与扩大，法治观念在人民群众内心中不断增强，这必然导致各级司法机关所受理案件数量日渐增多，其办案人员压力也越来越大。近年来，人工智能的突破发展使这一问题有了转机，在建立庞大数据库的支撑下，算法、推理与学习技术应用在司法活动中，具体在一些证据之审查、类案之检索等司法辅助方面，这种"法律＋人工智能"的出现减轻了司法办案人员压力、大大提高了司法效率和维护司法公信力，是"社科＋技术"在法治层面上的体现。

一、智能司法的实践功能与价值

（一）智能司法的实践功能

智能司法是指将人工智能技术融入司法活动过程中而形成的一种司法辅助模式，其功能体现在司法活动的各个流程中，如办案人员灵活运用智能司法可以减轻其办案压力，又如可监督办案人员合理适用法律和执行法律。

1.减轻办案人员压力

其一，人工智能的作用在司法活动表现最明显的莫过于法院类案检索方面。从2017年提出类案检索到如今，互联网的发展使人们在中国裁判文书网上可以检索到案件，特别是在清楚案号、案由或者其他精确信息后可以精确定位，但是这仅仅是针对个案。司法工作人员在办案过程中需要搜索大量类案，实践中去搜索相似案件是非常轻松的，但其结果却是不同的，这就致使工作人员需要消耗大量时间和精力在类案中去寻找相关度高的案件，而通过类案检索功能去辅助办案人

---

* 陈博文，三亚学院应用法学研究所研究员。研究方向：人工智能法学。
窦昶舒，哈尔滨理工大学法律硕士研究生。研究方向：刑法学。

员,可以使其高效率地完成检索工作,缓解其在此过程中的压力。该功能在智慧法院的建设中发挥极大作用,在建立大量判决数据库的基础上,通过这种人工智能在判决中提取和对比相关情节,并且通过算法挖掘司法内在规律,从而达到类案检索的目的,为人民法院在审判案件提供参考。运用这种机制最大的好处是统一司法判决尺度,做到"类案类判",办案人员通过这种机制去了解和提取相似案件的核心,从而找到判决方向,"通过类案检索制度和自动推送,使法官在所检索的案件中可以尽可能地知晓各种各样案件的裁判尺度",才会有利于提高判决质量,使作出的判决公正合理,使当事人信服和满意,从而提高司法公信力。

其二,人工智能基于其算法等功能在对证据的处理与审查等一些信息整理方面,效率远远超过人脑。在司法实务中,证据在任何一个案件中都起关键性作用,"证据是定案的依据,任何冤假错案归根到底都是在证据的收集、审查、认定上出了问题,因此,要把防止冤假错案的重心放在证据上"。利用大数据手段整合各种法律、司法解释和判例,从中提取核心信息数据后再进行对比,设定自动审查功能,去发现个案中证据在合法性和关联性上是否存在瑕疵,如果出现问题则提示办案人员。通过该手段可以让司法工作人员及时发现证据问题,从而进行人工核查与修正,在减轻工作人员压力的同时,也提高了检察和审判的正确性。同时可以通过人工智能技术从刑事案件证据中提取参考指引,建立标准化的规定,纳入司法系统中,为收集、审查证据的侦查人员提供指引,实现对办案流程的规范管理。

人工智能可以代替司法办案中机械死板不使用脑力思考的人工环节,如通过语音转化文字功能实现庭审笔录的快速输入与形成、通过案卷识别与提取实现自动生成法律文书。值得注意的是,人工智能的功能仅仅是减轻办案人员压力,而并不是代替办案人员去处理司法核心工作,仅为辅助作用,在使用人工智能时,应注意甄别其收集和转化的信息,如检索类案的结果应在思考后借鉴或采纳,避免出现"类案同判";再如大数据技术也可以计算出量刑方法,计算机可以得出量刑结果,但是对于疑难案件应保持谨慎态度,不可执意信任该计算结果,应考虑综合因素得出结论。

2. 精确管理与监督办案

"谁办案,谁负责"的原则出台后,就需要对司法工作人员进行高效率的管理与监督。通过技术手段改变过往"人盯人"这种高付出低效率的监督模式,实现全自动且无漏洞的监管体系,使办案流程可以全方位地记录下来,若日后出现问题可以快速溯回找到原因，同时对正在办案人员起到警示作用。

其一，目前已有通过建立智能绩效考核，对司法工作人员的绩效进行科学全面的评估。通过大数据分析大量信息，结合不同案件或工作类别，建立不同的评估标准，最终出具每一个办案机关和人员的工作质量分析结果，为各司法机关内部开展考评提供参考，有利于监督工作人员合法公正地开展司法活动。其二，通过技术手段全程监控办案流程。目前四川省法院通过管理平台设置如立案、移送、送达等时间节点，使用信息化手段监督办案、进行期限警告，避免出现各部门之间"互相借取"办案时长，若出现逾期情况将会对未完成的工作自动冻结，并纳入工作人员绩效考核中。苏州法院还采取全时空的监督体系，实现程序自动公开，有效防止不规范现象的出现。其三，建立一站式数字平台，加强外部监督。通过搭建网络系统，使人民群众可以通过网络去申请立案，并且在案件受理后可以实时查看到案件进展情况，同时在线下放置智能终端提供帮助当事人自助办理手续、费用缴纳、文书生成等服务。并且平台依据大数据分析群众意见与评价、矛盾类型、调解成功率等因素，去预测风险辅助办案。若在案件进展过程中发现问题，也可以通过数字平台进行举报，这种监管"平台化""可视化"便捷了司法工作的外部监督。

（二）智能司法的实践价值

司法改革是政治体制改革极为重要的组成部分，在司法改革的进程中司法公正的重要性不言而喻，要使人民群众选择和信任法律，那么就要保证司法过程和结果是公正的，只有这样才能产生公信力，凝聚法律信仰。为提高司法效率，缓解案多人少的困境，为保障司法活动之正义，使办案流程公开透明，为维护司法公信力，营造良好的司法环境，人工智能融入司法成为必要，这也是其价值体现。

1. 提高司法效率

我国法治化不断推进，人民群众对法律的信仰也不断提高，遇到纠纷找法院的观念深入人心，故大量司法案件涌入司法办案机构中，但是司法工作人员数量和个人精力有限，司法资源的分配又不足以弥补此差距，案件数量增长和办案效率不足之间形成了矛盾。

运用人工智能技术去处理一些简单机械的工作，可以为司法工作带来巨大便利，可以缓解纯人力劳动带来的弊端，进而提高办案效率。除上述所提到的类案检索机制可以为司法工作人员快速高效便捷地提取类案核心，实现类似案件类似处理外，人工智能技术运用还体现在记录文字等工作上。在庭审过程中，智能语音识别系统可以代替之前书记员手工打字记录，在提高记录效率的同时，计算机的处理功能还可以避免记录出现重复信息，有利于实现对诉讼的促进。通过智能技术可以减省司法工作人员的精力，使其可以把更多精力放在思考案件本身上，对提高起诉、立案审理和诉讼等办案效率有一定作用，同时又能使诉讼当事人对司法工作满意与放心，使司法便民的理念得到落实。

2. 维护司法公信

智能技术走进司法，是司法体制改革的重要部分，这种方式可以促进司法活动公正处理，使权力不敢滥用，促进司法配置优化，从而维护司法公信力。人工智能的介入让司法活动变得公开透明，诉讼当事人可以随时了解案件进展情况；同时全方位的记录使案件办理过程可溯源追查成为现实，司法工作人员所有的办案经过会记录在案、自动监督、自动警报，在“谁审判，谁负责”的高压态势下，防止个别人员违规操作与腐败现象的滋生，实现“把权力关在笼子里”。同时基于大数据、云计算等技术构建的类案检索功能，可以使司法工作人员“快、准、狠”地找到类案而得到合适的判决方向，在刑事审判方面算法还会基于上述技术给出量刑区间，间接地限制了法官的自由裁量权。此外，“人工智能技术将强化司法系统整合已决案件的效能，通过对法院过往审理案件的数据留痕与节点式评定，在定期向上级机关和社会公众汇报审判结果的同时，统筹司法内外监督问责机制”。人工智能与司法融合在有效阻止司法腐败的发生的同时，还提高了司法判断的准确性，使当事人信任司法、信服判决，进而维护司法公信力。

二、智能司法的实践困境

人工智能固然在司法领域有着重要作用，但是任何事物都有其双面性质，运用得当，司法会向好的方面发展，反之则不利于司法改革的进程。高质量发展是一个纲领性条款，是对目前我国所有改革的要求，人工智能应用到司法实践的改革也不例外，若想追求高质量发展则必须看到其现实困境。

（一）人工智能本身带来的困境

1. 数据问题导致精准不够

司法智能的精准度需要大量司法数据进行支撑，只有拥有海量数据，使人工智能进行深入学习和总结规律，才能提高其得出结果的可采用性，如果没有一个完备的数据库，那么人工智能将成为“空壳子”，正如如果没有知识可学习，再聪明的人也一无所知。“大数据仓库的完备程度由大数据知识表征的客观程度决定，而大数据仓库的完备程度由各知识主体大数据共享程度决定。大数据依靠的不是随机样本，而是全部样本。”从数据数量来看，目前司法案件的来源主要是中国裁判文书网（https://wenshu.court.gov.cn/），但是并非所有文书都可以在此检索到，如一些法定不允许公开的文书；从数据真实性来看，“中国法律领域信息存在突出的‘表象性’特征，即司法领域的信息是公开的，但却并不一定真实”，数据库中的司法数据也是人为输入，或许由于图速度、或存在失误等其他原因造成数据不实，人工智能总结出来的规律也不会符合实际，得出的问题结论将会对司法借鉴造成影响。同时数据质量也参差不齐，例如部分司法文书中对事实与法律的认定缺乏理由，使类似案件结果不一或出现矛盾，这加大了智能分析的难度；从数据表现力来看，数据仅仅可以表现出司法活动的走向和最终呈现出的结果，并不能表现出司法活动中各当事人或司法人员的辩论和内心所想。司法活动受到如政治、宗教、伦理等多因素影响，但是在数据中却不会表现出来，他人无法通过数据了解到这种“只可意会不可言传”的要素，数据无法涵盖这类情节将会影响分析得出的结果。如在法官进行类案检索时，仅仅可以得到类似案件的判决方向，并不知道得出这个结论的过程和影响这个结果产生的因素。

2. 算法算力影响智能发挥

数据库是人工智能的“燃料”，算法算力就是其“引擎”，马力不足再多燃料人工智能也无法跑快。智能司法的高效率是建立在算法算力的基础上，如果算法算力因素不足将会影响对大数据的分析和归纳，最终得出的司法结果也会不尽如人意。算法是处理数据的方式，好比引擎的种类，算力是处理数据的能力，如引擎的马力一样。算法在处理具有科学性且富含规律性的数据上有不错的优势，但是若指向对象为司法判决这种具有主观性且受众多因素影响的数据上没有优势，左卫民院长曾说过，“算法作用在于提炼总结司法活动和司法决策的规律，并归纳出司法典型活动模型作为参考”。算法的不足将影响智能司法的效能。我国算力的发展虽然规模大但却不够专精，缺乏顶尖技术和设备的支撑。在这种情况下，平衡算力的分配成为关键，智能司法的发展离不开算力支持，若算力不足将会降低司法效率、影响司法公正。

算法算力始终无法代替人力，在司法审判过程中，三段论思考不仅仅是大前提、小前提与结论，更多的是法官对个案的推理与把控，是综合考虑政治环境、经济要件、文化差异等在内的各种因素从而得出一份具有说服力的判决。“没有人类思维的机器只能在算法上演绎出完美的程式化结果，实现类案类判的目标会很容易，但它无法体现人情关系和情感表达。”目前技术水平无法发明出以情感道德为内涵处理司法活动的算法，算法在司法活动中位于辅助定位。

3. 算法黑箱

算法黑箱是指由于技术本身的专业性、复杂性和商业内容秘密排他性的原因，算法像一个不透明的黑箱，具有封闭性和隐秘性，用户无法探知其中的运行方式、目标，这就导致容易形成信息获取漏洞与算法歧视①，无法规制算法方式，从而引发算法暴政。在使用智能司法的过程中，司法工作人员在输入数据后得出结论，对中间步骤运算一概不知也无法得知，“如果这些涉及司法裁判辅助系统的核心算法被他人为了不当的利益所利用，通过算法嵌入就会对司法裁判进行控制，从而形成算法的独裁”，若出现此种情况将导致司法工作人员在参考智能分析得出结果时，形成错误判决方向，容易引发冤假错案。同时算法的不透明性，使当事人的知情权和抗辩权（无知情，无抗辩）受到限制，不符合程序正义的要求，也无法达到实体正义的目标，司法公信力将被大大削弱，降低司法亲民性。“裁决算法黑箱直接限制了当事人的知情权和抗辩权，很显然，这是对司法正义的严重背离。”

（二）人工智能之外存在的困境

1. 数字鸿沟阻挡边缘群体

智能司法对于绝大多数人是便利且舒服的，但是需要注意的是群体的边缘化，如果智能技术的操作超过了公民的学习和理解能力，那么司法和人民之间会产生由人工智能引发的“天堑”，这也就是数字鸿沟带来的坏处。数字鸿沟②是指社会上不同群体，由于其年龄、智力、经济、生活环境等众多个体差距的原因，对智能技术的运用理解和使用方式存在不同，而导致信息落差和两极化分割。这种现象也存在于智能司法实践之中，部分人群跟不上智能化和信息化的发展，而逐渐边缘化，其主要原因有三：不能接触到智能产品而无法准入产生鸿沟、有智能产品

---

① 算法歧视是人工智能自动化决策中，由数据分析导致的对特定群体的，系统的、可重复的不公正对待。算法歧视正在人工智能技术应用的多个场域出现，对受害群体及整个社会有着多重不利影响。

② 1999年，美国国家远程通信和信息管理局（NTIA）在名为《在网络中落伍：定义数字鸿沟》的报告中定义：数字鸿沟（Digital Divide）指的是一个在那些拥有信息时代的工具的人以及那些未曾拥有者之间存在的鸿沟，数字鸿沟体现了当代信息技术领域中存在的差距现象。

但不懂科学技术而产生的鸿沟(理论层面)以及无法掌握实践操作而产生的鸿沟(实践层面)。司法公正不仅仅代表司法活动程序和其结果的公正,还包括司法过程的公正,司法资源配置的公正,必须确保司法资源普及所有人,避免人工智能技术产生的数字鸿沟,弱化边缘群体享受司法改革带来的好处与权利,如果在司法智能化改革进程中为了速度而忽略这种差距,那么"数字鸿沟"会慢慢延伸为"司法鸿沟"。

2. 人为因素导致隐私泄露

信息化的深度发展,使个人信息逐步数字化和网络化,正如王利明老师所说,这种信息在网络上表现为具有识别性的符号系统,而人工智能是处理和分析此类信息的工具,但其功能的发挥离不开人的调解与平衡,所以机器能接触到的数据,一部分人基于管理或者使用也可以得到,故其中所包含的个人隐私存在泄露的可能。人工智能系统并非司法内部成员研发,绝大多数是拥有资质与技术的非国有公司所开发并且参与管理,且基于网络碎片化分割特点,研发、处理、管理等流程从传统的单个体全部处理,变成多个体分工的专精处理,如研发智能司法系统的公司在得到司法数据信息后并没有处理和分析该信息的能力,或者为了得到更大利润而将该数据传输给众多技术公司分别处理,信息经过多手转让,其泄露风险成倍增加,现实中就经常发生不法分子趁机出售个人信息,使个人隐私大规模泄露,造成严重后果。此外,司法内部成员的操作不当也会使个人隐私无法得到有效保护,虽然人工智能有审查个人信息的功能,但其主要依据关键词对比进行工作,终究无法做到全面审查而进行保护,若司法工作人员在没有对数据进行筛查、区分、处理后就直接进行公开与上传,也会出现个人隐私或者商业秘密泄露的情况。

三、优化智能司法实践路径

人工智能影响和改变着司法领域处理案件的方式和选择,虽然有其本身或者人为因素干扰司法改革的进程,但是不能因为问题的存在而忽略、放弃,在抓大放小的同时,也应尽力改善智能司法体系与配置,做到发现问题解决问题,进一步完善人工智能技术,弥补现存漏洞,使人工智能更好地融入法治建设中去。

(一)提高数据采集量,加强算法监督

1. 提高采集数量,保障数据真实

扩大司法公开范围是提高数据库中司法数据数量的关键。在司法机构中,应

该设立专门数据上传部门和人员，将司法系统内部所未被上传的大量法律文书转化为电子数据，纳入司法数据库。同时应扩大司法公开范围，一是扩大司法过程公开，在法院审判过程中，很多重要的谈话与审议被记录在案件副卷中，如合议庭审理记录、审委会或专委会的会议纪要都是不允许公开的，而公开的内容为正卷，这也是司法数据库中的主要内容，仅仅为法官提供结果参考和判决方向，并不能使其了解案件内的法律思维与逻辑判断；二是扩大司法结果公开，扩大判决公开范围，除国家秘密和个人隐私外，其他判决应允公开。同时数据采样也不应仅限于司法活动，众多政策性文件、会议纪要、行业准则也应该纳入司法数据库中，当然这还得益于算法的提高才能进行利用。

确保数据数量的同时也要保障数据的真实性。司法数据库中的证据包含传统数据和电子数据两大类，但任何一种数据都需要经历着从线下转化为线上的路径，故应当建立科学且完整的双重审查体系，去保障司法数据的真实。在线下阶段司法工作人员应尽力做到保证传统信息的准确和完整，避免为效率而降低质量，对此加强对人员监督尤为重要，同时对数据根据重要程度进行分类也能提高司法数据的准确度；在线上阶段要避免原始数据被篡改，可以通过电子数据相互印证的方式解决，任何电子数据的形成都会伴随着附属信息的产生，如一张照片的属性中包含其格式、拍摄镜头参数、时间地点等，司法数据也不例外，通过数据之间的关联去保障其真实性。“传统证据的验证方法与电子技术验证方法并非相互割裂。在面对司法数据信息多样化的来源时，应当注重将传统司法经验与专门科学知识相融合，才能确保司法数据的原始真实性。”此后对于数据库中数据也应做到定期审查、有错更改、过期删除，来确保司法数据的准确。

2. 优化算法能力，加强算法监督

智能法院的深入开展离不开算法的支持，加强人工智能对价值的判断是算法能力优化的重要部分。人工智能应用于司法实践的本质，是算法对各种司法要素的归纳和规律总结，而各种司法要素存在复杂的排列方式和顺序，中间有因社会发展或政策变化等原因而浮动的位阶顺序以及权重比例，这种对比并不是简单的逻辑计算就能完成的。这就需要司法工作人员总结价值、司法经验与逻辑，并将其转化为机器语言进行信息化描述，整合为特殊的数据库，在这种数据库的基础上构建算法，从而人工智能在决策时可以通过该算法程序将法律价值、司法经验也融入其中，优化整体算法能力。

司法要素之间还存在复杂的组合方式，司法要素筛选、位阶顺序划分，以及权重比例分配，并不是仅靠单纯的数据累加或简单的因果逻辑就能够完成的，对于它们需要人类结合理性与感性来作出主观判断。这需要法律专业人士先将相关领域的知识汇总、梳理，进行信息化描述，构建成精细的法律知识图谱喂养计算机。

打破算法垄断可以有限避免出现算法黑箱。掌握技术程度的不同导致算法垄断的存在，智能司法中算法垄断是由于司法工作人员没有建构算法能力，而使用非国有公司所提供的智能系统所形成。若想避免问题出现，其一，可以通过培养高素质、专门性司法技术人员，搭建由司法部门完全掌握的智能司法系统，但就目前财政和社会原因来看，这种办法尚不能大规模普及；其二，使算法制度化，确保人工智能的算法依照设立的制度进行，同时将运行过程放置于人工监控之下，避免出现监管漏洞；其三，引用他方评估机制，只有当该人工智能系统经过专家或机构评估合格后，才可引入应用于司法活动中；其四，通过法律规定建立有效审查机制，引入责任倒置原则，当出现算法歧视时，若人工智能公司无法举证其不存在算法歧视，则会受到法律制裁。

（二）重视边缘人群，加强信息保护

1. 解决数字鸿沟，重视科技普及

解决数字鸿沟就是要向边缘人群普及科技知识，提高其应用能力。数据鸿沟的出现影响着司法公正，智能司法的建设必须以司法公正为旗帜，解决人群对人工智能技术的理解与运用难题刻不容缓，对此从数字鸿沟产生的三个原因去解决，其一，投入智能司法设备，使公民有一套完备的信息设备，可以得到享受智能司法的准入资格；其二，设立简单的操作规范与流程，司法工作人员也应认真负责地对待每一个不懂智能操作的公民，避免出现因不知操作而产生的数字鸿沟；其三，加强对边缘群体的科技教育，提高其对司法智能设备的运用，使边缘人群逐渐去边缘化。社会中必然存在无法使用人工智能的弱势群体，司法机构应保留其传统诉讼方式。在智能司法的改革进程中，应注意人工智能系统带来的便利程度和普及所花费的成本之间的矛盾，如果前者远远大于后者，如类案检索制度，可能只有少部分法官不会运用，但是却便利绝大多数司法工作者，提高司法效率，这是可取的，反之则不可取。

总的来讲，通过理念赋权，确认边缘群体数字运用鸿沟的现实状态，以确保此类群体有享受智能司法的权利；通过技术赋权，提高边缘群体数字运用技能与素

养,培养其对智能司法设备的简单操作技术;通过心理赋权,构建边缘群体数字学习韧性,使其有不断学习的动力,是消除司法领域运用人工智能带来的数字鸿沟、带来良性循环的办法。

2. 完善法律法规,加强隐私保护

在人工智能应用的背景下建立完备的规范体系,去监督与约束人工智能企业的行为。首先,需要以立法形式将个人信息的内容包含在法律保护之内,要求获取个人信息的单位和企业恪守公开透明的原则,对个人信息获取与处理,不得买卖、泄露、非法使用个人信息。同时需要建立一套完整的监督与惩戒制度,整合民事、行政和刑事手段进行综合规制,以达到惩罚和警示相结合的目标。其次,企业应该严格遵守国家法律,其作为责任主体应具有负责态度。这种负责不仅体现在对技术的负责,在传输、处理信息时,应当对人工智能系统进行审查与评估,避免技术漏洞导致个人信息泄露,还体现在对企业员工的监督之上,防止个人因不法故意而泄露个人信息与隐私,定期展开保护信息培训会议,提高员工守密意识,避免出现监守自盗现象。最后,应强化个人信息保护意识。仅仅要求国家设立法规与企业自身监督仍是不足以全面保护个人信息,提高个人保护自身信息与隐私是最好的办法。同时司法工作人员作为在司法领域上传个人信息的终端,应保持负责且耐心的态度,做到严格审查,避免出现个人信息与隐私的泄露,在处理数量极大的个人信息时,应建立层级审查和监督机制,确保一环扣一环,做到信息保护的严丝合缝。

这样最终形成一个完备的个人信息保护的规范体系,“将国家治理、企业管理与个人强化三者有机结合,形成‘国家—企业—个人’三位一体的防护体系,共同保障人工智能时代的个人信息安全”。

结　语

在运用人工智能开展司法工作时,应坚持人工智能在司法活动中的辅助定位,使司法工作人员仍处于主导地位,避免出现科学技术带来的监督真空,坚守司法规律。正如科幻小说中安德森法官所言:“机器取代的工作仅仅是使人类变成机器的那一部分,使人类法官无束于此,从而用同理心、正义感、直觉和想象力来做出正确的判断。”司法工作者在享受人工智能带来便利的同时,也应时怀敬畏之心,对工作负责、对司法负责、对公正负责,就是对人民负责,以此使“人民群众在每一个司法案件中感受到公平正义”。

民事"类案"智能识别模型

李志兵*

司法公正是司法最高的价值追求，而类案类判是司法公正和司法统一的具体要求，它指的是类似案件类似判决，体现了司法的公正性、统一性和权威性，是依法裁判的具象化表达①；另外，人民群众通过类案是否类判可以直接感受到司法是否公平和正义，因此，类案类判犹如度尺，衡量着司法的质效，是司法改革的一个重要目标。然而，同案不同判现象始终未能得到很好解决，并逐步成为法学理论界和实务界共同关切的话题。为此，2010 年以降，"两高"出台了近十份相关文件，旨在推进类案类判，促进法律统一适用，尤其是近年来最高人民法院根据审判实践的需要，凝聚审判智慧发布了 36 批指导性案例，案例指导制度被视为解决同案不同判的良方。实现类案类判的前提条件是发现和识别类似案件，为此，2017 年 5 月最高人民法院明确要求各级法院建立类案及关联案件强制检索机制，②使类案检索系统成为实现类案类判的必要工具。

目前市面上三类检索系统的推送效果并不理想，距离"类案"智能识别的理想相去甚远。"同案不同判"一直是影响司法公信力的重要原因之一，是司法体制改革和检察改革关注的重要问题。莱布尼茨曾指出"世界上找不到两片完全相同的

---

* 李志兵，三亚学院法学院讲师，西南政法大学人工智能法学博士研究生。研究方向：人工智能法学。

本文系三亚学院 2022 年度校级青年教师培养（科研类）项目"自贸港数字资产交易纷争的多元智治研究"（USYJSPY22－32）的阶段性研究成果；三亚学院中青年教师专项培养项目（教育类）"智慧司法背景下法科生数据思维和能力因应性培养研究"（SYJPZQ2022008）的阶段性研究成果。

① 参见雷磊：《如何理解"同案同判"？——误解及其澄清》，载《政法论丛》2020 年第 5 期。

② 2017 年 5 月实施的最高人民法院《关于落实司法责任制完善审判监督管理机制的意见（试行）》第 6 条规定：各级人民法院应当充分发挥专业法官会议、审判委员会总结审判经验、统一裁判标准的作用，在完善类案参考、裁判指引等工作机制基础上，建立类案及关联案件强制检索机制，确保类案裁判标准统一、法律适用统一。

树叶”,[1]但这是宏观上的观点,微观上列宁曾指出:“自然界的统一性显示在关于各种现象领域的微分方程式的‘惊人的相似’中。”[2]在浩如烟海的案件中,“同类案件”是客观存在的,也应该得到承认。[3] 现有“类案”检索系统使用方式可归为三种:(1)根据关键词及分类检索的功能搜索类案,如北大法宝、中国裁判文书网、C2J,这种检索只能根据数据库中已决案例的关键字来进行匹配。例如输入搜索“机动车”,只能搜到文中带有“机动车”一词的判决书,而“轿车”“公交车”等交通工具均无法输出;搜索“行人闯红灯”并不能搜索出行人有过错的情节,或者只能搜到案例中明确出现“行人闯红灯”内容的案情。(2)基于低级自然语言识别技术的全文检索,例如法信、擎盾,输入某个文书(例如庭审笔录、起诉书),检索系统通过对案情的自动识别推送相似案例。但该类搜索都仅仅能识别出极为简单的案情描述,且推送的结果并不准确。(3)基于案情标签选择的类案检索,例如法信,该类检索相较前两种更为准确,但推送结果维度仍然较窄,效果并不理想。总之,市面上的类案推送的产品,识别的“类案”案情的相似度不高,仍需法官“手动”查找,实现逻辑未能取得理想的效果,所推送出来的案件不能满足办案人员的需要;同时,法官从推送的案件中获得的办案思路也极为有限。因此,需要在人工智能语境下重新审视类案标准,构建识别模型,进一步探索“类案”智能推送,促进智能司法深入研究。

一、民事“类案”的识别标准

对于“类案”的发现标准和方法,实务界和理论界尚未达成一致意见,采用一阶构造的观点认定相似案件主要有五种。第一种观点:胡云腾及四川省高级人民法院等持“案情相似 + 争议焦点相似”的标准;[4]第二种观点:郭锋、吴光侠等持“案情相似 + 法律适用相似”的标准;[5]第三种观点:卡尔·拉伦茨持“构成要件或

---

① 参见[德]莱布尼茨:《莱布尼茨早期形而上学文集》,段德智、陈修斋、桑靖宁译,商务印书馆2017年版,第348-352页。

② 参见中共中央马克思恩格斯列宁斯大林著作编译司编:《列宁选集》(第2卷),人民出版社1972年版,第295页。

③ 参见孙海波:《重新发现“同案”:构建案件相似性的判断标准》,载《中国法学》2020年第6期。

④ 参见胡云腾:《如何做好案例指导的选编与适用工作》,载《中国审判》2011年第9期;四川省高级人民法院和四川大学联合课题组、陈明国、左卫民:《中国特色案例指导制度的发展与完善》,载《中国法学》2013年第3期。

⑤ 参见郭锋、吴光侠、李兵:《〈〈关于案例指导工作的规定〉实施细则〉的理解与适用》,载《人民司法》2015年第17期。

要件事实相似”的标准；[①]第四种观点：四川省高级人民法院、四川大学联合课题组的研究成果《中国特色案例指导制度的发展与完善》中有两份关于“类案”标准的实证调查报告显示，大约有18%的被调查者认持“依靠主观判断”的标准；第五种观点：最高人民法院2020年7月31日实施的《关于统一法律适用加强类案检索的指导意见（试行）》持“基本事实、争议焦点和法律适用”的标准。

采用二阶构造的观点认定“类案”持“关键性事实＋争议焦点＋规范目的”的标准，从“形式相似性”到“实质相似性”的程式进行判断。[②] 孙海波教授从法庭认定待决案件裁判事实出发进行分析，一阶基于层层梳理事实将案件之间的相关相同点和相关不同点呈现出来，聚焦于案件事实的“形式相似性”论证。具体可以展开为三个层次：第一，采用要件事实分析法、在判决理由中提炼结合争议焦点确定关键性事实；第二，从相似意义上、评价意义上区分相同点和不同点；第三，紧紧围绕争议焦点和相对应的规范要件事实判断相关相似性。比较待决案件和已决案例间关键事实上的相关相同点及不同点数量，若前者远多于后者，则两案具备“形式相似性”。之后，进入相关相同点和不同点哪个更为重要的二阶判断中，即进行相似性的实质论证。通过利用规范目的、法律原则乃至政策等，进行价值权衡、利益考量，综合判断相较于相关不同点，相关相同点是否有压倒性优势，进而证成是否属于“类案”。

三阶构造的观点认定“类案”持“基本案情＋法律适用＋规范目的（法益）＋后果检验”的标准，从“相似相关性”到“决定相似性”，再到后果考察式检验的程式进行判断。[③] 该观点从法庭认定的待决案件裁判事实出发，一阶中，以待决案件中认定的基本案情与已决案例中的基本案情和裁判理由为比较基点，以裁判规范的构成要件为比较中项来确定识别“相似相关性”，即是否为类案取决于两案“比较中项”项下的关键事实匹配的数量，相同点数量上占绝对优势则认为两案具有“相似相关性”。二阶中，评价“决定相似性”，通过一阶中的比较方式和结果，以法益作为评价基点进一步比较关键事实相同点和不同点哪一个更重要，如果参考案例法律效果可以传递到待判案件中，达到两案所保护的法益相同，即可认为有“决定相似性”。三阶中，为了实现裁判结果与社会效果相统一，设置了价值阻却

① ［德］卡尔·拉伦茨：《法学方法论》，陈爱娥译，商务印书馆2003年版，第258页。

② 孙海波：《重新发现“同案”：构建案件相似性的判断标准》，载《中国法学》2020年第6期。

③ 张一凡：《论类似案件识别技术的实现路径——以民事类案识别为例》，载《法律方法》2021年第2期。

权衡程序，综合运用政策权衡、价值权衡、利益权衡的方法评价类比推理结论的社会效果，充分考量法律适用所附带的效果可能造成的实践后果，决定是否废止前述相似性判断。

一阶构造的观点没有充分认识“类案”判断的复杂性，也没有给出具体的判断方法和流程。孙海波教授试图构建一种一般性“类案”识别方法，即二阶三层次程式，给出了较为详细的判断案件相似性的流程和标准。张一凡针对民事“类案”识别，构建了三阶构造的案件相似性标准，适用于简单案件“类案”的识别，又因后果检验带有后果主义法律推理色彩，适合疑难案件“类案”的发现[①]，其蕴含的可废止推理恰好契合人工智能将司法推理视作对不同假设加以选择的逻辑活动[②]。将二阶三层次程式和三阶构造相结合，综合案件相似性判断步骤为：(1)以裁判规范的构成要件为比较中项来确定识别两案“形式相似性”；(2)利用裁判规范目的评价两案“决定相似性”；(3)以是否符合社会主义核心价值观进行后果检验。

二、“类案”智能识别的理论基础

“类案”智能识别模型应建立在符合法官检索“类案”规律的法学理论基础之上，否则，如同无本之木、无源之水。将法律推理逻辑、法律适用理论、证明责任理论与人工智能理论相互融合、彼此支撑，达致司法裁判理论与人工智能技术相互融合，满足办案人员对“类案”检索的要求，对构建“类案”智能识别模型尤为重要。

（一）法律推理逻辑

在“类案”智能识别系统中以类比推理为主，辅以演绎推理，后果主义检验的废止推理，为“类案”智能识别打开了逻辑之门。

1. 类比推理

逻辑学上的类比推理是根据两对象具有部分相同的属性，得出其他属性也相同的推理，广泛应用于评价两件事物的相似性，也是“类案”判断的基础。类比推理的逻辑公式可以简单表示为：如果 A 和 B 相类似，A 对象具有四个属性 a、b、c、d，B 对象具有三个属性 a、b、c，则 B 对象具有属性 d。可以简要描述为：已知甲乙

---

① 参见刘宇：《间接后果主义的类案判断程序研究》，载《北方法学》2021 年第 4 期。

② 参见高翔：《智能司法的辅助决策模型》，载《华东政法大学学报》2021 年第 1 期。

两物具有相同或者相似的一系列属性，这些属性呈现系列般对应关系，如果甲物又呈现了新属性，就可以推断出乙物也同样具有该类似新属性。类比推理是判断“类案”所用的基本推理方法，它既是构成法律的要素，又是理解法律、实现法律的方法，考夫曼认为法的现实性本身根基于一种类推，因此法律认识一直是类推性的认识，法原本即带有类推的性质。① 基于类比推理技术的机器学习，是对人类思维的模仿，也就是对人类类比行为的模仿。类比推理学派是机器学习的学派之一，主要的算法是支持向量机，通过找出需要的知识和经验，并作出正确的预测。类比学习的过程分为大致四个步骤：联想、求精、匹配和转换②，早期基于类比推理的机器学习模型都是基于突出特征的类比联想和基于相关性的类比求精建立的以命题映射为单位的匹配计算模型。③ 近年来，案例推理作为人工智能领域类比推理的有效方法在解决产业、工程现实问题上，取得了长足的进步。④ 法律大数据推理恰好契合深度学习的算法，是一种“自底向上”的“类比式”推理模式⑤。著名的法律人工智能推理机“海波系统”（HYPO）就是依据类比推理的逻辑理念设计的，它根据双方当事人的陈述和提供的证据，通过援引其内置数据库中最相关的司法案例，提供最佳论证的说理，并且可以提供如何加强或减弱一方的论证的建议和路径。不仅如此，当输入法律争论后，该系统开始在数据库中比较相关案件，并选择出最类似的案例。⑥

2. 知识推理

比较两案是不是类案，不能仅靠案件“长”的相似，司法上的“类案”有其专业性特点，必须结合知识图谱技术汇聚法官的经验和知识，进行演绎推理判断。深度学习算法实现的“自底向上”的类比推理属于无监督学习范畴，推理的过程无法具体描述、不可解释，结果也不可控，因此“类案”的识别效果可能无法得到保证。

---

① 参见[德]亚图·考夫曼：《类推与事物本质——兼论类型理论》，吴从周译，台北，学林文化事业有限公司1999年版，第41页。

② 参见徐祥运、唐国尧：《机器学习的哲学认识论：认识主体、认识深化与逻辑推理》，载《科学技术哲学研究》2018年第3期。

③ 参见赵沁平、魏华、王军玲：《机器学习技术与机器学习系统》，载《计算机科学》1993年第5期。

④ 参见郭敏等：《道路网智能选取的案例类比推理法》，载《测绘学报》2014年第7期。李铭等：《时空约束下任务驱动的遥感影像发现案例推理方法》，载《武汉大学学报（信息科学版）》2017年第6期；高延法等：《底板突水危险性评价专家系统及应用研究》，载《岩石力学与工程学报》2009年第2期。

⑤ 参见周志华：《机器学习》，清华大学出版社2016年版，第113页。

⑥ See Rissland E. L. & Ashley K. D. , A Case – based System for Trade Secrets Law, in Proceedings of the First International Conference on Artificial Intelligence and Law, ACM Press, 1987, p. 60 – 66.

但是这一缺点可以通过法律大数据推理与法官的知识推理相融合来弥补，即数据驱动和知识引导相结合发现"类案"。[①] 知识引导是根据认知图谱[②]一方面负责经验性的直觉判断，另一方面进行关系推理[③]，具备可解释性，并将"类案"范围限缩至同一法律关系之中；数据驱动是通过机器学习类比推理来进一步判断案件的相似度，优点在于有强大的结果表现力。认知图谱与类比推理相结合，保证了"类案"识别的精准度，以知识图谱中的规范构成要件为比较中项，将待决案件和图谱相对应的结构化司法案例库、规范目的本体库中同一法律规范涵摄下的案例案情要素进行比较，根据关键事实的相同点和不同点的数量及重要程度，判断两个案件是不是"类案"，这一过程中就涉及规范要件下的演绎推理和个案比较的类比推理。

3. 可废止推理

法律推理既有单调性的，也有非单调的，而基于非单调性法律推理的法律论证是可废止的，这一主张也得到了一般性的认可。[④] 这种可废止性体现在原论证可以被更强的论证击败，不仅对前提、推论关系的反驳可以废止原论证，也可以通过对结论的反驳，引入新的反论证废止原论证。[⑤] 可废止推理(非单调推理)的实质是前提集的扩充能够导致结论的改变。法律规范从制定出台那一刻起便滞后于社会发展，同时因为法律规范的不周延性、模糊性、新情况的出现等原因，如若"类案类判"的社会效果，产生不能接受的负面实践后果，亦应排除该规范的适用，否定通过上述类比推理和知识图谱得出的两案是"类案"之判断。人工智能逻辑程序设计系统中可以增加"失败即否定"(Negation as Failure，NAF)这一非单调推理，[⑥]使在"类案"判断时，将社会后果检验推理视作前提条件加以选择的活动，正

---

① See Branting L K., *Data - centric and Logic - based Models for Automated Legal Problem Solving*, Artificial Intelligence and Law, Vol. 25, No. 1, p. 5 - 27 (2017).

② 2020 年 3 月，清华大学计算机系唐杰教授在中科院"先导杯"并行计算应用大奖赛启动仪式带来《人工智能下一个十年》的主题报告，介绍了认知图谱，认知图谱核心概念为知识图谱 + 认知推理 + 逻辑表达。

③ See DING M, et al., *Cognitive graph for multi - hop reading comprehension at scale*, in Proceedings of the 57th Annual Meeting of the Association for Computational Linguistics, 2019, p. 2694 - 2703.

④ 参见[瑞典]亚历山大·佩岑尼克：《法律科学：作为法律知识和法律渊源的法律学说》，桂晓伟译，武汉大学出版社 2009 年版，第 180 页。

⑤ 参见梁庆寅、魏斌：《法律论证适用的人工智能模型》，载《中山大学学报(社会科学版)》2013 年第 5 期。

⑥ 参见夏卫国：《非单调司法论证模式导论》，山东人民出版社 2013 年版，第 68 - 73 页。

好与可废止推理相契合。其实,人工智能领域已经出现了多个法律可废止推理的论证模型,如普拉肯(H. Prakken)构造的 ASPIC + 抽象论证框架①,这些都为"类案"识别中引入可废止推理提供了借鉴。

(二)后果主义裁判方法

后果主义裁判方法与法条主义裁判方法并非非此即彼的关系,应该是一般与特殊的关系。对于简单案件,立法时已经考虑了价值追求、社会效果等,两种裁判方法得出的判决结果应该是一致的。在进行"类案"初步判断时,大多数文件及学术观点都提及了以案由、要件事实或规范构成要件作为标准或者媒介,这无疑是受我国当前民事裁判以法律关系思维为主导的影响。我国是成文法国家,法官在裁判案件时必然要受到法律规定的约束,"类案"检索的目的也是统一法律适用、限制法官自由裁量权,因此在"类案"的识别过程中必须要在规范确定的同一法律关系之内寻找,否则就脱离了"类案"检索的初衷。人工智能算法是"有限、抽象、有效并且符合规律的复合控制结构,在一定的规则条件下完成特定的目的",②这也就是为什么说人工智能最容易遵循规则,通过对法律规制代码化,结合司法案例库,"类案"就在统一法律关系约束的框架内发现,使法官能够依法判案,维护法律的确定性。对于简单案件,因为法条主义所尊崇的法律规范在立法时已经充分考虑到了所保护的法益、社会效果和行为后果,故只需内部证成在规范要件指引下对关键事实进行比较就可以实现内部效果和外部效果相统一的"类案"识别。

法条主义作用于简单案件裁判,能有妥善的社会效果,但在复杂疑难案件中,不得不求助于后果主义的裁判思维。一元论的法条主义并不总是能妥善解决所有司法纠纷,也遭受了种种批判和冲击,尤以持后果主义者为甚。③ 在哲学思辨的层面上,世界唯一不变的就是变化。因社会不停运转,法律概念的内涵和外延也应不断发展,法律的适用不是一个简单的复制重来的过程,每个引起纠纷的待决案件事实都可能会对既有法律规则产生挑战,故在"类案类判"时,都需要对法条适用所产生的社会效果、行为指引后果进行价值考量。因此,两个貌合的案件并不一定神似,常见于疑难案件中,如"彭宇案"中机械地运用法律规范造成了严重

---

① See S. J. Modgil & H. Prakken, *A general account of argumentation with preferences*, Artificial Intelligence 361 - 397(2013).

② See Robin K. Hill, *What An Algorithm Is*, Philosophy & Technology, Vol. 29, p. 35 - 59(2016).

③ 参见谢晖:《法律的意义追问——诠释学视野中的法哲学》,商务印书馆 2003 年版,第 8 页。

负面社会后果。同时,由于法律的滞后性、不周延性和法律漏洞的时常有之,法官又不得因法律规范没有规定就拒绝裁判,故法官"造法"是无法避免的司法现象。对疑难案件,法官无法通过经验作出判断,所以需要在预设案件结果的基础上发现"类案",指引法官找法进行案件的反推[①]。在人工智能道德(伦理)后果论模型研究中,人工智能需要知道行为所产生的后果及其意义,还需要能够评估这些后果。[②] 引入社会主义核心价值观作为后果主义价值取向标准,建立相关核心要素泛化数据库,在后果模型下为搜索类案提供启发式信息,[③]这种"启发式搜索"相较于"盲目搜索"将会大大提高类案识别的效率[④]。

(三)请求权基础思维

在解决个案纠纷时,相较于法律关系思维,请求权基础思维更有利于法官办理案件。受法律体系及法学培养方式的影响,当下我国民事裁判仍以法律关系思维为主导,然而,法律关系思维善于抽象法律法规体系的建构;相较之下,请求权思维更善于个案纠纷的解决,并逐步收到司法实务的重视。一方面,私法领域,法官不得以法无明文为由拒绝裁判,而法律必有漏洞,所以,法官有义务填补规范漏洞。请求权思维要求遍历所有可能的请求权基础,可准确定位法律漏洞。[⑤] 法律漏洞填补的首要方法就是类推,即借助个案类比进行法律续造。另一方面,即使不存在法律漏洞,个案类比对于请求权思维也有其意义。作为大前提的请求权基础是抽象规范,将其适用于个案必须借助辅助规范、学理与判例层层具体化。判例之所以能够发挥具体化媒介的作用,就是因为作为具体个案,它与待决案件的距离更近。在相似判例中已经得到适用的请求权基础规范,可成为指引待决案件之规范找寻的路标。成文法法域的司法实践同样重视案例类型化的意义正在于通过类推具体化抽象规范,方便后续案件的规范找寻。[⑥]

---

① 参见王彬:《司法裁决中的"顺推法"与"逆推法"》,载《法制与社会发展》2014 年第 1 期。

② 参见孙福海等:《道德人工智能:基础、原则与设计》,载《湖南师范大学教育科学学报》2021 年第 1 期。

③ See Gigerenzer G., *Why Heuristics Work*, Perspectives on Psychological Science, 2008, p. 20 – 29.

④ 参见朱福喜编著:《人工智能》,清华大学出版社 2017 年版,第 30 页。

⑤ See James R. Maxeiner, *Imagining Judges that Apply Law: How They Might Do It*, Penn State Law Review, 2009, p. 470, 483.

⑥ 参见吴香香:《请求权基础思维及其对手》,载《南京大学学报(哲学·人文科学·社会科学)》2020 年第 2 期。

(四)证明责任理论

证明责任的分配是沟通案件事实和法律规范适用的桥梁,从类似判决结果意义上来说,当案件事实不明时,证明责任分配决定了"类案"的判断。法官在审理案件时,必须借助证据资料去尽量还原在过去的某一时空发生的客观事件,但是作为诉讼基础的事件不可能在每个细节上均能得到澄清,对法官裁判具有重要意义的事实(规范构成要件事实),既可能无法查清已经发生,也可能无法查清没有发生。但是法官不得因无法查明案件事实而拒绝作出裁判,此时,就需要借助证明责任规范,在事实真伪不明的情况下,由哪一方当事人承担证明不能的风险,指引法官作出裁判。[①] 在"类案"识别中,已决案件 B 有 a、b、c、d、e 五个关键事实,待决案件 A 经查明只有 a、b、c、d 四个案件事实,对于事实 e 法官既不能得到有的心证,也不能得到没有的心证,那么 B 是不是 A 的"类案"呢? 由于原告要想获得胜诉必须使查明的案件事实满足规范构成要件的要求,而原告败诉却有很多方面原因,故应以原告是否能够胜诉判决作为是否为"类案"的标准。如果 a、b、c、d、e 五个关键事实都需要原告承担证明责任,在查不清事实 e 是否发生的情况下,原告败诉,那么 B 不是 A 的"类案";如果 a、b、c、d 四个关键事实都需要原告承担证明责任,e 的证明责任由被告承担,在查不清事实 e 是否发生的情况下,原告胜诉,那么 B 是 A 的"类案"。因此,证明责任的分配影响着"类案"的识别。

证明责任的分配是有规律可循的,表现在证明责任分配规范,分为两个层次。一是证明责任分配的形式标准,即分配的原则(证明责任分配的"公式"),例如《最高人民法院关于适用〈中华人民共和国民事诉讼法〉的解释》(以下简称《民诉法解释》)第 91 条。[②] 具体案件类型下如何分配证明责任,可依"公式"这一形式标准进行推演。二是证明责任分配的真正标准,它是依附于实体法规范的,是请求权基础规范或抗辩规范的附属规范。[③] 证明责任分配的规范化形式,为人工智能技术的切入提供了合适的接口,正如法律推理专家系统设计一样,能够将证明责任分配规范转化为"自上而下"的知识工程,使计算机系统可认识、可理解和可

---

① [德]莱奥·罗森贝克:《证明责任论》,庄敬华译,中国法制出版社 2018 年版,第 2-3 页。

② 《民诉法解释》第 91 条规定:"人民法院应当依照下列原则确定举证证明责任的承担,但法律另有规定的除外:(一)主张法律关系存在的当事人,应当对产生该法律关系的基本事实承担举证证明责任;(二)主张法律关系变更、消灭或者权利受到妨害的当事人,应当对该法律关系变更、消灭或者权利受到妨害的基本事实承担举证证明责任。"

③ 参见胡学军:《证明责任制度本质重述》,载《法学研究》2020 年第 5 期。

推理。

（五）智能推理模型

法官在审理案件时，总会有意识或者无意识受到过往案件的影响，即类比思维，故用人工智能发现“类案”，其本质上是模拟法官审理案件的过程。根据裁判思维不同，将审判场域人工智能模式分为三种主要类型：基于规则的三段论模型、基于案例的类比模型、基于对话的可辩驳模型。三种类型体现了人工智能系统逐步走向审判高阶的过程，对纷繁复杂的案件的适应能力逐步提升。

1. 基于规则的三段论模型

基于规则的三段论模型，又称基于规则的法律专家系统。以 TAXMAN 系统为代表，[①]该系统是“人工智能与法之父”麦卡迪所创，主要围绕“事实—规则—结论”思路进行推理，系统中将法律规则描述为“如果……那么……”的格式，以适应司法“三段论”论证模式，以此大前提为基础，以法条主义为指导，采用演绎推理模式：如果出现符合大前提的案件事实（小前提），那么得出相应的法律效果（结论）[②]。

2. 基于案例的类比模型

基于案例的类比模型，又称基于案例的法律专家系统。以 HYPO 系统为代表，该系统由美国学者阿什利和里斯兰共同设计，其基本路径是：分析事实→找出相关案例并按照关联性排序→分析案例形成规则→初步结论→参考诉讼双方的辩论意见→结论。[③] 该系统根据案件要素的相关性与重合程度建立索引系统，在类比的逻辑之上发现类似案例，作为本案裁判参考。[④] 由于存在法律要素难以完备、不易发现具有决定性意义的要素匹配等局限，较之基于规则的三段论模型，需要更高的智能化，建模难度更大；同时，基于规则的三段论模型和基于案例的类比模型，是法律知识工程，获取知识依赖人工，专家知识库的知识结构不清晰，导致

---

① See L. Thorne McCarty, *Reflections on TAXMAN: An Experiment in Artificial Intelligence and Legal Reasoning*, 90 Harvard Law Review 837(1977).

② See R Susskind, *Expert Systems in Law: A Jurisprudential Inquiry*, Oxford: Clarendon Press, 1987, p. 44.

③ See Kevin D. Ashley, *Modeling Legal Argument: Reasoning with Cases and Hypotheticals*, Harvard Journal of Law & Technology, Vol. 5.

④ See Kevin D. Ashley, *Case – based Reasoning and Its implications for Legal Expert Systems*, Artificial Intelligence and Law 113(1992).

法律解释困难、难以解决规则冲突及缺失等问题①。

3. 基于对话的可辩驳模型②

基于对话的可辩驳模型，又称可辩驳的对话模型，是一种司法纠纷解决机制，把对话博弈应用于法律推理中，法院根据当事人诉请、答辩及法庭辩论居中裁判。以洛德(Lodder)构建的论辩的对话模型 DiaLaw 为代表，③案件的审理中，真实的场景是：双方当事人为了赢得裁判，必然会围绕各自提出的主张进行论证及辩论，审判法官在此基础上得出预期结论，并予以证成，这是一个当事人与当事人、法官与当事人、法官与自己的对话过程。在疑难案件中，可能需要多轮此类对话，在多个预结论中进行比较与权衡，这是法官"试错"的过程，最终发现最佳的解决方案。可辩驳的对话模型就是对真实审判场景的模拟，将司法推理看作诉讼主体间在案件事实、争议焦点、裁判期望、预结论进行对话和选择的过程，目标是发现适当的裁判规范，合理的裁判结果。

前两种模型已成为审判领域人工智能的经典模型，在事实清楚、法律关系明确、适用法律规范清晰的简单案件中，构建法律专家系统发现"类案"可以表现出较好的识别度。第三种模型是最契合司法裁判性质的人工智能模型，其在多个预结论中反复考量，不断立证、证成的后果取向思维，更适宜疑难案件审理中识别"类案"。三类模型并非完全独立，根据需要可以混合成更高层次的系统，④进行"类案"智能识别系统构建时，借鉴基于规则的三段论模型、基于案例的类比模型、基于对话的可辩驳模型的经验，为"类案"识别的推理提供人工智能技术经验，从而适应各类案件的"类案"判断。

三、基于知识图谱的司法知识库

随着计算机软件和硬件技术突飞猛进，大数据与人工智能为同案同判的实现提供了可能性，法律界也开始试图借助大数据和人工智能技术来解决同案不同判

---

① 高翔：《智能司法的辅助决策模型》，载《华东政法大学学报》2021 年第 1 期。

② 另一个有代表性的对话模型是戈登(Gordon)的诉讼博弈模型(the pleadings game)，其目的是确保诉讼程序的公正性。参见周兀、熊明辉：《如何进行法律论证逻辑建模》，载《哲学动态》2015 年第 4 期。

③ See Hage J. C. , Span G. P. J. & Lodder A. R. 1992. *A dialogical model of legal reasoning*, In Legal Knowledge Based Systems: Information Technology and Law, JURIX '92, Edited by: Grütters, C. A. F. M. Lelystad: Koninklijke Vermande.

④ 参见王德玲：《法律现实主义、后果取向与大数据——疑难案件裁判范式新探》，载《山东社会科学》2019 年第 5 期。

的问题。针对当下检索应用平台"类案"识别度较低、效果不理想的问题,为了实现"类案"智能识别,需要充分运用法学知识、裁判思维和法律规范文本资源构建法律领域本体库,将司法案例数据资源结构化,在此基础上利用知识图谱技术,重新构造可供"类案"智能识别的司法知识库。

(一)民事法律领域本体库

1.本体库描述同类对象的基本特征

本体是对象类型或概念及其属性和概念间关系的明确、形式化和一般化表达。[①] 它基于语义数据模型,定义对象的类型,描述其属性,并对类型的共有属性进行建模,而不包含具体个体的信息。例如,本体论不描述某个交通事故案件中,开的是什么车,造成了什么具体伤害等,它主要描述交通事故责任纠纷的一般法律概念及关系,尝试描述交通事故案件纠纷中可能具有的共同属性或特征。这样做可以使我们在将来用本体来描述其他交通事故责任纠纷案件。广义的本体构成要素包括类(概念)、关系、个体(实例)、属性、规则、公理、事件,[②]可分为多层层级,按照相对关系,有上层本体和领域本体。上层本体(upper ontology 或者说 foundation ontology,即基础本体)是指一种由那些在各种各样的领域本体之中都普遍适用的共同对象所构成的模型。领域本体(domain ontology 或者说 domain - specific ontology,即领域特异性本体)所建模的是某个特定领域,或者现实世界的一部分。领域本体所表达的是那些适合于该领域的那些术语的特殊含义。例如,刑法上的占有和民法上的占有,不是完全一样的概念,刑法中的占有是事实上的支配,民法中的占有是对物具有事实上的管领力的一种状态,分为有权占有和无

① See Studer R. et al., *Knowledge Engineering*, *Principles and Methods*, Data and Knowl - edge Engineering, 1998, p. 161 - 197.

② 类:集合(sets)、概念、对象类型或者说事物的种类。关系:用于描述类(概念)之间、个体之间及类与个体间的关系。四种基本关系:part - of,局部与整体的关系;kind - of,父类与子类之间的关系;Instance - of,在类中填充实例,类与实例之间的关系;Attribute - of,类的属性,有对象属性和数据属性。个体(实例):基础的或者说"底层的"对象,表示具体某个类的实际存在,如西南政法大学是大学的一个实例。属性:对象(和类)所可能具有的属性、特征、特性、特点和参数。函数术语:在声明语句当中,可用来代替具体术语的特定关系所构成的复杂结构。约束(限制):采取形式化方式所声明的,关于接受某项断言作为输入而必须成立的情况的描述。规则:用于描述可以依据特定形式的某项断言所能够得出的逻辑推论的,if - then(前因—后果)式语句形式的声明。公理:领域知识中永真断言,本体内存在的事实,可以对本体内类或者关系进行约束,如概念甲属于概念乙的范围;还包括依据公理型声明所推导得出的理论。事件(哲学):属性或关系的变化。

权占有。

2. 请求权思维框定法律领域本体库

请求权基础体系为搭建民事法律领域本体库框架提供了基础。请求权基础思维直指案件裁判中的“请求→抗辩”结构,符合审判实务中攻防结构的特点,通过请求权基础搜寻法律规范,锁定案件大前提。根据请求权思维,将民事裁判规范划分为适应诉请抗辩模式的请求权基础规范、辅助规范与防御规范。为检视诉请能否得到支持,采用三层四步法,三层指:请求权成立→未消灭→可行使,四步指:请求权成立要件→权利未发生的抗辩→权利已消灭的抗辩→权利阻止的抗辩,只有当上一层或上一步成立才会进入下一层或下一步。① 民事领域法律本体的基本构成要素都包括概念、规则以及关系。概念也称术语或类,概念的涵盖范围决定一个本体的应用范围,对应裁判规范的构成要件。规则是指用于描述可以依据特定形式的某项断言所能够得出的逻辑推论,如 if - then(前因—后果)式语句形式的声明,对应依据裁判规范产生相应的法律效果。关系是指用于描述类(概念)之间、个体之间及类与个体间的关系,有局部与整体的关系、父类与子类的关系、类与实例的关系、类的属性关系、歧义关系等,对应各要件之间、要件内部的作用。依据请求权思维,利用本体技术用计算机可识别的方式输入知识,识别文档之间的语义关系,解决语义表达问题,构建的民事法律领域本体框架,是一种结构化的共享词表、特殊术语集,既适合在计算机系统中使用,又符合司法审判的特点,能够去伪存真,快捷、全面地让使用者获得需要的相关信息②。

3. 民事法律领域本体库的构建路径

需构建基于请求权思维的民事法律领域本体库。根据法律(实体法和程序法)文本,法律概念可以包含法律关系概念、主体概念、客体概念、事实概念和其他概念。关系概念,如表达财产法律关系的所有权、人身法律关系的人格权、交付义务、赔偿责任等;主体概念,如自然人、法人、原告、被告等;客体概念,如物、给付行为、智力成果、人身利益、权利本身(权利质权关系)等;事实概念,如失踪、死亡、不可抗力等;其他概念指除上述四种概念之外的概念,如正当程序等。采用“核心扩展”的方法构建法律领域本体库,由具体本体雏形的一组核心概念入手,不断扩展本体概念模型。以房屋租赁合同纠纷中承租人主张优先购买权为例,该主张的基

① See Jan Schapp, *Methodenlehre and System des Rechts*, Tübingen: Mohr Siebeck, 2009, p. 57.

② See Valente A., *Types and roles of legal ontologies. In Benjamins V., et al.*, Lecture Notes in Computer Science: Law and the semantic web, German: Springer Berlin Heidelberg, 2005, p. 65 - 76.

础(主要)规范为《民法典》第726条前半句“出租人出卖租赁房屋的,应当在出卖之前的合理期限内通知承租人,承租人享有以同等条件优先购买的权利”。其辅助规范为《民法典》第703条“租赁合同是出租人将租赁物交付承租人使用、收益,承租人支付租金的合同”。次级辅助规范是《民法典》第471条“当事人订立合同,可以采取要约、承诺方式或者其他方式”。三级辅助规范为《民法典》第472条关于要约承诺的规定,四级辅助规范为《民法典》第137条关于意思表示生效的规定。对方当事人(出租人)可以用的防御规范有《民法典》第726条后半句“但是,房屋按份共有人行使优先购买权或者出租人将房屋出卖给近亲属的除外”。其辅助规范为《民法典》第1045条第2款“配偶、父母、子女、兄弟姐妹、祖父母、外祖父母、孙子女、外孙子女为近亲属”。

(二)结构化的司法案例库

1. 规范要件的分析与解构

利用要件事实的单一性和并存性特征以及法律要件分类,分析和解构裁判规范构成要件。法条中的假设通常有其基本构成要素,其构成要素即构成要件。[①]裁判规范要件分析就是把要件分析出来的过程,是法律条文进入逻辑推理的基础行为,法官只有把基础规范和相对规范的所有要件都审理清楚,方能准确适用法条并作出公正裁判。通常情况下,以要件事实的单一性特征、并存性特征以及法律要件分类说作为主要的分析工具。要件事实的单一性特征是指同一要件事实所能产生的法律效果必须是单一的;并存性特征指的是从事实层面上讲不同要件事实可以共存,用于区别于相反的两个事实。根据法律规范是权利发生规范还是相对规范(权利妨碍规范、权利消灭规范和权利阻止规范),将法条中涵摄的法律要件进行分类,析出各类规范的构成要件。例如,《民法典》第726条第2款规定“出租人出卖租赁房屋的,应当在出卖之前的合理期限内通知承租人,承租人享有以同等条件优先购买的权利;但是,房屋按份共有人行使优先购买权或者出租人将房屋出卖给近亲属的除外”。前半句是权利发生规范,构成要件有:存在有效的房屋租赁合同、出租人将该房屋出卖给第三人、承租人愿意以第三人同等条件购买房屋。后半句是相对规范,构成要件为该第三人为房屋的按份共有人或出租人的近亲属。

① 参见许可:《民事审判方法——要件事实引论》,法律出版社2009年版,第40页。

2. 重构结构化的司法案例

根据诉的要件、裁判规范构成要件和包括审判信息、时间、地点等在内的其他要素，将非结构化的判决书中案情要素结构化，构建司法案例数据。当下人工智能还不能像人类一样具备强大的理解能力、知识获取能力，对于非结构化的裁判文书的感知力较差，因此若想充分利用案例数据，需要对其进行结构化改造，转化为智能系统可识别、可感知的格式。案例文书中，依据证据认定的案件事实要素一般由何时、何地、何人、何事、何因、怎样和意义（有本质的含义）七个部分组成，包括实体法的事实和程序法的事实两个部分。[①] 在具体的案件中，案情中的时间、地点、人物等程序法的事实要素会对当事人是否适格、法院是否具有管辖权、诉讼程序的进程等有实质性影响，但在“类案类判”中其相较于实体法事实处于次要位置。裁判文书中作为裁判大前提的请求权基础规范和相对规范在文书中会有体现，将其解构为对应的若干要件，结合案例中法院认定的实体法事实，一一归入实体法律规范要件之中。

3. 重塑结构化的案件事实

以房屋租赁合同纠纷中原告诉请享有优先购买权为例，阐述通过对优先购买权构成要件的分析和解构，重构司法案例。在中国裁判文书网上检索到“上海沛峰建筑装饰有限公司与寿县天健房地产开发有限公司房屋租赁合同纠纷一审民事判决书”[（2020）皖 0422 民初 4048 号]，该案例认定事实部分重构如表 1 所示。

① 参见朱福勇、高帆：《审判案件事实要素智能抽取探究》，载《理论月刊》2021 年第 6 期。

表 1　结构化的案件事实重构

<table>
<tr><th>原案件事实表述</th><th colspan="3">结构化案件事实</th></tr>
<tr><td rowspan="4">2018 年 11 月 20 日，安徽道可到劳务有限公司（道可到公司）以天健房地产开发有限公司（以下简称天健公司）的营销管理公司的名义与张某洋[上海沛峰建筑装饰有限公司（以下简称沛峰公司）法定代表人]签订《房屋租赁合同》，甲方将位于寿县寿春镇楚都新天地 2 号楼 109 号商铺租赁给乙方作为经营场所，从事公司办公经营活动，租赁期限自 2019 年 1 月 1 日起至 2021 年 2 月 10 日止，年租金 41,000 元。合同约定乙方（张某洋）在租赁期内有优先购买权利。2018 年 12 月 28 日，张某洋按《商铺营销协议》中约定的账户缴付租金 42,000 元。2019 年 3 月 4 日，天健公司与陶某琴签订了案涉 109#商铺的《商品房买卖合同（预售）》，2019 年 3 月 18 日，“许某涛”向天健公司转款 700,000 元“购 109、208 商铺首付款”。2019 年 7 月 12 日天健公司向本院起诉沛峰公司、第三人被告道可到公司返还原物纠纷一案，该案[（2020）皖 0422 民初 3040 号]在 2019 年 8 月 13 日的庭审笔录中，沛峰公司主张涉案房屋的优先购买权</td><td rowspan="4">《民法典》第 726 条（原《合同法》第 230 条）优先购买权构成要件</td><td>有效的房屋租赁合同</td><td>道可到公司以天健公司的营销管理公司的名义与张某洋（沛峰公司法定代表人）签订《房屋租赁合同》</td></tr>
<tr><td rowspan="2">租赁期内出租人将该房屋出卖给第三人</td><td>《房屋租赁合同》租赁期限自 2019 年 1 月 1 日起至 2021 年 2 月 10 日止</td></tr>
<tr><td>2019 年 3 月 4 日，天健公司与陶某琴签订了案涉 109#商铺的《商品房买卖合同（预售）》</td></tr>
<tr><td>承租人愿意以第三人同等条件购买房屋</td><td>天健公司向本院起诉沛峰公司、第三人被告道可到公司返还原物纠纷一案[（2020）皖 0422 民初 3040 号]在 2019 年 8 月 13 日的庭审笔录中，沛峰公司主张涉案房屋的优先购买权</td></tr>
</table>

（三）民事法律领域知识图谱

对于目前“类案”智能推送存在的问题，需要以法学知识、法律资源和司法裁判方法为基础，并与人工智能技术深度结合予以解决。前述中，通过民事法律领域本体库利用法律、法规、司法解释等法律文本，基于请求权基础思维搭起了民事领域法律本体框架，通过对司法案例重塑建立了结构化的司法案例资源库。运用知识图谱技术融合贯通两类基础数据库，形成“类案”智能识别的司法知识库，将零散的数据归类化，将规范要件泛化，便于智能识别和检索，显得尤为重要。形成一种结构化的语义知识库，它理解法官意图，替代关键词搜索，带来更高质量的搜索结果，使搜索不再是一个查询和匹配的简单问题，而是通过知识图谱带来更多信息的过程。

四、规范目的及后果检验具象化

（一）法律规范目的具象化

法律规范目的是规范条文变现文义背后的价值追求，既有成文的表述，也有通过解释才可明晰的。“目的是全部法律的创造者，每条法律规则的产生都源于一种目的，即一种实际的动机”，[①]规范目的与法律规范之间是“魂”与“形”的关系，规范是目的的外在表达形式，而目的是规范所要追求的价值所在。因此，在识别两案是否构成实质相似性时，必然要求助于规范的目的。它主要是指法律规范背后的理由，使之正当化，增进和维护所追求的秩序、自由、正义、安全、效率等价值，让社会变得更好。有的规范明确表达出某种目的，或在法律原则、司法解释和有关政策中通过成文的形式，作了相对具体的表述。但大多数情况下，规范条文则是隐性地表达价值，其目的需要通过解释的方法进行凝练。当然，对规范进行目的解释时，需要在规范条文的文义含义范围内进行，多数情况下文义和规范所追求的价值是一致的，但限于文字表达的局限性，冲突也时有发生，此时要通过目的性扩张或目的性限缩来校正文义。

从何处、何以探求法律规范目的尤为重要，也是一个复杂推导过程。一条法律规范的设立，不会是凭空出现，一定是在一定社会背景之下，为解决某种社会问题而产生，规范的变化、变更甚至废除也体现某一或某些价值追求的更迭。因此，体系、历史和文义既是规范目的的来源，也是发现目的的重要标准，目的直接体现文义内容表达，藏于立法历史资料和法律体系之中。因此，规范目的主要有三个方面的渊源：“首先，从可能的文义范围内获取目的，实践中普遍的做法是直接引述相关的法律条文，并从中直接提炼出规范目的；其次，参考历史解释标准来确定法律目的，包括历史上的立法背景资料、立法理由及相关记录；最后，体系也可作为目的渊源，具体又分为直接体系渊源和间接体系渊源，前者是指直接引用其他法律规范明确载明的目的来推导相关目的，而后者着眼于通过阐述法规范之间的

---

① 参见［美］E. 博登海默：《法理学：法律哲学与法律方法》，邓正来译，中国政法大学出版社 2004 年版，第 115－116 页。

相互关系来确定目的。”[①]因此,发现规范目的需要法律领域专家在多元的资料中通过对规范文义、历史和体系的解释和评价。

具象化是认识事物的基本途径,规范目的具象化是智能识别“类案”的必要前提;数据,特别是大数据,是智慧社会中法律规范目的具象化的鲜明载体。短时间内,人工智能还无法达到像人类一样认识事物的能力,尤其是对抽象化词语的识别和理解更是困难,但可以类比人类认识世界的过程,把原本抽象的东西以具体而简明的方式表达出来,把看不见的、难以理解的抽象词汇,转变为计算机“可看、可触及、可理解的”数据。从大数据角度看,宇宙的本质是物质,物质的本质是信息,信息的本质是数据。[②] 既然规范目的一般是一种抽象的语言表达,其本质上依然是数据。规范目的具有抽象性和虚拟性的鲜明特征,使其所追求的价值让人难以把握,但大数据时代的到来和数据的运用一定程度上克服了这个困难,让规范目的具象化成为可能。其一,大数据能够将抽象的、虚拟的规范目的,如公平、正义、效率、各类民事权利和义务等转化成具象化的数据。其二,大数据能够集聚人们不经意间留下的“价值取向痕迹”,并通过关联性分析法剖析规范目的发展趋向和动态。其三,大数据的技术赋权有利于提升法官对规范目的的理解,摆脱单个法官知识和认知的局限。因此,通过数据将法律规范目的具象化,描绘出相应的价值画像,结合人工智能技术实现“类案”实质性识别。

(二)社会主义核心价值观

社会主义核心价值观是开启司法裁判后果主义检验的钥匙。法律具有指引功能,规范的具体适用直接影响着人们的行为,因此一份好的裁判能产生良好的社会效果,一份不尽如人意的裁判当然也会导致负面效果。为了使判决结果符合社会主义核心价值观的要求,党中央先后出台了《关于进一步把社会主义核心价值观融入法治建设的指导意见》《社会主义核心价值观融入法治建设立法修法规划》,提出将社会主义核心价值观融入立法、执法、司法、守法各环节,贯彻落实到法治建设的每个具体领域。最高人民法院亦积极响应,在《关于在司法解释中全面贯彻社会主义核心价值观的工作规划(2018—2023)》《关于深入推进社会主义核心价值观融入裁判文书释法说理的指导意见》中较为详细地阐释了法官如何运

① 钱炜江:《论司法裁判中的目的解释》,载《法制与社会发展》2018 年第 5 期。

② 参见凯文·凯利:《失控:全人类的最终命运和结局》,东西文库译,新星出版社 2010 年版,第 3 页。

用社会主义核心价值观进行裁判，同时对裁判提出了要求。首先，在国家层面上，应符合我国社会主义现代化国家的建设目标：富强、民主、文明、和谐；其次，在社会层面上，应满足对美好社会的描述：自由、平等、公正、法治；最后，在个人行为层面上，应遵守公民基本道德规范标准：爱国、敬业、诚信、友善。多数情况下，两案案情事实能够归入同一法律规范的所有构成要件，并达致相同的规范目的，两案应是"类案"，但规范目的追求的价值不与社会主义核心价值观相协调，则会对公民行为造成不当导向。

近年来法院在司法裁判中运用社会主义核心价值观，留下了宝贵的司法数据，为"类案"智能识别打下了宝贵的资源基础。通过北大法宝检索"案件类型：民事案件"和"标题：社会主义核心价值观典型案例"，有包括最高人民法院在内的各地法院发布的弘扬社会主义核心价值观典型案例 133 篇，涉及物权、知识产权、侵权、婚姻家事、合同等类型纠纷。通过中国裁判文书网在同样的检索条件下检索，出现约 1 万件相关裁判文书，这些为社会主义核心价值观"24 字"具体化提供了丰富的数据基础。对这些数据进行分析，具体解释社会主义核心价值观，组成结构化的数据，形成计算机可以理解的词义、语义和语用。例如，最高人民法院于 2020 年 5 月 13 日发布的"人民法院大力弘扬社会主义核心价值观十大典型民事案例"体现出的核心价值为：革命英烈保护，当代英烈保护，公序良俗、文明出行，助人为乐、友善共处，社会公德、文明交往，诚实守信、网络秩序，诚实守信、契约严守，诚实守信、不支持"我伤我有理""我闹我有理"，中华孝道，非法定继承人享有第一顺位的继承权利，指定监护、未成年人保护。

五、"类案"识别的关键智能技术

（一）文本数据挖掘技术

文本数据挖掘是利用某些方法如 python、NLP、R 语言技术把一堆杂乱无章、非结构的数据处理成有结构的数据的一种人工智能技术，而处理后的这些有结构的数据可以作为机器学习和深度学习模型的输入，也可以直接分析这些数据产生想要的结果。文本挖掘的目的就是从一堆有结构的和非结构的数据中寻找有价值的信息从而解决实际问题。法律文本、裁判文书中包含大量的信息，是丰富的数据资源。利用文本挖掘技术可以把这些文本信息处理成合适的数据，从而这些被处理的数据可以作为机器学习模型的输入。当我们面临一大堆没有结构，而且格式各种各样的海量法律文件时，可以使用 NLP 技术把文本信息转化成数值型的数据。这种方法就是根据每个单词在文本中出现的频率来给每个单词赋予一个独特的数值,这样的话文本中的一句话或者一行就可以用一系列的数值表达出来,这样整个文本就会以数值矩阵的形式表达出来了,这种基于频率的矩阵表达形式称为词频矩阵[Term Frequency Matrix (TFM)],服务于机器学习模型。注意力机制(Attention Model)使司法案例中事实要素的自动抽取成为可能,其模拟人体的视觉器官在获取画面时,将注意力集中于重点信息的理解。① 根据人工智能"深度学习"的特点以及数据规模的不断增加,基于神经网络(RNN)的注意力机制可以被应用于自然语言识别、图片识别等领域,成为案件事实要素自动抽取的技术依赖。

(二)概念认知学习理论

法律规范中含有大量法律概念,说法律规范就是由一系列概念构成的也不为过,因此智能系统能够进行法律概念的认知学习对“类案”识别至关重要。概念认知学习是一个新兴的交叉研究领域,它由形式概念分析、粗糙集、粒计算、认知计算等理论融合而来,它是指通过具体的认知模型从给定线索中学习概念,以揭示人脑学习概念的系统性规律。② 此处的线索可以是概念覆盖的具体对象、概念的外延、概念的某些特征以及概念的其他信息等具体的形式。不同于概念认知,概念认知学习侧重于从上述线索中习得相应法律概念,其基本研究内容主要有概念认知学习的认知机理、认知系统的构建与优化、认知过程的系统建模等。目前,概念认知学习模型的研究引起了很多行业专家们的广泛关注,并倾注了大量精力进行研究,取得了较为丰硕的成果,常见的模型主要包括粒计算系统模型、信息相似性匹配、充分必要概念粒逼近、充分必要信息粒转化等,这些成果为概念认知学习理论(concept - cognitive learning, CCL)的进一步研究奠定了基础。概念认知学习理论也逐渐成为认知科学、脑科学、计算机科学等领域的研究热点,狭义来说,它可以看为形式概念分析与认知计算相结合的一个新的研究方向,其主要思想是指通过具体的认知模型从给定线索中进行概念学习,以揭示人脑概念学习的系统性规律。

---

① See Abedinia O, Amjady N & Zareipour H, A New Feature Selection Technique for Load and Price Forecast of Electrical Power Systems, IEEE Transactions on Power Systems, p. 62 - 74(2017).

② 李金海等:《概念认知学习的若干问题与思考》,载《西北大学学报(自然科学版)》2020 年第 4 期。

（三）文本相似度计算算法

对待决案件与司法案例（目标类案）之间的案情要素进行比较，发现异同点是判断两案是否构成“类案”的关键一步，故智能识别模型必然要用到文本相似度计算。文本相似度是表示两个或多个文本之间匹配程度的一个度量参数，相似度与文本间匹配程度（相似程度）正相关。文本相似度计算算法已经成为很多领域解决问题的关键，诸如文本聚类、问答系统、Web 智能检索、自然语言处理、网页去重等。在司法场域，亦有法律研究者借助近年来裁判文书网上公布的生效案例，通过对裁判文书进行结构化处理，从中抽取有关案情。使用基于机器学习的相似度算法，通过与不同词向量结合的方式进行相似度对比研究，能够有效提升文本相似度对比的准确率。① 相较之下，目前使用最多且最为基础的文本表示模型仍是向量空间模型（VSM），其基本思想是以向量来表示文本：$[W_1, W_2, \dots, W_n]$，其中 W_i 为第 i 个特征项的权重，一般选择基本案情要素，尤其是规范构成要件事实要素作为特征项。进行“类案”相似度计算的步骤为：首先，将待决案件和已决案件文本进行分词操作，分词后的文本由特征词基本案情要素构成；其次，根据特征词词频统计结果构造特征词词典；最后，依据特征词词典，利用文本相似度计算公式进行两案案情事实的相似度计算。

六、类案智能识别的模型及应用

“类案”的识别并非凭直觉一蹴而就的，既要符合司法裁判规律又要符合事物相似性的客观标准，类案智能识别的模型也应是由各子模型组成的有机整体。“类案”智能识别模型只有融入两案的“形式相似性”判断、“决定相似性”判断及后果检验等过程中，才能达到辅助法官找到“类案”之效。因此，“类案”智能识别模型的设计除了厘清基本原理外，也需要针对识别的具体步骤建立子模型。类案的识别是为类判服务，所以类案识别模型必然由司法审判活动的组成结构决定，需要围绕事实认定、法律适用与后果检验三项主要识别活动展开的“类案”智能识别辅助决策各项子模型。因为相同法律适用核心类案识别涉及要件事实、证明责任的分配以及“形式相似性”和“决定相似性”判断，尚需进行具体的精细化构建。

---

① 参见骆浩楠、汪峥、李峰：《一种基于机器学习的相似度算法在文本相似度比较中的应用——以法律文本比较为例》，载《工业控制计算机》2020 年第 6 期。

（一）案件事实认定模型

无论是按照传统司法“三段论”演绎推理模式，还是类比推理的模式，案件事实的认定始终是司法裁判的起点，要实现类案智能识别首先应当实现事实认定的智能化。它是指“具备事实认定知识的机器对民事证据作出合法律性、合逻辑性的判断，从而自动查明案件事实的活动”①。这就要求案件事实认定模型具备两种知识或能力：首先，模型具有完备的民事案件事实认定知识；其次，具有感知、识别、理解这种知识的能力，并在此基础上进行合理推理、判断，形成决策能力。

事实认定是从证据事实到案件事实的过程，证据规则是确保这一过程合法的基本前提，它是事实认定智能化的重要知识资源。因此，建立民事诉讼事实认定网络知识库围绕的证据规则包括两方面：其一，规范性文件中的证据规则；其二，司法案例中隐含的大量证据规则（需要从案例中提炼出来）。要实现事实认定的智能化，不仅要求事实认定模型具有相关完备的知识，还必须具有一定的思维能力，能够“计算”出结果，实现预测、推理和判断案件事实的功能，人工智能领域称为“算法”。因此需要开发专门用于案件事实认定的算法，这种算法不仅应当能够理解法言法语，还要能够把握住事实认定的实质要件。

（二）法律适用识别模型

“类案类判”的目标是相同案件相同裁判结果，统一适用法律，实现公平正义，因此，“类案”识别必然离不开司法裁判思维逻辑，类案的案情事实必然满足同一裁判规范的要件事实。我国是成文法国家，法院审理案件时必然根据原告的诉讼请求及主张的法律关系和案件事实，寻找用于裁判的请求权基础规范；根据被告的答辩及主张的事实寻找对应的请求权相对规范（消灭规范、妨碍规范和阻止规范）。受立法技术的影响，法律文本中并非所有请求权基础都是完全法条，还有大量的不完全法条（或构成要件不充分，或法效果不充分，或两者皆不充分），会对裁判规范构成要件造成影响，从而导致无法妥善适用比较中项来确定识别“相似相关性”，故在法律适用上需要多个法条相互补充，共同作为请求权基础的实体法规范。对此需要用知识图谱技术构建的法律领域本体库，连接法条之间的关系，实现请求权基础的“完整”法条复现，在要件事实论的指引下明确智能识别待决案件

---

① 王琦：《民事诉讼事实认定的智能化》，载《当代法学》2021 年第 2 期。

案情事实对应的裁判规范。

（三）证明责任分配模型

证明责任的分配直接决定着案件判决结果，尤其是不能查清的案件事实对“类案”的认定将产生一定的影响。民事诉讼中，依诉讼法理证明责任既包括就主张提供证据的行为意义的证明责任，也包括在要件事实真伪不明时承担败诉风险的结果意义的证明责任。证明责任分配实为法律适用问题，已蕴含在相关实体法规范中，证明责任分配模型解决的是某项事实是否属于要件事实及该事实主张是否需要证明的问题。就证明责任分配模型而言，无论是完全法条还是不完全法条，在被确定为请求权基础规范后均可进行要件解构，机器以法律本体库为指引，可在要件事实论的裁判逻辑指引下对构成要件进行解构。根据罗森贝克“规范说”的观点，案件事实分为权利发生事实、权利发生障碍事实、权利阻止事实及权利消灭事实。当事人对其所主张的权利发生、妨碍或消灭的事实应负证明责任，如在房屋租赁合同纠纷中当事人主张优先购买权案中，原告主张享有租赁房屋的优先购买权，对存在有效的租赁合同、出租人将房屋出卖给第三方、其愿意以与第三人同等价格受让这三个优先购买权成立的要件事实承担证明责任，被告提出优先购买权消灭的抗辩，则应就权利消灭的要件承担证明责任。证明责任分配蕴含于实体法规范之中，民事法律领域本体库明确了证明责任分配，智能体相对于法官更能精准地分配证明责任，从而在当事人主张的要件事实无法查清或真伪不明时，辅助判断能否和相应要件事实清楚下的已决案件构成“类案”。

（四）相似度的计算模型

实现“类案”智能识别，关键在于如何智能度量案件事实之间的相似度。虽然学界针对文本相似度计算模型的研究不乏其例，但司法领域有其特殊要求，不宜将文本相似度计算模型直接用于“类案”相似度识别中；不能简单按照文字表述或者语义表达相差无几就认为是高度相似性案件，司法领域案件有着“差之毫厘，谬以千里”的特点。比如，房屋租赁合同纠纷中原告请求确认其优先购买权，两案均有类似租赁合同，在租赁期内出租人将房屋出卖给第三方，承租人也都愿意以第三人同等条件购买房屋，但是两案在第三方（买受人）是否为出卖人近亲属这一点上有所不同，适用裁判规范不同，会导致两案的判决结果截然相反，因此不能认为两案是“类案”。

“类案”相似度计算采用智能技术中的向量空间模型，围绕裁判规范构成要件展开类比计算，结合裁判规范目的进行校核。在计算裁判文书的案情相似度时，将案情内容分解为构成要件事实，通过案情内容各自所含要件事实语句之间的相似度计算，进而计算两案相似度。也就是说，对于待决案件案情内容 Con_1 和已决案件案情内容 Con_2，假设 $Con_1 = \{sen_{11}, sen_{12}, \ldots, sen_{1n}\}$，$Con_2 = \{sen_{21}, sen_{22}, \ldots, sen_{2m}\}$，则对于 Con_1 中的每条语句 $sen_{1i}(1 \leqslant i \leqslant n)$，利用 sen_{1i} 和 sen_{2j} 向量空间表示的向量积，在 Con_2 中寻找与其最相似的语句 $sen_{2j}(1 \leqslant j \leqslant m)$，进而求得 Con_1 和 Con_2 的相似度。根据相似度计算结果、两案案情事实能否归入同一构成要件及规范目的能否实现，将智能识别出的类似的司法案例进行相似度分级划分。

（五）社会效果阻却模型

“类案”智能识别系统社会效果阻却模型的功能和定位在于防止机械地适用法律规范和基本案情比较进行“类案”判断，忽视法律漏洞和法律滞后的客观现状，裁判结果的妥当性是否符合社会主义核心价值观的行为指引，成为认定能否构成“类案”最后检验准则。“类案”的判断过程中必然无法摆脱法律规范的适用，自由法运动突破了概念法学僵硬和僵化的逻辑推演的束缚，在法官适法中引入了价值判断，社会效果、公平正义和利益衡量等成为裁判妥当性的影响因素。[①]在司法知识库中搜寻类似案例时，以裁判规范的构成要件为比较中项，进行案情相似性对比，在这一论证活动中，比较中项（裁判规范）是最重要的理由。但是，我们必须要承认法律规范无法事先预料并规划好一切，新情况的不断出现要求“类案”判断时要去平衡各种价值和利益关系。党中央、最高人民法院要求将社会主义核心价值观融入司法裁判说理，将社会主义核心价值观作为判断司法裁判是否妥当、正当的标准，还对“类案类判”提出了新要求。可废止推理为社会效果阻却模型提供了逻辑上的支持，不管案情如何相似，只要适用相同的法律规则产生的法效果，对民众社会行为的引导不符合社会主义核心价值观的行为指引，原则上不应适用该规范作为比较中项，两案也不应被视为“类案”。

结　语

虽然我国是成文法国家，但案例在司法裁判中依然有着重要的作用，相当案

---

① 参见王利明：《法学方法论——以民法适用为视角》，中国人民大学出版社2021年版，第92页。

件或者类似案件对法官的判决有着事实上的拘束力,实践中,法官在办案过程中也要搜寻类案案例作为参考,自觉或者不自觉受“类案”的影响。在司法政策和司法解释上,国家和最高人民法院亦出台数项文件对“类案类判”“类案检索”提出了新的要求。在司法体制改革的背景下,对审判权进行有效监督困难重重,限制法官自由裁量权,不至于使自由裁量成为恣意裁量,“类案类判”能在其中发挥作用。从民众朴素的公平、正义价值观念上来看,相同情况做相同处理,类似案件作类似判决,这是“让人民群众在每一个司法案件中感受到公平正义”的基本要求。但是,在实践中达致“类案类判”并非轻而易举,现代司法不再把法官当作“自动售货机”,法官的能动性体现在司法过程中,利益平衡和价值判断无法避免,这对“类案”的判断造成了极大的困难,尤其体现在民事司法中。同时,司法案例汗牛充栋,从“汪洋大海”中找到类似案件,将消耗大量的司法资源和占用法官较多精力,而现有的“类案”检索系统又不尽如人意。因此,亟须进行“类案”智能识别的深入研究,好在法律推理逻辑、请求权基础思维、后果主义裁判方法等为“类案”的识别提供了理论基础,通过基于知识图谱的司法知识库构建和规范目的及后果检验具象化等,可以使“类案”智能识别逐步靠近现实。但这一过程不能仅靠法学学者,急切需要计算机专家和语言学家等的共同努力。同时,不得不面对计算机“智慧”与人类的差异这一客观现实,人工智能系统精于计算,而人类在价值判断和利益衡量方面的优势是人工智能短时间内恐怕难以企及的,这也限制了“类案”智能识别模型的功效范围,同时决定了“类案”的判断需要人机协同,在计算机系统和法官各自擅长的领域内相互配合,从而实现公平和效率的有机结合,实现“类案类判”。

民事智能辅助裁判可接受的有效路径

高以恒*

引　言

以人工智能为主要内容的新一轮科技革命方兴未艾，司法界也将其视为司法体制改革的重要抓手，积极寻找人工智能与司法裁判的最佳结合点。随着国务院《新一代人工智能发展规划》关于“智慧法庭”的战略部署以及《最高人民法院关于加快建设智慧法院的意见》等稳步推进，各地也纷纷建立智能化运作系统。在当前的智慧法院建设中，业已推出的智能算法多集中于刑事领域，对民事智能裁判涉及较少，智能产品的智能度不高，为现有的审判模式带来了挑战。第一，智能裁判系统的先决建模难以平衡民事裁判结果、案件利益、相应情感之间的冲突，可能造成不良的社会影响；第二，人工智能援引法律规则以演绎式三段论模式进行司法裁决时，不可避免地显示了法律规则对司法公正价值的限制、法律规制之间的冲突与法律规则的滞后性等问题；第三，人工智能裁判难以应对社会出现的新问题、法律与其他相关内容的衔接问题，其不能完美应对民事法律问题等。裁判智能化的主要症结共同造成了民事裁判智能化的可接受性难题，民众以及当事人可能因为以上原因及其他顾虑而难以接受智能裁判的结果。

实践中，考虑到智能裁判接受性较低的因素，法院多将智能裁判视为裁判预测系统，难以真正发挥出智能裁判的优势。对此，学界也颇为认同当下裁判智能化的辅助预测地位，但仍为裁判智能化的真正实现进行探究。或从宏观层面认可人工智能未来裁判主体地位；或讨论智能时代司法范式的转型问题；或讨论裁判

* 高以恒，西南政法大学人工智能法学院2021级人工智能法学专业硕士研究生。研究方向：人工智能法学。

本文系重庆市西南政法大学2021年校级学生科研创新项目硕士生项目“算法辅助裁判民事领域可接受性研究”（项目号2021XZXS－177）的阶段性研究成果。

智能化对正当程序原则的冲击，对智能时代正当程序的内涵进行丰富；或通过算法规制制度，推进算法透明，以提高裁判智能化的接受性；或通过审视、探讨法律与科技关系，破解技术中立难题以提升民众接受程度，推动裁判智能化的深入发展等。但多数相关研究并不能切实提高智能裁判的可接受性，裁判智能化系统仍然作为辅助工具而存在。在智慧法院建设如火如荼的当下，随着民众法治意识的不断增强，立足民事裁判智能化的核心特征，以算法透明为切入点，结合场景化规制原理，审视并发展算法透明的规制制度设计，对真正提高民众及当事人对于民事裁判智能化的接受程度，发挥智能裁判统一裁判模式、优化案件处理流程、提高办案效率、提高司法质量、彰显司法公信力方面的作用具有重要促进意义。

一、民事智能辅助裁判可接受遭遇的挑战

司法领域中的可接受性是指诉讼过程中的各方参与者与社会公众对程序的运行以及最终裁判结果是否肯定、认可或者其程度如何。如果要厘清裁判智能化可接受性的内在机理，就必须将智能化裁判系统与传统司法裁判的基本结构结合并深入探讨。在法律形式主义视角下，法官裁判应当坚持规范的法律文本，保证法律的权威性，审判需要严格遵循已然发布的法律规定，通过严谨的司法推理得出判决。马克斯·韦伯曾经对法律形式主义做出登峰造极式的形象描述："现代的法官是自动售货机，投进去的是诉状和诉讼费，吐出来的是判决和从法典上抄下来的理由。"①这种"自动售货机"运作的动力便是法律精密的逻辑推理。法律形式主义可以归结为严格依照法律条文和司法三段论推理两大标准。在人工智能裁判的程序设计时，采纳了法律形式主义的裁判模式，以司法三段论推理为前提，进行判决模拟预测，为法官判案提供参考。通过将法律规则转译为计算机语言，以合理的知识图谱进行案件要素抓取，借助预设的算法程序，进行数据运算和推理，生成判决。智能裁判的设计者们设想通过数字化的几何公式以产出严谨的法律遵循与司法推理，获得客观公正的判决。依此，将裁判智能化下的裁判可接受性的体系进行构建，可以细化为四个方面的逻辑要素：裁判理由的可接受性、法律事实的可接受性、裁判程序的可接受性以及裁判结果的可接受性。

（一）裁判理由的可接受性

法律要素转译、大数据机器学习程度、情理法的平衡是智能化裁判中裁判理

① ［美］刘易斯·A. 科塞：《社会学思想名家》，石人译，中国社会科学出版社1990年版，第253页。

由可接受性要素的主要内容,这三个方面的问题直接导致了当事人对智能裁判系统预测结果公正性的质疑,进而影响着各方参与者与社会公众对裁判结果的可接受性。

法律与技术相互交织、错综复杂,智能裁判系统需要以可被机器所识别的法律语言为前提,这就要将现实中的法律文本转译为人工智能系统可以识别的计算机语言,即可被执行的代码。将法律规则纳入技术规则是一个微妙的过程,不仅可能会对法律制度产生重要影响,而且可能实际影响法官审判的过程。一方面,由于法律的模糊性、灵活性和代码的明确性要求,难以让代码承载法律所包含的完整内涵范围,会产生所谓的"转译误差"。另一方面,将智能裁判系统应用于司法实践的前提是将法律要素转译为代码,但是编译人员的价值观念会暗含于编译的代码中,使司法裁判的中立客观变成了虚幻假象。例如,弗吉尼亚州官员开发的风险评估工具故意将种族排除在规定变量之外,这样不仅违反了基本的统计需求,而且违反法律的平等性要求。[①] 以代码为主要手段的人工智能技术难以将中立等价值观念以数字形式表示出来,从而引发了算法对司法裁判公正性的"技术俘获"。

当前人工智能的构建路径存在理性主义(或称为逻辑主义)和深度学习路径。在智能裁判系统中,主要采用后者进行建构,即把计算机看作模拟大脑,借助人工神经和统计学,通过学习实现智能的神经科学。从时间维度上看,人工智能深度学习这种技术路径的成熟需要司法大数据的不断堆积、系统计算能力与识别能力的不断强化,技术的成熟需要一个过程的积累。从技术成熟度上看,人工智能深度学习技术路径发展尚不完善。目前,人工智能裁判系统对简单类案具有一定的处理能力,但是对复杂案件结果的预测能力仍有待提高,特别是在如何对较复杂的案件进行要素解析与提取方面,尚需进一步探索。从人工智能知识储备上看,人工智能裁判系统能够充分挖掘司法大数据中的隐秘知识、深层规律、行为结果,通过不断迭代形成高维知识,以实现机器的深度学习,最终产出预测结果。显然,预测结果与人工智能系统的深度学习能力密切相关,除了需要准确转译法律要素,还需要通过深度学习累积机器判案、预测的经验,才能保障司法公正理念和丰富司法公正的形态。但是,就目前人工智能裁判系统的后台数据积累程度来看,

---

① See Richard P. Kern & Meredith Farrar - owens, *Sentencing Guidelines with Integrated Offender Risk Assessment*, Federal Sentencing Reporter, Vol. 16, p. 165(2004).

民事案件和知识总量积累欠缺，难以有效实现各种复杂、多变的案件的准确预测。

另外，裁判结果的合理性和可接受性程度，除了取决于执行法律规则的准确性，还需要融合情理因素进一步考量。将人工智能应用于民事审判领域，更注重情、理、法相互协调，实现客观实质合理性与主观形式合理性的平衡。民事审判着重强调当事人之间以及当事人与法官之间的沟通交流达到"合意"的程度，这要求法官在审理过程中注重对审判其他各方主体的沟通交流。在运用人工智能裁判系统的过程中，司法裁判主体隐藏在算法背后，其身份的显性难以被当事人及民众所认知。在关乎当事人切身利益的民事裁判中，一旦当事人对判决结果有不满意之处，极易引发民众对人工智能裁判过程的质疑，并使当事人提出上诉的可能性增大，既是一种司法资源的浪费，也无法实质性提高司法效率。这种"公民将被评测，但他们不能反过来去评测那些评测他们的机构"①的算法程序将从某种程度上"伤害"民众的情感。因此，缺乏价值考量与情理法兼顾的智能裁判难以帮助法官在各种激烈冲突的价值和实质理由中作出衡量和取舍，也不能形成公正、可接受的裁判。

（二）法律事实的可接受性

虽然当前相关的民事智能裁判系统发展尚不成熟，但业已推出的智能量刑算法在运行模式上均有一定相似性。其主要包括专家经验、模型算法和海量数据②三个重要环节，分析判决文书得出法官的裁判经验和智慧，通过深度学习设计合理的运算程序以满足裁判需求。在应用智能量刑系统时，输入案件事实后，系统便会自动抓取特定的案件事实要素，通过要素分析输出相应的预测结果。这种通过法律知识图谱技术的法律事实识别与抓取也是影响当事人及公众对于裁判结果接受、认可程度的重要因素。

机器利用自然语言处理能力来认知个案，具有先天局限性，属于人工智能最薄弱的环节，但又是人工智能民事司法应用的起点与关键。裁判智能化系统主要通过知识图谱技术抓取、识别案件信息中的关键要素，进而分析案件。当前法律知识图谱的构建仅有陈淑燕等提出的一个简单法律知识框架，通过使用法规知识

① ［德］克里斯托夫·库克里克：《微粒社会：数字化时代的社会模式》，黄昆、夏柯译，中信出版集团2018年版，第125页。

② 参见严剑漪：《揭秘"206工程"：法院未来的人工智能图景》，载《上海人大》2017年第8期。

库来分析案件。[①] 但其随着数据库案例量的不断变大，智能算法分析效率下降明显，且语义识别能力降低，适用性较低。法律知识图谱技术自身发展尚不成熟，轻率地使用以法律知识图谱技术为重要环节的裁判智能化系统进行预测判决难以获得当事人及民众的接受、支持、认可。除此之外，案件事实要素的识别与抓取的准确度对现有案例的数量以及质量要求较高。不同类型案件的数量不同，一些类型案件文书化入库的数量过少，难以支撑需要大量数据的模型训练。此时，智能裁判系统的预测结果的精准性存疑，更容易引起当事人及民众的质疑。此外，基于法律用语的专业性，系统在运行时输入输出以专业用语为主，更多的面向专业用户，难以适应公众的口语化表达，普通公众难以理解，容易对系统输出结果产生怀疑，不信任裁判智能化的预测结果。

（三）裁判程序的可接受性

在民事司法裁判中，自由裁量权客观存在，但也不能肆意行使。智能化裁判的一个特征就是尽可能将裁判过程化，转化为一套精密的数据或算法。在这之中，自由裁量权的存在空间被大幅限缩乃至去除。正如陈景辉教授所言，"人工智能对于司法裁判的介入，基本上是通过建构模型的方式，将自由裁量或价值判断这个部分排除在外。之所以出现这个结果，表面上的原因是，作为价值判断的自由裁量是无法被人工智能以理性的方式精确模型化的，或者说它无法被弱人工智能所兼容。然而，更深层次的原因，是围绕'价值（道德）判断的性质'所发生的争议……由于弱人工智能本身并无能力作出价值判断，因此人工智能一旦统治了审判，那么它会将价值判断彻底驱逐出去"[②]。智能化裁判所依赖的大概是法律现实主义的进路，通过消解评价或价值，将判断的过程还原或化约为一种经验、数据或事实。这是对传统司法审判路径价值、经验模式的一种消解，对民众有关司法审判的认知产生极大的冲击，这种变革、割裂感有可能让民众对于智能裁判模式降低信任度。

正当程序作为国家权力运行的一项重要原则性要求，具有中立、理性、排他、可操作、平等参与、自治、及时终结和公开的价值，通过诉讼程序的正当履行确保司法的权威与至信，从而获得民众的信任。正当程序也确保了司法裁判整个过程

① 参见陈淑燕、瞿高峰：《通用法规知识库系统的设计》，载《计算机工程》2001 年第 11 期。

② 陈景辉：《人工智能的法律挑战：应该从哪里开始?》，载《比较法研究》2018 年第 5 期。

处于信息公开、沟通充分的情境下，贯彻司法“以人为本”的理念逻辑。这与裁判智能化所强调的迅速决策，大量减少司法裁判的中间过程相背离，从这种角度来看，裁判智能化破坏了正当司法的价值，产生了算法与司法裁判的冲突，这也是造成民众对裁判智能化接受程度较低的原因之一。

总之，通过“代码即法律”的构筑将部分具有沟通交流性质的程序去除，让裁判中的当事人与裁判者之间的信息差拉大等因素都会让民事案件程序不正当，当事人及广大民众对裁判智能化的质疑加大。

（四）裁判结果的可接受性

民事裁判与依托审判经验、模型算法以及海量数据运行的智能裁判在内在逻辑上具有一定的契合性。民事裁判是在当事人提出诉讼请求、主张实体权利、提出支撑其请求的请求权基础规范、明确事实及主张的基础上，依据民事实体法规范的结构以及民事诉讼审理结构而展开的民事审判，得出裁判结果的过程。民事裁判的首要特征是具体化、特定化，需要根据抽象的实体法规范对生活事实予以选择与评价，而裁判智能化追求的具体化乃是高度标准化、类型化后的具体化。[①] 民事裁判这种在具体案件事实与抽象实体法规范间往返的特性，正与裁判智能化的思维方式具有内在一致性。智能化裁判结合民事审判的特征，以请求权基础为起点，以实体法规范得以适用的法效果为终点，从请求权基础、要件事实、证明责任、抗辩等法律化要素出发，生成智能裁判结果，具有简洁、规范、全面的特征，体现着抽象规则对生活事实的法评价。民事裁判与裁判智能化契合的价值在于可克服现有的地方法院实践中单一场景的辅助裁判模型所存在的周延性与法律性不足问题。

考虑到当前人工智能的技术成熟度，从工具定位原则的角度看，智能化裁判在司法活动中的地位如同经验丰富、能力突出的法官助理，对法官的工作起到辅助作用。即便智能化裁判的检索能力、运行速度、精确程度为人类所不能及，但我们必须确保法官才是最终的审判者，而技术仅仅起到工具作用。这种将智能化裁判定位为辅助审判工具的观点更具有合理性。第一，智能裁判在法治现代化进程中，逐渐发挥着调和法治内在结构与机理的作用，但其难以彰显明情析理的价值

---

① 参见高翔：《人工智能民事司法应用的法律知识图谱构建——以要件事实型民事裁判论为基础》，载《法制与社会发展》2018 年第 6 期。

判断。第二,智能裁判的运作核心是技术所内含的算法,算法作为一种新兴技术具有本体论意义上的中立性与客观性,然而,算法的绝对中立性却是一个伪命题。第三,在人工智能输入的数据与输出的答案之间,存在无法洞悉的“隐层”,即“黑箱”。让智能裁判的过程处于不透明状态,公民的知情权在相当程度上失去保障。总而言之,考虑到技术发展现状、算法风险问题以及司法领域的特殊性,目前智能裁判距离具备司法主体的地位仍然为时尚早。在民事审判的各类案件中,通过对知识图谱的完善,算法可以对部分案件作出较为精确的裁判预测,为法官判案提供参考。所以智慧审判的未来,法官居于主导地位,智能裁判工具发挥辅助性功能,更为契合我国司法体制改革路径。

二、场景化透明的引入与证成

司法裁判的可接受性是一个主体性的标准,它直接将裁判的过程和结果诉诸人的内心。人不仅是理性的动物,也同样是感性动物;司法裁判不仅面向法律职业群体,也同样面向社会大众。司法裁判智能化的合法性、合理性最终都要归结到两造以及社会的认可和接受。当前学界关于裁判智能化中的算法透明优化思路主要包括“有限透明范式”“可解释性透明”等。本文拟从场景化原理出发,通过民事裁判中的场景分类、分级,对裁判智能化的透明规制进行更为合理、灵活的体系构建。

(一)引入

总结以往的透明规制方法,不难发现机械适用是“通病”,没有结合具体场景进行思考,不符合裁判智能化的算法透明规制原理。一旦场景不同,算法就会发生变化,算法透明的规制可能因为使用主体、适用对象、所涉问题的不同而需要作出调整。在人工智能时代,人与人之间的联系方式发生了大规模的改变,场景成为连接人与人的重要方式。相较于传统场景化原理将目光聚焦于“剧场”、追求观众的情感沉浸,当前场景的内涵发生了新的演化,被认为是在特定的时空领域内,以“人”为中心、以需求为导向、以感知设备为载体、以事件为表现形式的行为序列的总和。

欧盟于2020年发布的《人工智能白皮书》中提出“应当在应用场景、部署目的、安全保护、消费者利益和基本权利5个维度建立基于风险的五级监管体系,清晰区分各类人工智能应用的评估标准,实施差异化监管”[①]。其确立的差异化监管策略在一定程度上体现了场景化的算法规制思路。“一旦某种特定的场景被建构起来,支撑场景化行动的治理技术就有了自主性,成为治理场景的有机组成部分。”[②]通过运用场景化原理进行算法透明规制,实现算法透明,进而达到裁判智能化的系统透明并非要对其进行统一与标准化规制,而是要寻求与“具体场景相关的规范”,维护具体透明内容与司法秩序的公正性或融贯性。算法透明依赖于具体场景与具体关系,应当考虑情境、行为人、案件类型、隐私数据等不同要素,对不同场景适用不同规范。一方面,场景化原理具有“非规则型法”或非纯粹规则型法的特征,其并非意味着规则的形同虚设,而是规则适用需要在具体场景中结合法律的合理性标准与法律原则。[③] 另一方面,场景化保护需要依赖案例与程序,借助案例与程序动态性地界定透明程度,以此化解“非规则性”带来的法律挑战。根据具体规制的主体、行为、规范等因素的不同,结合复杂的价值匹配关系,应用个性化治理目标的适应性智能工具,平衡智能系统应用场景中各方的利益与社会影响,推动裁判预测应用科学精准化,作出兼顾规范与事实的决策。

(二)证成

场景是人类社会运作的微观单元结构,是事件时空、人物、感觉等情景要素的综合体现,包含信息的获取模式,在互联网时代又表现为基于技术应用而产生的在场感。[④] 在民事裁判领域中,智能辅助裁判系统的介入使当事人及民众的知情权与司法审判之间形成了一种割裂关系。民事司法审判需要达到知情权、隐私保护和司法秩序的平衡,这种均衡状态的达成往往需要依靠场景化嵌入民事案件的具体类型。但需要注意的是,智能算法可能会因为使用主体、适用对象、所涉问题的不同而有很大差异。一旦场景不同,所采用的规制原则也会不同。算法介入民

---

① European Commission, *WhitePaper: On Artificial Intelligence: A European Approach to Excellence and Trust*(Mar. 1,2020),https://ec. europa. eu/info/publications/white paper artificial intelligence european approach excellenxe and trust en.

② 吕德文:《治理技术如何适配国家机器——技术治理的运用场景及其限度》,载《探索与争鸣》2019 年第 6 期。

③ 参见丁晓东:《〈个人信息保护法〉的比较法重思:中国道路与解释原理》,载《华东政法大学学报》2022 年第 2 期。

④ 参见陈曦:《网络言论信息的治理机制:功能分区、内容分级与场景化动态调控》,载《电子政务》2020 年第 8 期。

事审判不能机械性地应用于任何一个场景，应结合使用主体、适用对象、所涉问题影响的具体场景深入思考。在不同的案件中，物质空间与信息空间通过技术进行相互连接、切换与融合，进而实现“人—机—物”互动交流的场域。因此，有必要建立适合各种场景的标准。场景化的标准因运用场景的不同而变化，在司法领域下的智能裁判算法透明场景下，本文认为，场景化的划分标准如图 1 所示，主要包括使用主体、适用对象、所涉问题三方面。

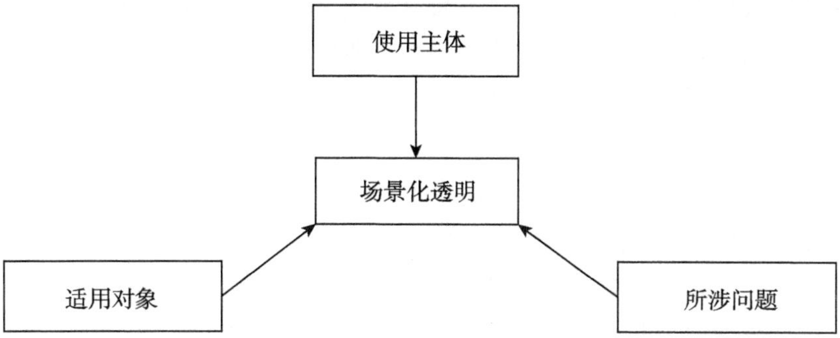

图 1　场景化划分标准

1. 使用主体

智能裁判算法运用的一大场景变化是使用主体的变化。如果使用算法的主体是公权力机关，算法是涉及公共利益的一种决策机制，因其关系到公众的利益，更具有公开透明的必要性；如果使用主体是私权利主体，算法充当决策的内部程序，能够成为商业秘密，具有价值性与保密性，公开透明的必要性减少，算法透明不能成为一种强制性的法律要求。① 在民事审判中，智能裁判算法使用主体为人民法院，其作为我国司法主体，所作出的判决事关当事人的切身利益，裁判公开涉及公民的知情权的保障，故民事审判算法公开透明具有必要性。

在公权力机关应用裁判智能化系统的具体实践中，需要严格限制智能系统的使用者。具备裁判结果预测等辅助审判决策功能的裁判智能化系统，其使用者应当限定为法院的办案法官，而不能是司法管理者、监督者。司法管理者、监督者作为法院的组成人员，可以享有与办案法官不相同的裁判智能系统使用权限，所获得的案件信息应当经过一定的处理，以符合以审判为中心的诉讼制度改革的内在逻辑，充分发挥裁判智能系统的预测、辅助功用，保障法官在人工智能辅助系统应

① 参见丁晓东：《论算法的法律规制》，载《中国社会科学》2020 年第 12 期。

用下的审判工作充分的裁量权。

2. 适用对象

在民事审判中，一个重要变化是当事人的不同。在民事诉讼中，当事人以自然人及法人为主，也是裁判智能化所针对的主要对象。欧盟《通用数据保护条例》第15条规定，当“存在自动化的决策”，数据主体有权知晓。该条明确规定了相关主体对算法的知情权利，当事人作为辅助裁判智能算法的针对主体，有权获得智能算法决策过程的相应信息。但对不同类型当事人的透明标准缺乏细化规定，而这是优化算法透明规制的可行方法。通过识别当事人身份进行类型划分，确定数据收集与信息公开的程度。场景化规制要求人民法院对当事人之间的算法透明程度进行不同的设置，这种做法既能获得当事人对判决结果的支持信任，又能保证当事人的个人信息得到较为全面的保护。

适用对象的另一大变化是民事案件当事人与公众之间的透明差别。一方面，民事案件的当事人作为案件的切身参与者，参与民事审判的全过程，判决关系到当事人的切身利益，相较于公民，其对于民事案件的辅助算法、数据信息理应获得范围更广的知情权；另一方面，“一刀切”的公开透明方式可能让当事人的隐私信息泄露，损害了当事人的隐私权益。因此，场景化规制要求，对于当事人与公众，应当根据适用对象的不同，进行不同等级的算法程序、信息数据的透明，从而更好地保护当事人的权益与公众的知情权，促进双方对于智能裁判系统介入后的民事判决的理解。

3. 所涉问题

裁判算法透明规制的第一个问题，牵涉裁判算法撷取的数据中的隐私含量及程度。数字时代下，公民的住址、证件号码、行踪轨迹、健康信息、财产信息等个人隐私信息均可以以数据形式存在。民事司法审判过程难免涉及当事人个人隐私信息，我国法律规制也显示出对隐私信息的保护。《关于人民法院在互联网公布裁判文书的规定》中规定了将自然人的住址、通信方式、健康状况等个人信息在裁判文书公开时删除；《民法典》在“人格权编”中设置了“隐私权和个人信息保护”一章，公民的个人信息保护权益作为民事权利而存在，并紧接着出台《个人信息保护法》协调衔接，构筑个人信息保护体系。裁判算法在运行时，不可避免地使用当事人的隐私数据，在一定程度上侵害了当事人的隐私权与个人信息权益。因此，面对个人信息权益被侵害的风险，更有必要实行场景化的算法透明机制，公开时隐去个人隐私数据，保护公民信息权益，维护公共利益。在各种类型的民事案件中，所涉及的当事人隐私数据量是不同的，如在家事案件中，离婚诉讼、未成年人案件、监护案件等涉及的隐私数据较其他类型的民事案件更多，适用统一的公开透明标准，可能会让标准过于严格，一些应当公开的数据得不到公开；或者可能会使一些隐私程度较高的案件中当事人的隐私数据泄露。因此，在公开时，应当以算法运行使用的隐私数据量为依据，制定场景化的规制标准。

裁判算法透明规制的第二个问题，涉及透明规制中情理因素的合理嵌入。在我国社会多元化的背景下，情理在民事审判中是不可或缺的一部分，人民群众发自内心地认可并接受裁判结果，离不开法律在司法活动中的准确适用，更离不开通达的情理考量。① 在民事司法裁判模式中，情理法思想是一种包含人文关怀和方法论的裁判理念，需要场景化对案件进行价值衡量，才能在司法活动中更好实现“公正”等社会主义核心价值。裁判智能化在民事审判中的应用无疑具有简化审判流程、优化司法资源、提高诉讼效率等功能，但是人工智能仅仅是对人类智慧的初级模仿，它们无法形成系统的方法论，也不能在审判各类案件过程中获得审判经验，这是人类独特的一种运用智慧追求正义的能力。② 算法无法体会情感，不能理解当事人的内心诉求，更不可能与人进行心灵交流、情感交互。寻求情理与算法的平衡，实现二者最大化的共识，可以在很大程度上解决机械适用透明规制方法的问题。具体而言，民事审判案件的信息公开分为法定不公开和申请不公开，关于申请不公开的案件可以依据当事人申请，并倾听当事人公开与否与公开程度的诉求进行有限公开。对于复杂疑难的民事案情，更需要运用变换的逻辑思维进行价值判断、法益衡量，作为算法公开信息程度的考量。在司法过程中不仅要保护人民合法权益，而且要让人民感受到法律中人性的温暖。在不同的案件中当事人有不同的情感诉求。③ 总而言之，每个民事案件所涉及的情理因素均有不同，需要将情理因素嵌入当前的裁判智能化过程中。在算法透明规制中，需要在伦理道德基础上，出台相关说明文件，以促进场景化的规范化应用。当事人的纠纷并不能只依靠算法技术通过计算得出的正确结果去解决，参与各方对正义的感知更需要人与人之间的沟通和关怀，因此需要保证法官的主体地位，对每个案件进行具体场景化判断。

---

① 参见马长山：《数字社会的治理逻辑及其法治化展开》，载《法律科学(西北政法大学学报)》2020年第5期。

② 参见潘庸鲁：《人工智能介入司法领域路径分析》，载《东方法学》2018年第3期。

③ 参见徐骏：《智慧法院的法理审思》，载《法学》2017年第3期。

4. 通过场景化透明促成可接受的裁判程序

在法院案件日益增多和司法资源有限的背景下，裁判智能化系统的应用是缓解法官的办案压力、缓解“人案矛盾”的可行方法之一。提高民众对裁判智能化的接受与认可，是促进智能系统在司法裁判中的推广和发展不可回避的问题。

在确定裁判智能化辅助地位的前提下，算法在司法审判中更倾向于被视作“催化酶”，通过对其进行规范制度设计，使其对简单民事案件进行代码性演绎，从而协助法官分析和裁量，提高司法审判效率。但算法也做不到万无一失。民事审判关乎双方当事人的切身利益，每一项小的错误都有可能导致整个案件裁判的不公。算法本身的诞生、应用以“一切为了人类”为出发点，需要为其设置边界，设定智能算法辅助裁判相应的空间与限度，保证智能系统介入后民事案件审判的公正，从而提升民众对此的接受程度。

司法秩序的建设需要每一案件得到公正的审理裁决，案件裁判应以公正、公平等为追求目标。商谈性程序的存在是当事人与法官之间建立相互信任的基础，因此民事司法审判需要当事人之间以及法官与当事人之间互相沟通、交流的商谈性环境的存在。在智能系统介入后，司法审判中会出现“法官离场，技术进场”的“非人格化”倾向，造成了法官与当事人之间缺乏沟通交流的信任滑坡。因此有必要优化智能辅助裁判的机制，重构当事人与民众的信任。

算法因其本身的黑箱性质，在民事案件的审理中割裂了判决结果与判决过程，在当事人与司法系统之间形成信任缝隙。在智能化审判的应用中，包括事前预测模型以及事后分析模型。二者虽然运行模式有所差别，但都会因技术性问题引发信任危机。一方面，当事人在审理过程中的参与空间被大幅削弱；另一方面，当事人对于裁判理由的知情权等权利行使陷入了失效境地。然而，智能化司法的初衷应是通过大规模数据应用、强力的算力运行构建起完善的“信息沟通”过程，再与其他过程相链接。因此，通过透明规制提高民众的算法可接受程度，以此来消弭算法介入民事司法裁判带来的信任危机问题，从信息共享、交流、监督三方面确保当事人在民事审判案件过程中的权利以及广大民众对案件裁判的监督权利，打破“算法黑箱”带来的裁判结果信任危机问题，实现民事司法裁判的“人格化”回归，形成人与算法良好互动的“理性沟通”关系。

三、场景化透明裁判可接受程序建构

从 21 世纪初开始，人们开始关注电子化、信息化以及数字化，数字化时代的深入发展推动着智能化时代的降临。在理论界,有学者认为,智能化是事物在网络、大数据、物联网和人工智能等技术的支持下,所具有的能满足人们的各种需求的属性。[①] Bellman, Haugeland, Kurzweil 等认为,人工智能旨在构建像人类一样思考及行动的系统;而 Nilsson, Winston 等则认为,人工智能的目标是构建超出人类水平的完全理性地思考及行动的系统。虽然目前"智能化"的概念并未得以统一,但人们对智能化的认识存在以下共识:智能化是让计算机模拟人的智能,完成人的心智能做的各种工作任务。[②] 司法与人工智能的结合主要包括司法管理信息化和司法裁判智能化,二者之中,潜在风险更大、民众接受性更低的则是司法裁判智能化。人工智能的司法应用研究,应当结合具体诉讼领域展开。民事裁判是司法智能化建设中的一个重要领域,司法智能化是民事裁判的数字化变革方向,民事司法因其所具有的更适合数字化、智能化的独有特性,理应承担推进民事审判体系和审判能力现代化的重任。

民事诉讼是当事人之间进行理性论争或对话的过程,核心在于达成共识,[③]提高交往构造的合理化程度。[④] 民事诉讼的"合意"属性要求法官与当事人、当事人之间通过充分有效的沟通,让当事人与法官之间互相了解,形成可接受的判决。将对话程序纳入民事裁判智能化过程后,通过问答之间的有效互动,在一定程度上弥补法官亲历性的缺失,消除当事人对智能裁判的不信任感,为智能算法应用后的民事司法审判提供了正当程序保障。另外,民事诉讼程序的一大特征便是保障法官与当事人、当事人之间进行理性对话。明确将对话程序纳入裁判智能化过程中,保障当事人能够充分表达,有利于帮助诉讼人达到诉讼目的,体现了司法民主。并且在对话过程中法官可以兼听当事人双方情况,综合算法输出结果等多种意见,形成良性互动,最终产生符合情、理、法的判决结果。同时,对话程序保障了双方当事人及第三人在公正对等环境下实现交互对话,让法官从中吸纳意见,减少分歧,查清事实,平息纷争。在这种有效的交互活动中,法官更易发现案件事实、案件矛盾的核心所在,纠正智能裁判算法输出结果的错误及疏漏,最大限度展现案件实质真实。概言之,通过对话程序的加入,让法官与当事人对案件事实细

---

① 参见程栋主编:《智能时代新媒体概论》,清华大学出版社 2019 年版,第 26 – 27 页。

② 参见[英]玛格丽特·博登:《人工智能的本质与未来》,孙诗惠译,中国人民大学出版社 2017 年版,第 3 页。

③ 参见陈学明:《哈贝马斯的"晚期资本主义"论述评》,重庆出版社 1993 年版,第 33 页。

④ 参见段文波:《程序保障第三波的理论解析与制度安排》,载《法制与社会发展》2015 年第 2 期。

节了解，在裁判公开时让社会及公众对于案件事实清楚认知，并理解案件达成共识所涵盖的价值判断及社会条件制约，让民事裁判为公众所接受。

在构建对话程序时，应当秉持正当、真诚、真实的核心理念。通过相应法律文件的规定，为民事诉讼程序中对话的有效进行提供程序正当基础，在对话过程中，法官应以真诚态度进行充分交流互动，以了解真实的案件事实，为裁判结果提供当事人及公众可信赖的真实，以此理念指导整个对话程序全过程。在民事智能裁判过程中，厘清对话范围，规范对话过程。对话广泛存在于各类民事审判过程中，以法官为主导，以逻辑性并且能为普通民众所理解的语言进行说明，以裁判智能化程序及案情矛盾焦点为主要说明沟通对象，以平等、中立的对话规则为依托，给予所有诉讼参与人以同等的说明、解释、论证机会，消解当事人及其他诉讼参与人对裁判结果的质疑。同时，也应为实现对话程序目的构建相应保障措施。应要求对话程序、对话内容备案记录，保证对话内容真实可信；强化法官的释明义务，提高法官沟通能力，尽量实现诉讼中的有效沟通；也要提升当事人及其他诉讼参与人的“对话”能力，完善当事人的知情权、救济权等相关权利，提高当事人对司法的参与监督。以具有共识性的对话程序实现双向互动的民事裁判智能化，弥合智能算法带来的司法程序的不协调及疏漏之处，强化当事人及民众对民事智能裁判模式及裁判结果的支持与信赖。

四、场景化透明裁判可接受的保障

（一）建立算法影响评估制度

算法影响评估制度是实现场景化规制、建立精准化算法治理框架的实现路径之一。国外一些国家已经出台相关文件，建立影响评估机制。例如，美国纽约发布的《算法问责法》首创自动化决策影响评估制度，加拿大也通过颁布《自动化决策指令》建立影响评估指标。我国《个人信息保护法》第 55 条已涉及算法影响评估的规定，其规定个人信息处理者应在事前进行个人信息影响评估并记录处理情况的情形，包括敏感信息、使用个人信息进行自动化决策等情形，其中自动化决策的情形即包含算法决策在内。[①] 裁判智能化程序应用中包含利用算法程序进行自动化决策为法官判案提供参考，因此应当在本条的规制范围内。上海市发布的《关于建设人工智能上海高地　构建一流创新生态的行动方案（2019—2021 年）》

---

① 参见张恩典：《算法影响评估制度的反思与建构》，载《电子政务》2021 年第 11 期。

中提出建设人工智能风险评估和法治监管体系。算法影响评估制度成为规制算法、实行算法治理的重要手段可以帮助算法系统的开发者、司法机关以及公众理解算法设计与应用所应当具备的监管要求，通过合理的影响评估标准的构建，加强对算法输出结果的监管。对一些可能不公正的裁判输出结果，法院可以不采纳算法结果转而进行人工审判，既有助于对算法在司法领域的权利配置方面建立场景化治理的相关制度，也能有效降低算法输出结果不公正的风险，防止司法裁判不公，促进司法正义，提高民众司法信任。

算法影响评估制度采用全周期视角，以中立、专业、可信的评估主体为保证，对算法设计、部署、运行的全部流程予以动态评估，要求系统在用于商业以及公共事业场景前就接受独立的社会技术分析。[①] 其与环境影响评估制度、隐私影响评估制度有一定相似性，对合理规制算法透明度有重要作用。在司法审判领域的算法评估主体应为法院或其他司法机关，以确保司法机关能够全面知悉民事审判辅助算法的系统设计及运行过程，减缓算法设计者在算法设计时存在的错误、偏见或歧视。算法影响评估制度的建立将让算法系统的"黑箱性质"打开缺口，使内藏于技术下的程序实现一定透明，法院可以通过针对性措施减少智能审判的信任性风险，降低因算法歧视导致输出的民事裁判结果不公的可能性。我国算法影响评估制度，尤其是在司法审判领域的算法应用评估，需要进一步完善以达到司法正义、司法公正，从而构建当事人及民众与算法辅助民事审判程序之间的信任桥梁。

首先，提高算法影响评估制度的动态性。将算法影响评估由事前扩展至全周期范围，强调"影响评估为一个持续性的过程，而非一次性结果"，构建算法影响评估的动态性、周期性体系。其次，加强建设开放性算法影响评估机制，为个人参与算法评估预留一定制度空间。在民事审判领域中，将当事人、利益相关人以及公众纳入影响评估主体范围，为其提供一条帮助了解算法运行情况、评价输出结果的路径，建立算法开发者、使用者与当事人及公众的沟通对话渠道。最后，法院在算法影响评估机制的基础下，建立算法影响披露制度，在每个案件中向当事人披露算法信息及算法评估报告，并定期向公众披露算法信息数据，公开算法影响评估报告，以保障民事审判的当事人及公众作为利益相关主体或监督主体对算法设计、运行等的知情权，提高个体对算法辅助民事裁判的信任度。关于算法影响评估结果披露，构建"告知—评论"机制。通过"告知—评论"机制的构建，将外部技

① 参见张欣：《算法影响评估制度的构建机理与中国方案》，载《法商研究》2021 年第 2 期。

术专家、公众等纳入评估主体范围，为利益相对人与公众参与算法评估进行正当程序建构，增强民事裁判智能化输出结果的合法性与正当性。

（二）界分公开数据范围

在民事审判的场景中，考虑到公共利益，智能裁判算法原则上应当尽可能地进行公开透明，但考虑到对当事人合法权益的保护，对一些隐私信息进行匿名化处理后公开成为一种必要的手段。此手段在实践中已得到一定运用，如韩国规定裁判文书公布时，当事人的姓名、住所地等需要进行非实名化处理，更加涉及个人隐私的证件号码则予以删除。匿名化处理隐私信息在我国也有一定运用，在裁判文书公开规定中，最高人民法院通过出台《关于人民法院在互联网公开裁判文书的规定》进行规制，明确了裁判文书公开制度保护个人隐私信息的路径主要有三种，包括匿名化、删去信息、不公开。对隐私程度较高的几类案件进行文书不公开处理，例如离婚案件的裁判文书并未仅公布少量案件信息，而是在匿名化处理后全文公布，这显示了我国在维护个人隐私信息权益与公众知情权的平衡。

我国在裁判公开领域已经通过出台相关规定文件规范隐私公开的范围，但欠缺关于算法可公开隐私数据范围的规定。本文认为可以仿照最高人民法院发布的《关于人民法院在互联网公开裁判文书的规定》出台民事智能裁判算法的公开规定，对民事审判中算法所使用的数据的公开程度、范围等进行规制。除此之外，还要通过对民事案件的类型化划分，对隐私数据进行分级处理。对真正可能威胁到隐私数据主体利益的隐私信息进行不公开处理，如身份证号、地址、电话号码等需要进行删除；对于一些一般隐私信息数据，则以匿名化方式处理，且这种匿名化处理应当包括对所有可能识别出当事人的信息数据进行处理。这种匿名化手段可以由计算机算法程序自动进行，以提高效率，但仍然需要人工监督验收来保证程序运行的正确，防止当事人必要隐私信息数据泄露。通过将裁判算法使用的数据分级公开处理，并以匿名化方式实现最大程度公开，实现公民对于算法公开的知情权与当事人个人隐私保护之间的衡平。

结　语

当前司法智能化趋势越发显著，面对当前司法实践中广泛存在的人案矛盾、类案类判等问题，裁判智能化为这些问题的解决提供了一条可行路径。但智能系统的应用也带来了诸多的争论，算法的“黑箱性”与司法公开相悖，审判过程及结果能否为当事人及公众所信任、接受成了裁判智能化所亟须解决的难题。在民事诉讼领域中,其独特的“合意”属性使智能系统应用于司法所引发的争议更大,影响更为深远。

面对人工智能时代的司法变革,由于当下尚不完善的人工智能技术,裁判智能化仅能作为辅助手段。为解决当事人及公众不信任、不接受裁判智能化输出结果的问题,需要建立裁判智能化透明规制的相关配套制度,以场景化原理的内涵及价值追求为优化裁判智能化的透明规制提供新思路。通过探讨智能裁判系统的使用主体、适用对象及所涉问题,对透明规制进行差异化构筑,以沟通对话程序为主要内容构建场景化透明裁判可接受程序,并以算法影响评估制度、数据公开范围的界分为保障措施,保障当事人及公众的知情权,提高其对民事裁判智能化的可接受性程度,巩固智能司法下的司法信任。本文在裁判可接受性的相关因素中仅涉及透明一项,对于其他因素,如公正等尚未涉及,对于裁判可接受性的整体全面性提高尚显不足。在未来的研究过程中,可以从更加全面角度分析裁判可接受性影响因素,并对场景化透明等规制进行更为细化的建构,实现智能化裁判与民事司法实践有序融合,构建智能民事司法秩序。

论民事速裁程序的建构及智能化辅助

文　言*

引　言

近年来，随着我国经济迅猛发展和社会持续转型，民事纠纷的类型日趋多样，民事案件的数量也逐年攀升。民事案件的大量增加，无疑给人民法院的审判工作带来了前所未有的压力。为了解决法院人少案多、不能及时解决民事纠纷的问题，人民法院启动了快速解决民事纠纷的速裁程序，实属民事司法改革的重要创新之举。所谓民事速裁程序，就是对一些简易、小额的民事案件实行快审快结。它不同于我国民事诉讼法中规定的简易程序，而是比其他民事程序更为简易、灵活的程序，以方便、快捷且诉讼成本较低的方式保障公民的诉权，实现司法的普遍化、大众化。

从民事速裁概念的提出，经过速裁法庭的建立和速裁团队的设立，到如今作为"分调裁审"机制改革的重要一环，速裁所扮演的角色越发重要。囿于成文法的非圆满性和理论空白，程序运行呈"地方化"发展，加之法官同质化水平不高、个案不公现状仍未得到根本改善，在此情境下，案结事了人和的诉讼目标难以实现，矛盾纠纷不断升级，社会稳定风险持续增大。民事速裁程序如何突破理论空白和实践难题？速裁程序运行的具体规则及标准是什么？人工智能技术的运用是否能够辅助速裁程序依据共通标准持续运行？坚持在法治轨道上推进国家治理体系和治理能力现代化，坚持在建设中国特色社会主义法治体系的战略布局下，厘清速裁程序的理论定位、完善速裁程序的机制构建，辅以规则实施智能化具有研究意义。通过对民事速裁程序的理论研究，结合程序运行的实践困境，提出程序规

* 文言，西南政法大学人工智能法学院硕士研究生。研究方向：人工智能法学。
本文系基金项目：2021 年度人工智能法学院学术新秀科研创新项目（XSXX202124）。

制的共通性标准,并研究如何运用人工智能与大数据实现智能管理与监督的科学性、合理性。通过规则标准的确立,促使智能辅助机制科学规范,对提升社会风险管控能力,全面推进国家治理体系与治理能力现代化意义重大。

一、现实桎梏:民事速裁程序理论空白与实践困境

(一)速裁程序理论界定不明

1. 缺乏明确法律规定

民事速裁程序概念首次提出可追溯至2005年最高人民法院发布的《人民法院第二个五年改革纲要(2004—2008)》,该纲要指出在民事简易程序的基础上"建立速裁程序制度"。随后,最高人民法院陆续发布《关于民商事案件繁简分流和调解速裁操作规程(试行)》《民事诉讼程序繁简分流改革试点实施办法》《关于人民法院深化"分调裁审"机制改革的意见》等文件,试图勾勒出独立的民事速裁制度,提升纠纷解决质效,促进司法"大众化""高效化"。但是,除了上述指导性宏观描述外,尚无指明民事速裁程序确切属性的法律依据。《民事诉讼法》中规定了诉讼程序含第一审普通程序、简易程序(包含小额诉讼程序)、第二审程序、特别程序、审判监督程序、督促程序和公示催告程序。自2007年以来民事诉讼法虽经多次修正,仍未将速裁程序予以列明。民事速裁程序的界定缺乏程序法成文的统一规定,致使实践中乱象丛生。

2. 程序独立性存在争议

2020年1月15日,最高人民法院印发了《民事诉讼程序繁简分流改革试点实施办法》,该实施办法对"完善小额诉讼程序"进行了专题规定,提出将小额程序冠以"程序",而非"制度",结合该部分的具体规定,足以凸显最高人民法院已认识到小额诉讼制度的独立价值,并试图将其从简易程序中剥离出来①。反观民事速裁程序,尚无相关文件明确提出其独立于现存程序之外,关于是否具有程序独立性的问题在学界也存在颇多争议。

一部分持"否定说"学者们认为,民事速裁程序并无程序独立的正当性基础,仅将其视为散见于各诉讼程序中、为了提高诉讼效率的司法实践理念。有学者指出,我国不存在诉讼大面积迟延问题,在民事诉讼程序构建上追求程序独立缺乏

---

① 参见赵洪印:《民事速裁程序的构建》,法律出版社2021年版,第5页。

正当性基础和合理性依据[①]；有学者则通过分析域外民事速裁制度，类比德国将我国民事速裁制度分散于一审、上诉审理、特殊程序中进行分析[②]；有的则参照法国"分散性"与"集中性"并用的立法体例，将民事速裁程序划分为普通、简易、特殊和小额程序的"速裁审"[③]；还有学者提出，应将速裁作为推进诉讼进程的司法理念贯彻于所有民事诉讼程序中[④]，更加广泛地理解民事速裁内涵。另一部分学者则认为民事速裁仅是依托于简易程序制度下、简化诉讼程序的实践工作机制，这也是多数地方法院对民事速裁制度的定位[⑤]。因对民事速裁的定位混乱，各地法院各行其是。有的仅仅是在简易程序管理范围内加强管理提速；有的则将民事速裁作为简易程序前的调解机制，充当程序过滤手段。还有学者对此明确指出，民事速裁实践仅为司法实务部门为应对司法危机，由法院内部自创的审理简易案件的一种程序机制[⑥]。

持"肯定说"的学者们则认为，速裁程序应为区别于简易、特别等其他程序的、具有独立价值的民事程序。有学者通过分析速裁的运行误区与障碍，指出"在总体定位上速裁程序本身应当是一个独立的程序制度"[⑦]，有的学者则依据程序经济价值、程序选择权、诉讼契约等理论，指出"速裁程序在司法理念、价值追求上均区别于传统民事诉讼程序"[⑧]。还有学者则认为民事速裁程序定位混乱导致乱象纷呈，且简易程序的适用并未真正缓解程序对抗性，亟须从司法理念、程序运行、功能定位等方面赋予速裁独立的程序地位，凸显其大众化、效率最大化的程序

---

① 参见王晓利：《民事速裁程序之完善》，载《法学论坛》2013 年第 3 期。

② 参见程林：《德国的民事速裁程序制度及其借鉴意义》，载《西南政法大学学报》2011 年第 4 期。

③ 廖中洪：《"民事速裁"：类型、特征与设置原理研究》，载《现代法学》2011 年第 1 期。

④ 参见黄琨：《民事速裁内涵的把握及其未来展望——兼论民事速裁与小额诉讼、简易程序的关系》，载《人民论坛》2013 年第 17 期。

⑤ 江苏省高级人民法院《关于在基层法院开展民商事案件速裁工作的意见》（2016 年 9 月 12 日开始实施）指出"民商事案件速裁是指人民法院在适用简易程序审理民商事案件时，在法律允许的范围内进一步简化诉讼程序，提高审判效率的工作机制"；重庆市高级人民法院《关于推行民事案件速裁制度的暂行规定》（2016 年 10 月 11 日开始实施）第 1 条明确规定"速裁是指在当事人自愿的前提下对适用简易程序审理的简易民事案件实行快审快结的一种审判方式"；济南市中级人民法院《民事诉讼速裁案件流程管理规定（试行）》（2020 年开始实施）第 2 条明确规定"速裁指根据繁简分流的标准和规则……进行调解和快速审判的工作机制"。

⑥ 参见王晓利：《民事速裁程序之完善》，载《法学论坛》2013 年第 8 期。

⑦ 钱斌、李青春：《寻求公正与效率的衡平：民事速裁机制实践探微与本土化构建》，载《法律适用》2009 年第 1 期。

⑧ 吴新修：《独立民事速裁程序的制度探讨》，载《法律适用》2007 年第 3 期。

价值[①]。

(二)速裁程序实践运行困境

1. 片面求“快”未实际缓解人案矛盾

一方面,各地速裁程序的设计尚未跳出“简易程序再简化”“简易程序加速度”的优化路径[②],忽略了主体冲突的实际化解,特别是当事人纠纷对抗情绪的实质消融[③];另一方面,部分法院在速裁适用中片面求“快”,“以效率指标替代结案指标,将解决案件意识代替解决纠纷意识”[④],大量案件仅得到形式上的解决,而纠纷并未得到实质化解。根据学者实践调研显示,2020 年 S 省速裁案件达到 545,854件,最终以速裁结案的占到一审民商事结案的 65.36%,调撤率达到 54.57%[⑤]。仅重视纠纷“形式”化解而“工作人员诱导当事人选择调解”这种畸形的情况在实践中屡见不鲜[⑥],为了规避司法责任风险、提升速裁成功率,部分法官并未针对案件的性质合理选择调解,致使大部分“速裁”案件几乎变成了“速调”案件,无法保障诉讼效率与司法品质,民事速裁程序机制的高效解纷优势并未充分发挥。

2. 各地法院适用标准不一

因缺乏法律法规及相关司法解释的明确规定,实践中各地均在最高人民法院政策的指引下摸索着各自民事速裁机制的施行经验[⑦],在速裁程序启动、人员配置方案、裁判文书制作与送达、调解程序进行、庭审程序的简化等程序设置方面,呈

---

① 参见杨治:《独立民事速裁程序的建构》,载《人民司法》2010 年第 7 期。

② 参见吴英姿:《民事速裁程序构建原理——兼及民事诉讼繁简分流改革的系统推进》,载《当代法学》2021 年第 4 期。

③ 参见顾培东:《构建和谐社会背景下的纠纷解决之道》,载《纠纷解决与社会和谐》,法律出版社 2006 年版。

④ 钱斌、李青春:《寻求公正与效率的衡平:民事速裁机制实践探微与本土化构建》,载《法律适用》2009 年第 1 期。

⑤ 参见吴英姿:《民事速裁程序构建原理——兼及民事诉讼繁简分流改革的系统推进》,载《当代法学》2021 年第 4 期。

⑥ 参见周苏湘:《法院诉源治理的异化风险与预防——基于功能主义的研究视域》,载《华中科技大学学报(社会科学版)》2020 年第 1 期。

⑦ 参见彭世忠:《基层法院民事速裁改革的理论反观——以“中国特色社会主义法律体系形成”为背景》,载《求索》2011 年第 2 期。

现出“速裁地方化”的特征[①]，尚未统一速裁程序适用与速裁案件审理标准。有学者指出“简案快审”政策引导下案件的“繁”“简”分类受到各地法院的政策影响，其判断标准并不明晰、统一[②]。速裁程序定位的混乱，使各地法院各不相谋[③]。正因如此，速裁机制呈现地区发展不均衡实践难题，致使全国范围内并无统一的操作规范规制机制的运行。上述运行规制不一致的情形，极易引发当事人误解司法不公，加剧当事人与法院之间的矛盾，进一步危害司法权威和公信力。

3. 忽略当事人程序权益

（1）程序启动依法院职权。实践中，民事速裁程序多为法院依职权启动，更有甚者强制推行速裁程序，直接威胁当事人的程序选择权。例如，江苏省宿迁市中级人民法院发布的《关于进一步推进民商事案件繁简分流建立简案速裁机制的指导意见（试行）》，提出“法院认为必须强制适用速裁”的案件“应当”速裁，不得流转给其他业务庭[④]。案件是否适用速裁程序的选择权是双方当事人依自由意志处分的正当权利，虽然速裁程序在理论上能够加速当事人权利的实现，但基于程序正义理念，程序选择应充分尊重当事人意愿。实践中为达到上级法院下发的改革指标常忽略该因素，未经当事人同意依职权自行启动速裁程序的情形不胜枚举[⑤]。

（2）程序过度简化风险。2020 年最高人民法院周强院长在民事诉讼程序繁简分流改革试点动员部署会上强调要坚持“简化程序，不减损权利”的原则。鲍尔教授也指出：“鉴于德国过去悲剧性的经历，法院应探索各种方法，以加速法院审判程序，降低诉讼成本，并促使法官跟上社会变化和技术革新之步伐，但绝不能以牺牲只有独立的法院才能提供的司法保护为代价。”[⑥]在实践中，为了提高结案率，对各种诉讼程序进行压缩。简化举证、质证、辩论等程序的做法暂无直接、明确的法律依据，加之缺乏法官释法，进一步加剧程序隐含的风险，并未将“简化程序，不

---

① 参见吴丹盈：《功能与结构：民事诉讼程序的整合——以“普通—简易—小额—速裁”相互关系为视角》，载《中山大学法律评论》2020 年第 2 期。

② 参见侯国跃、刘玖林：《乡村振兴视阈下诉源治理的正当基础及实践路径》，载《河南社会科学》2021 年第 2 期。

③ 参见杨治书：《独立民事速裁程序的建构》，载《人民司法》2010 年第 7 期。

④ 参见吴英姿：《民事速裁程序构建原理——兼及民事诉讼繁简分流改革的系统推进》，载《当代法学》2021 年第 4 期。

⑤ 参见翁秀明、陈辉：《完善速裁机制　促进高效司法——山东东营中院关于速裁案件审理情况的报告》，载《人民法院报》2019 年 10 月 24 日，第 8 版。

⑥ ［意］莫诺卡·佩莱蒂等：《当事人基本程序保障权与未来的民事诉讼》，徐昕译，法律出版社 2000 年版，第 143 页。

减损权利”的原则落到实处。有学者指出，简易程序的扩大和普通程序的简易在一定程度上加剧了诉讼效率与司法品质之间的紧张关系①。在民事速裁领域，部分法院在启动速裁程序时要求当事人签署承诺书，将承诺书直接视为当事人“合意”放弃或缩短答辩期、举证期间，“自愿”跳过部分诉讼程序②。与此同时，还缺乏裁判后当事人的权利救济机制及程序转化衔接机制，加剧现行民事速裁程序与正当程序原则的背离。

二、路径选择：民事速裁机制的理性构建

（一）速裁机制的理论证成

1. 速裁概念廓清

民事速裁程序的实践推进中，各地高级人民法院虽相继出台了相关速裁程序规制，但各地的程序规制中并未对民事速裁程序的价值定位进行明确的规定。有些学者虽建议将速裁程序单列，实践中多数法院也建立起了独立的速裁庭（组），但并没有相对独立的速裁机制，名为速裁，实则是“加快的简易程序”，甚至有人认为速裁程序是小额与简易程序的简单附加，实践中速裁、小额、简易程序三者的界限也较为模糊，直接导致了民事速裁程序没有一个明确的定位③，这是造成上述民事速裁领域实践瓶颈的根本成因。

即使学界关于民事速裁程序的独立性有争议，但民事速裁程序对简繁分流、提高司法效率和司法质效具有不可忽略的独立价值。有学者通过现存的实践问题进行反向论证，指出“为构建适应社会需求的民事速裁程序，亟须突破现行法律规定，在立法层面探索速裁程序的制度建构”，即在定位上，不宜将其视为简易程序的附属程序④；还有学者指出我国现有简易程序的对抗性依旧很强，很多规则仍依附于普通程序，故亟待从司法理念、运行程序、功能定位等方面赋予速裁独立的程序价值⑤。本人认为，诉讼程序虽应将法律明文规定作为其运行基础以保障其

① 参见张海燕：《法院“案多人少”的应对困境及其出路——以民事案件为中心的分析》，载《山东大学学报（哲学社会科学版）》2018 年第 2 期。

② 参见吴英姿：《民事速裁程序构建原理——兼及民事诉讼繁简分流改革的系统推进》，载《当代法学》2021 年第 4 期。

③ 参见赵洪印：《民事速裁程序的构建》，法律出版社 2021 年版，第 102 页。

④ 参见钱斌、李青春：《寻求公正与效率的衡平：民事速裁机制实践探微与本土化构建》，载《法律适用》2009 年第 1 期。

⑤ 参见杨治：《独立民事速裁程序的建构》，载《人民司法》2010 年第 7 期。

程序稳定性，但不应以此作为否定民事速裁独立于其他诉讼程序的程序价值的决定性依据。每一次制度的简化虽在一定意义上意味着当事人权利的减损，但同时也在某些方面具有进步的价值取向，否则改变就失去了意义。速裁程序满足了法官和当事人在内的各个群体多元化的司法需求，可以有效缓解法院人案配比失衡困境，这正是速裁程序独立于现有诉讼程序的价值所在①。在民事速裁程序机制的理性构建中，虽从理论推导上直接推进具体立法存在一定难度，但不可否认的是亟须优先确立程序本身的独立法律地位，对其程序概念进一步廓清。

2. 明确功能定位

民事速裁程序立足于多元的价值取向，一方面，为当事人提供了多元的程序选择，以满足人民群众日益多元的司法需求；另一方面，能有效提高司法质效，缓解法院人案配比失衡。但若仅将缩短裁判周期、提高结案率、降低诉讼成本作为民事速裁审判机制的价值追求，甚至在实践中盲目追求效率，便略显单一。速裁程序最突出的特征虽为裁判的效率性，其与司法的公正价值一起上升至现有诉讼程序的最高位阶，但在提高诉讼效率同时兼顾司法公正是一根不可动摇的红线②。从法律的局部工具价值转到法律的目的价值，看似与法律公正基本价值背道而驰，实则是整体统一的。古谚“迟来的正义非正义”即准确地揭示了效率价值与公正共振共生的逻辑关系，唯有兼顾效率与公正，才能真正发挥速裁实效，实现“在付出最小代价的条件下尽可能地满足人们的各种要求”③的目标。

（二）速裁机制的规则设计

在顶层立法缺失的背景下，欲打破民事速裁机制的现实桎梏，充分保障当事人的程序权益，应就实践中多出现分歧的部分择取实践广泛的成熟方案，梳理出速裁共通规则，将散见于各地法院指导性文件中的速裁机制要素化、标准化、常态化，缩小地方法院的自由解释空间，实现程序结构的稳定和有序运行。

1. 确立“职权 + 合意”启动标准

民事速裁机制虽追求快速审结案件，但过度追求速度极易造成当事人程序利

---

① 参见赵洪印：《民事速裁程序的构建》，法律出版社 2021 年版，第 19 页。

② 参见马贵翔：《公正与效率调和的两条路径》，载《中国法学》2003 年第 1 期。

③ 章武生、吴泽勇：《简易程序与民事纠纷的类型化解决》，载《法学》2002 年第 1 期。

益的不当减损。司法程序的合理性建立在诉讼主体的认同和法官的方便运作之上[①]。在民事速裁程序案件的程序启动上，一味追求案件审理效率而忽略当事人意见不利于达到法律效果与社会效果的统一，但完全遵从当事人意见又可能造成案件拖延，最后损害当事人的实体权益。除此之外，实践中程序启动标准的随意性，也加剧了对速裁程序合法性的质疑[②]。为规制民事速裁的启动，在保障适宜案件尽可能适用速裁机制的上同时，还需强化当事人程序选择的保障[③]，应采取"职权 + 合意"的启动标准，一方面，可由法官对案件综合考量后依职权启动该程序。另一方面，当事人亦可根据诉求自行选择案件适用程序。为避免侵害程序自由选择权，法官依职权启动前需对当事人释法说明，同时保障当事人的异议权，当事人可以要求程序转换或变更审判业务庭。待启动模式确立后，即可探索技术手段的引入，保障程序选择权落到实处。

2. 保障"最低程序权益"

自 2001 年在各基层法院审理民商事案件中探索适用，民事速裁程序在实践中已得到较为广泛的运用。由于程序尚未得到民事诉讼立法体系的确认，随着繁简分流改革的深入推进，极易出现当事人程序权益未得到充分保障、片面追求司法审判的效率而忽视当事人寻求司法保护目的等多方面问题。在受特定周期与特定条件限制的诉讼活动中，绝对的实体公正是无法达到的，只有以预先设定的程序推定其结果达到了外在标准的方式对客观事实的真实性予以认定[④]。正当法律程序与适时审判请求权、权利有效保护请求权、程序上之平等、公正程序请求权并列为"程序基本权"[⑤]，对当事人的正当程序保障是实现司法公正的题中应有之义。囿于民事速裁程序现仍陷身于立法空白，各地程序乱象致使当事人权益无法切实保障，应统一设立最低程序保障标准，保障当事人程序权益与司法效率、案件审理效率与实质公正的价值衡平。

---

① 参见张榕：《完善我国小额诉讼机制的若干思考——兼论民事简易程序的完善》，载《甘肃政法学院学报》2005 年第 3 期。

② 参见杨宪银、李美芹：《基层法院民事速裁机制的实践探索与完善建议——以广饶县人民法院民事速裁机制运行为实例》，载《山东法官培训学院学报》2020 年第 2 期。

③ 参见杨宪银、李美芹：《基层法院民事速裁机制的实践探索与完善建议——以广饶县人民法院民事速裁机制运行为实例》，载《山东法官培训学院学报》2020 年第 2 期。

④ 参见[日]谷口安平：《程序的正义与诉讼》(增订本)，王亚新、刘荣军译，中国政法大学出版社 2002 年版，第 21 页。

⑤ 沈冠伶：《诉讼权保障与裁判外纷争处理》，台北，元照出版公司 2012 年版，第 7－34 页。

关于“最低限度标准”的设置问题，有学者指出应围绕当事人的听审权、异议权和程序转变权建立[①]，还有学者提出从程序选择权、公正审理权和程序救济权三个方面提炼程序保障标准[②]。笔者认为，在程序保障的机制建设上至少应保障当事人程序选择和变更权、知悉和陈述权以及程序异议权，在程序运行的过程中将其作为最低标准，做到当事人程序利益与司法效率兼顾。

（1）程序选择和变更权。无论是程序启动还是裁判适用的过程中，均应优先保障当事人程序选择与变更权，以此限制各地法院实施程序推进的“突袭”，为当事人创造程序自由选择、灵活变更的机会[③]。从当事人视角出发，民事程序选择权是法律赋予其追求实体真实和程序正义的自由选择权，程序选择权的存在，使当事人更多地参与诉讼活动，深化了以人为本的正义理念，增加当事人选择程序的灵活性，同时，也能平衡广大人民群众对司法公正和效率的需求[④]。

（2）知悉和陈述权。一方面，在当事人对速裁程序的适用不明确或了解不完全时，若严格恪守审判权“界限”，可能因对当事人程序利益保障不充分而导致法院裁判实质的不正义[⑤]。故应赋予当事人充分知悉权，强调法官释法明理，法院同时还应承担审酌义务，倾听、释明和完整记录以供当事人查阅[⑥]，为当事人诉权实现提供程序保障，使当事人方便理解、认识民事速裁制度，进而使程序瑕疵在公开透明、彰显当事人主体地位的制度空间中得以矫治[⑦]。另一方面，陈述权旨在保障当事人的参与，使当事人意见在实质上影响法院裁判[⑧]。在速裁实践中，压缩各程序恐引发正当性危机，通过保障当事人的平等、公开的陈述权，保障其在个案适用中充分进行理性讨论，抑制程序瑕疵，彰显程序公正。

（3）程序异议权。当事人异议权是行使程序约束力、限制程序主体任意性的

---

① 吴英姿：《民事速裁程序构建原理——兼及民事诉讼繁简分流改革的系统推进》，载《当代法学》2021 年第 4 期。

② 参见王德新：《小额诉讼的功能定位与程序保障》，载《江西社会科学》2022 年第 1 期。

③ 参见唐力：《司法公正实现之程序机制——以当事人诉讼权保障为侧重》，载《现代法学》2015 年第 4 期。

④ 参见赵洪印：《民事速裁程序的构建》，法律出版社 2021 年版，第 25 页。

⑤ 参见唐力：《司法公正实现之程序机制——以当事人诉讼权保障为侧重》，载《现代法学》2015 年第 4 期。

⑥ 参见郝振江：《德国非讼事件程序法的新发展》，载《河南省政法管理干部学院学报》2011 年第 2 期。

⑦ 参见朱福勇：《论对话式裁判对民事程序瑕疵之矫治》，载《社会科学》2016 年第 7 期。

⑧ 参见姜世明：《非讼案件法新论》，台北，新学林出版股份有限公司 2011 年版，第 40－41 页。

一项不可忽视的权利。速裁实践中，当事人无论是对法院适用速裁程序是否符合法律规定提出不同意见，还是对速裁过程中程序或实体权益问题存疑，均应赋予当事人在速裁过程中提出异议的权利。法院收到对方当事人异议后，首先采取形式审查方式进行审理。如果异议不构成实质抗辩的，不影响法官作出裁判；如果异议构成实质抗辩的，表明双方当事人存在民事权益争议，法官应当停止适用速裁程序。

3. 提供多元程序救济途径

所谓程序性救济，即对司法机关违背诉讼程序的行为加以矫正或补救，以使其恢复正当的制度[①]。民事速裁实行一审终审，成文法尚未赋予当事人除申请再审以外更多的救济途径[②]。又因程序简化，法律文书也有所简化，易引起当事人疑虑。若加强承办法官裁判后针对案件程序适用、事实认定和裁判依据等的口头释明，将有效消减当事人合理怀疑，提升案件质效。故应加速拓宽速裁当事人权利救济渠道，在提高诉讼效率的同时，完善判后答疑和案后回访机制。除此之外，通过判后法官释明义务、强化案后回访、简化再审启动等方式，实现诉后程序救济便捷化、智能化，为民事速裁的良性运转保驾护航[③]。

三、配套设计：规则进路的智能化辅助

（一）科技介入的价值分析

人工智能作为科技“新贵”，模仿人类思维、意识过程的深度学习被认为是其拥有智能的根本途径[④]。习近平总书记曾指出：“要遵循司法规律，把深化司法体制改革和现代科技应用结合起来，不断完善和发展中国特色社会主义司法制度。”[⑤]我国虽尚处于“弱人工智能阶段”，但探索以人工智能审判辅助性事物代替

---

① 参见廖永安：《论民事诉讼程序的监督和救济》，载《湘潭大学学报（哲学社会科学版）》1996 年第 2 期。

② 参见马啸驰：《浅议我国民事案件繁简分流机制改革新路径——基于法国商事紧急审理程序的比较考量》，载《安徽警官职业学院学报》2018 年第 2 期。

③ 党振兴：《民事诉讼繁简分流机制现状考察及进路探究——以 M 县人民法院繁简分流及案件分配探索为样本》，载《南海法学》2021 年第 6 期。

④ See ABU - MOSTAFAYS & MAGDON - ISMAILM：*LINHT*, *Learning Form Data*：*A Short Course*，Chicago：Aml - book，2012，p. 16.

⑤ 习近平：《坚定不移推进司法体制改革　坚定不移走中国特色社会主义法治道路》，载《新华日报》2017 年 7 月 11 日，第 1 版。

人力是发展趋势，现代化诉讼辅助机制尽可能地体现了人工智能是智慧法院建设的题中应有之义。数字时代需要“人工智能技术 + 速裁程序”，为繁简分流赋能，为解决矛盾纠纷和社会管理助力。

1. 科技介入的紧迫性

在我国经济的持续发展、价值观念日益多元化、社会矛盾频发的时代背景下，越来越多的民众在从事民商事活动时将司法救济作为利益救济途径的关键一步，与日俱增的司法需求带来的是法院“诉讼爆炸”和人案矛盾突出。风险社会的“不测之险”以前所未有的不确定性避开传统的法律制度，也对规则内容意义的确定性提出严峻的挑战。目前，民事速裁程序顶层立法缺乏，实践中各地乱象丛生，亟须统一标准规制，以保障当事人程序利益及程序稳定运行。人工智能在司法领域的创新应用已产生相应实效，能有效降低工作强度、提高工作效率。在人案矛盾突出的大背景下，探索符合案件特点的繁简分流机制亟待加强程序的规范化、技术化①，如何顺利保障速裁程序顺利开展，人工智能技术再一次被放在聚光灯下。

2. 科技介入的正当性

民事速裁程序采形式审查和简式裁判，并不涉及复杂的证据判断与说理论证。除此之外，其程序启动、审查判断与审理过程与要素式审判和电子诉讼人机对话模式高度匹配②。速裁程序应创新裁判程序的监管方式，传统的人盯人、人盯案的监管模式不再适应当前司法责任制改革的新标准③。充分发挥民事速裁程序以要素式审判为核心的优势，通过智能技术手段落实程序共同规则以突破现存困境和潜在风险，依托人工智能技术对速裁过程中的“异常”情况自动预警、实时提醒，提升民事速裁程序监督和管理的及时性、精准性和实效性。

3. 科技介入的可行性

智慧司法的发展前期，我国信息化建设侧重于审判管理方面而非审判本身④，而当前大数据与人工智能技术不再局限于传统流程管理，已拓展到“司法管理”领域之外的信息公开、诉讼辅助、案件审理、判决执行等环节。从司法公开的精准推

---

① 参见周蓉蓉：《论化解案件激增诉讼风险的进路与方法》，载《法律适用》2020 年第 24 期。

② 吴英姿：《民事速裁程序构建原理——兼及民事诉讼繁简分流改革的系统推进》，载《当代法学》2021 年第 4 期。

③ 参见李少平：《正确处理放权与监督　坚定不移全面落实司法责任制》，载《人民法院报》2018 年 3 月 28 日，第 5 版。

④ 参见左卫民：《信息化与我国司法——基于四川省各级人民法院审判管理创新的解读》，载《清华法学》2011 年第 5 期。

送、诉讼辅助的结果预测，到案件审理的证据统一化、裁判执行的执行风险预警，再到管理环节的案件量预测与案件偏离度预警，均打上了司法大数据与人工智能技术的烙印①。民事速裁程序的要素式审判模式适合进行技术处理，通过识别化语言编码植入计算机系统，同时推进系统对规则标准和案件事实判断的深度学习，逐步实现启动程序监督、最低程序保障以及当事人程序权益多元化救济等多方面速裁机制运行的动态管理，使程序运行更加系统、规范、客观。

（二）规则实施的智能化

1. 以辅助需求为导向

民事速裁共通性规则依托于人工智能具体展开，但仍应以技术辅助为导向。曾有学者尖锐指出我国各级司法机关是“技术乐观主义者”，对前沿科技在司法领域中的运用雄心勃勃②；人工智能作为智略与风险并存的跨时代产物，其“物”的属性注定此项技术仅能以“辅助性工具”的身份出现于智慧司法之中③。传统民事司法程序崇尚当事人地位的平等性、权利的处分性、程序参与的亲历性等价值追求，但智能技术介入带来便利的背后隐藏着算法黑箱、算法歧视、去现场化等风险，恐造成司法价值与技术取向的背离④。有学者曾提出智能化变革的顶层设计需建立在传统民事审判和纠纷解决理念的基础上，不得使之与传统民事审判和纠纷解决理念脱离⑤。弱人工智能时代，若让技术超出辅助性手段范畴，全面应用于审理程序、涉及实体权利，恐使司法权误入歧途。虽然人工智能内嵌概率程序，具有深度学习能力，但现阶段的智能程度却难以保障其独立作出公正合理、让人信服的个案裁判⑥。人工智能技术与速裁程序的融合需坚持技术辅助地位，避免过度依赖人工智能，防范司法改革沦为技术改革的异化风险⑦。

---

① 参见王禄生：《司法大数据与人工智能技术应用的风险及伦理规制》，载《法商研究》2019 年第 2 期。

② 参见中国社会科学院法学研究所、国家法治指数研究中心、法治指数创新工程项目组：《中国法院信息化第三方评估报告》，中国社会科学出版社 2016 年版，第 80 页。

③ 参见吴汉东：《人工智能时代的制度安排与法律规制》，载《法律科学（西北政法大学学报）》2017 年第 5 期。

④ 参见卢海燕：《治理能力现代化视阈下民事纠纷解决智能化研究》，载《广西社会科学》2020 年第 3 期。

⑤ 参见梁坤：《信息化时代庭审方式变迁的实证研究》，清华大学出版社 2018 年版，第 46 页。

⑥ 参见季卫东：《人工智能时代的司法权之变》，载《东方法学》2018 年第 1 期。

⑦ 王禄生：《司法大数据与人工智能技术应用的风险及伦理规制》，载《法商研究》2019 年第 2 期。

2. 互动式智能监督机制

民事程序的运行只有向理性对话转变，才能使裁判在充分理性对话的基础上获得确定性与合法性①。通过民事速裁程序的智能监督机制，叠加人机互动，以辅助机制为依托，督促速裁主体就程序启动和具体程序适用的相关事宜进行充分对话，可协助法官、诉讼当事人及其他参与人等诉讼主体归位，引导当事人由对抗转为包容，以此促进裁判结果的可接受性，确保速裁程序运行成果的稳定实现。

（1）程序启动监管。一方面，在速裁程序启动前，依托语义识别技术搭建"问诊式"智能辅助系统，为当事人提供速裁程序具体适用的释明服务，协助当事人通过智能语音或文字问答充分了解速裁程序的启动条件、适用规则等基础问题，引导当事人充分接纳信息、作出最接近其真实意识的理性判断，打破信息不对等所带来的潜在风险。另一方面，坚持"职权＋合意"标准，依托智能系统监管程序启动是否存在依职权的"一刀切"情形，在保证诉讼效率的同时，考虑诉讼参与人的多元化司法需求，为程序选择权提供充分保障。

（2）诉中权益保障。在程序选择、变更方面，需进一步强化诉讼过程保障当事人程序异议权、程序参与权的智能技术开发，且为规避算法歧视风险，在一定程度上还应限缩公权力机关在该技术开发上的单方主导②。在强化当事人的程序参与权的智能监管上，以智能手段赋能速裁程序全过程监督，将法官释明程度、当事人陈述权保障程度、速裁程序信息知悉程度纳入程序参与权的考评标准，并在个案实践中对考评不符合标准的程序进行预警提示，督促办案法官在保障结案率时兼顾当事人的程序参与权。除此之外，还需依托智能辅助系统保障程序异议权，智能提示告知诉讼参与人相应权益，并完善速裁过程中实时记录，保障当事人行使程序约束力的权利。通过大数据加强案件静默化监管，加强案件质量评查，落实主体责任，强化程序监督。

（3）事后程序救济。民事速裁程序是在保障诉讼参与人享有基本程序权益的基础上，通过简化程序流程，实现案件快速审结，进而平衡司法质效和司法效率。速裁程序不单单只适用于法律关系明确、案件事实清楚的小额纠纷，这要求审判机关在启动速裁程序及后续适用的过程中应有意识地采取手段以保障其裁判的正确性。除此之外，还应为遭遇司法不公的当事人提供易获取的程序救济。通过

---

① 朱福勇：《论对话式裁判对民事程序瑕疵之矫治》，载《社会科学》2016 年第 7 期。

② 参见曹建军：《诉源治理的本体探究与法治策略》，载《深圳大学学报（人文社会科学版）》2021 年第 5 期。

智能辅助系统，可完善判后答疑和案后回访机制，实时监督裁判结束后法官是否对裁判结果予以充分释明、是否对当事人的程序与实体疑虑充分解答，是否充分告知当事人程序救济途径，督促法院考虑当事人的救济路径，提升案件审理实效。与此同时，还应依托技术手段，简化再审启动程序，对存在重大程序瑕疵、亟须诉后救济等符合再审程序的情形，依当事人在线申请实现一站式程序启动的路径实践，保障诉讼参与人的事后程序救济。

结　语

待顶层立法明晰、程序适用规则统一、人工智能辅助技术运用更成熟后，可进一步建立以程序数据标注、提取为依托的案件事实数据库和适用规范数据库。在此基础上，进一步构建速裁程序的案件处理算法模型，尝试将“无人值守”技术模型引入民事速裁案件的诉讼活动中，向诉讼参与人提供全流程、各方面的智能司法服务新方案。开发民事速裁智能审判系统，梳理近年适用民事速裁程序，根据其类型化特点生成要素式解纷模型，努力搭建集数据采集、数据脱敏、数据融合、数据共享和数据预警为一体的一站式智能化速裁新模式①。通过在特定程序范围内以 AI 算法模型替代法官部分裁判工作，协调人机交互，充分满足当事人程序便利、裁判快捷、执行高效的诉讼需求。搭建数据资源库和统一指挥协调中心，发挥数据中台和网络后台大量数据沉淀挖掘分析功能，通过人机互动促进司法价值与技术取向协调统一。智能化程度更高之后，跳出运用现代新型工具对既有工作的形式改良型创新，探索人工智能时代对传统速裁程序体系、审判模式的革命性重构。

---

① 曹建军：《诉源治理的本体探究与法治策略》，载《深圳大学学报（人文社会科学版）》2021 年第 5 期。

论专利侵权惩罚性赔偿的智能裁判路径

——以 406 份裁判文书为样本的研究

韩青柯[*]

一、实证考察:当前专利侵权惩罚性赔偿适用中存在的问题

为了研究当前司法实践中专利侵权惩罚性赔偿存在的问题,运用“法意法学大数据实证研究平台”,对近三年中国裁判文书网及其他权威来源公布的裁判文书进行实证分析。总体的研究方法是,通过高级检索设定变量筛选出 2019 年至 2022 年的 406 份民事裁判文书样本,采用分析统计报告与人工阅读文书的方式,对目前专利侵权纠纷惩罚性赔偿的问题进行量化分析。

在全面检索专利侵权纠纷中涉及惩罚性赔偿的民事案件过程中,将核心检索条件设为“惩罚性赔偿”和“专利权侵权纠纷”。具体取样方法是:登录“法意法学大数据实证研究平台”(http://bigdata. lawyee. net/login),①在高级检索变量体系中,将民事案由设置为“专利权权属、侵权纠纷”、裁判年份设置为“在 2019 年与 2022 年之间”,以及全文包含“惩罚性赔偿”,共检索到符合条件的裁判文书 406 份。其中,2019 年 143 份,2020 年 184 份,2021 年 76 份,2022 年 3 份。侵害外观设计专利权纠纷 245 份,占比 60. 34%,侵害实用新型专利权纠纷 101 份,占比 24. 88%,侵害发明专利权纠纷 60 份,占比 14. 78%(见表 1)。通过阅读和研究样本,发现专利侵权纠纷中惩罚性赔偿在实践运行中存在以下问题。

---

* 韩青柯,西南政法大学人工智能法学院 2021 级人工智能法学专业硕士研究生。研究方向:人工智能法学。

本文系智能司法研究重庆市 2011 协同创新中心“科技创新类案的裁判智能化研究”(项目编号:XSXX202122)的研究成果。

① 登录日期为 2022 年 5 月 3 日。

表1　全案判决主罪名的数据（资料来源于法意）

全案判决主罪名	数量	百分比	有效百分比
侵害外观设计专利权纠纷	245	60.34%	60.34%
侵害实用新型专利权纠纷	101	24.88%	24.88%
侵害发明专利权纠纷	60	14.78%	14.78%

（一）惩罚性赔偿作为诉讼请求的适用率较低

在筛选观察的406份样本中，有6份支持了原告诉讼请求，有效百分比为1.48%。3份支持了原告请求判令被告赔偿经济损失，但不涉及惩罚性赔偿；①一份因不构成侵害专利权而不承担赔偿责任；另两份分别是一份管辖裁定书与一份维持原判的判决书。不支持原告诉讼请求的27份裁判文书中，有10份提出惩罚性赔偿的诉讼请求但未得到法院支持，②一份文书涉及法定赔偿。③ 由此可见，在专利侵权纠纷中，将惩罚性赔偿纳入诉讼请求范围的适用率较低，并且法院的支持率也不高。

（二）"故意"和"情节严重"认定标准不一致

根据现行《民法典》《专利法》的规定，惩罚性赔偿的法律适用要件由主观要件"故意"与客观要件"情节严重"构成。虽然《商标法》《反不正当竞争法》规定适用惩罚性赔偿的主观要件为"恶意"，但2021年最高人民法院《关于审理侵害知识产权民事案件适用惩罚性赔偿的解释》第1条第2款明确了故意包含恶意。通过仔细阅读裁判文书样本，专利侵权纠纷中涉及适用惩罚性赔偿的，认定为"故意"

---

① 参见陕西省西安市中级人民法院民事判决书，(2021)陕01知民初379号；浙江省宁波市中级人民法院民事判决书，(2019)浙02民初1054号；陕西省西安市中级人民法院民事判决书，(2019)陕01知民初1387号。

② 参见广州知识产权法院民事判决书，(2021)粤73民初1703号；最高人民法院民事裁定书，(2021)最高法知民终1387号；最高人民法院民事裁定书，(2021)最高法知民终1472号；浙江省杭州市中级人民法院民事判决书，(2021)浙01知民初78号；上海市高级人民法院民事判决书，(2021)沪民终361号；上海市高级人民法院民事判决书，(2021)沪民终362号；最高人民法院民事判决书，(2021)最高法知民终623号；山东省济南市中级人民法院民事裁定书，(2021)鲁01知民初604号；浙江省宁波市中级人民法院民事判决书，(2020)浙02民初85号；江苏省南京市中级人民法院民事判决书，(2019)苏01民初1075号。

③ 最高人民法院民事判决书，(2020)最高法知民终1433号。

主要包含以下情形：侵权行为人长时间地持续侵犯专利权人的权利、侵权行为人侵权范围广、假冒专利行为、重复侵权。同时，在认定“情节严重”时主要考量侵权次数和侵权后果，一般要求侵权人有至少两次侵权行为或者其行为造成专利权人的权益极大损害。最高人民法院《关于审理侵害知识产权民事案件适用惩罚性赔偿的解释》第 3 条和第 4 条分别规定了对于侵害知识产权的故意、情节严重的认定应当参考的因素，并列举了部分可以初步认定的情形，但是将其运用到具体专利侵权领域，仍存在不够明确、标准不一致的困境。

（三）惩罚性赔偿金的数额难以确定

根据《专利法》的规定，惩罚性赔偿金的数额由赔偿基数和倍数确定，赔偿基数包括被侵权人的实际损失、侵权人获得的利益和专利许可使用费倍数三种，统称为“数量计算规则”。在阅读裁判文书时发现存在被告故意侵权且情节严重，但由于原告实际损失、被告获得利益或许可使用费无法计算，选择适用法定赔偿而未适用惩罚性赔偿。有学者也通过对知识产权侵权案例的实证研究得出类似的结论，法官在审理专利侵权案件过程中适用损害赔偿规则时，多数基于赔偿基数未查明，选择适用“法定赔偿”而放弃适用惩罚性赔偿进行判赔。①

二、追本溯源：专利侵权惩罚性赔偿适用中存在问题的原因剖析

前文通过实证研究发现，当前专利侵权纠纷中涉及惩罚性赔偿的，存在“惩罚性赔偿适用率较低”“故意和情节严重认定标准不一致”“赔偿金的数额难以确定”等问题，通过进一步研究分析，笔者认为下列因素是主要成因。

（一）与其他知识产权赔偿制度混同导致惩罚性赔偿适用率低

《民法典》第 1185 条总括性规定了知识产权的惩罚性赔偿，2020 年新修正的《专利法》第 71 条第 1 款中规定：“对故意侵犯专利权，情节严重的，可以在按照上述方法确定数额的一倍以上五倍以下确定赔偿数额。”正式确立了在专利法领域的惩罚性赔偿制度。在《专利法》修改之前，有关司法解释规定了专利纠纷案件中损害赔偿的计算方式，如最高人民法院《关于审理专利纠纷案件适用法律问题的

---

① 参见詹映：《我国知识产权侵权损害赔偿司法现状再调查与再思考——基于我国 11984 件知识产权侵权司法判例的深度分析》，载《法律科学（西北政法大学学报）》2020 年第 1 期。

若干规定》(法释〔2015〕4 号)、最高人民法院《关于审理侵犯专利权纠纷案件应用法律若干问题的解释》(法释〔2009〕21 号)、最高人民法院《关于审理侵犯专利权纠纷案件应用法律若干问题的解释(二)》(法释〔2016〕1 号)。2013 年《商标法》第三次修正在第 63 条中首次引入知识产权中的惩罚性赔偿制度,[①]2019 年第四次修正提高了惩罚性赔偿的倍数,规定为"在一倍以上五倍以下确定赔偿数额",而《著作权法》第 54 条也作出了类似规定[②]。综上,我国知识产权领域已经普遍建立了惩罚性赔偿制度。

专利权作为知识产权的一种,专利侵权纠纷中适用惩罚性赔偿与其他知识产权具有共性。第一,基于知识产权的无形性,商标、专利和著作权领域都存在侵权发生易、赔偿低、恢复难的困境。[③] 适用补偿性赔偿不足以威慑侵权人,其理论依据填平原则没有充分考虑知识产权的特征,引入适用惩罚性赔偿正是解决问题的一剂良方。[④] 第二,目前我国关于专利侵权惩罚性赔偿制度的立法模式与其他知识产权的立法模式一致,适用条件均为"故意"和"情节严重",赔偿数额的计算方式都是在补偿性赔偿数额的一倍以上五倍以下确定赔偿数额。实践中,知识产权惩罚性赔偿制度在整体上存在司法适用进程缓慢与适用情况不乐观的现象。部分案件虽被称为知识产权惩罚性赔偿案例,但实质上是适用法定赔偿进行计算,未严格按照惩罚性赔偿适用要件判赔,此类案件只能称为"类惩罚性赔偿案件"。[⑤] 因此,在专利侵权纠纷中,法定赔偿易适用导致其泛化适用,当事人难以将惩罚性赔偿作为诉讼请求之一,而法院对其支持率也较低。

(二)缺少适用标准与考量因素导致对"故意""情节严重"认定不一致

我国《民法典》《著作权法》《商标法》《专利法》《反不正当竞争法》《种子法》都规定了惩罚性赔偿条款,立法表述条文大致一致,即构成要件为"故意"和"情节

---

① 《商标法》(2013 年修正)第 63 条中规定:"对恶意侵犯商标专用权,情节严重的,可以在按照上述方法确定数额的一倍以上三倍以下确定赔偿数额。"

② 《著作权法》第 54 条中规定:"对故意侵犯著作权或者与著作权有关的权利,情节严重的,可以在按照上述方法确定数额的一倍以上五倍以下给予赔偿。"

③ 参见蒋华胜:《知识产权惩罚性赔偿制度研究:立法检视与司法适用——兼论我国〈民法典〉第 1185 条法律规范的体系化构建》,载《中国应用法学》2021 年第 1 期。

④ 参见胡海容、雷云:《知识产权侵权适用惩罚性赔偿的是与非——从法经济学角度解读》,载《知识产权》2011 年第 2 期。

⑤ 参见刘军华、叶明鑫:《知识产权惩罚性赔偿与法定赔偿的协调适用》,载《中国应用法学》2021 年第 1 期。

严重”。但在法律条文中未明确定义“故意”“情节严重”,缺少细化规定。2020年4月北京市高级人民法院发布的《关于侵害知识产权及不正当竞争案件确定损害赔偿的指导意见及法定赔偿的裁判标准》,规定了“恶意”一般为直接故意、“情节严重”一般是指被诉行为造成了严重损害后果、侵害商标权“情节严重”的认定、侵害商业秘密“情节严重”的认定。① 2020年10月天津市高级人民法院发布的《关于知识产权侵权案件惩罚性赔偿适用问题的审判委员会纪要》,列举了可以认定为“故意”“情节严重”的部分情形。2021年3月最高人民法院《关于审理侵害知识产权民事案件适用惩罚性赔偿的解释》是我国第一个涉及知识产权侵权惩罚性赔偿的司法解释,该解释旨在正确实施知识产权惩罚性赔偿制度,全面加强知识产权保护,明确了故意包含恶意、认定故意的综合考虑因素和初步认定故意的类型化情形、认定情节严重的综合考虑因素和类型化情形。② 但是上述司法解释的规定存在差异,如证据妨碍的行为属于“故意”还是“情节严重”、是否有综合考虑因素、属于初步认定还是直接予以认定的情形等。现行法律规范中关于惩罚性赔偿的适用条件大部分属于对侵害著作权、商标权、商业秘密的规定,而缺少专门针对认定侵害专利权的较为细化的规定。

关于专利侵权惩罚性赔偿的适用条件学界也是众说纷纭,一方面体现在对“故意”的内涵理解,另一方面是针对“故意”与“情节严重”的关系。关于“故意”的解释主要有意思主义与观念主义两种学说,史尚宽先生提出“依意思主义,行为人不独知其行为之结果,而只需有欲为之意,依观念主义,则以有行为结果之预见为已足”③。学者王利明主张在侵害知识产权领域应当采纳观念主义,即只要知道行为足以造成损害结果即可,惩罚性赔偿中的故意应当仅限于直接故意,把放任损害结果发生的故意纳入其中会使故意的概念过于宽泛。④ 学者张广良认为基于知识产权的权利特点,惩罚性赔偿仅应适用于直接故意侵权的情形。⑤ 学者朱理则提出知识产权领域下惩罚性赔偿的“故意”包括直接故意和间接故意,因为直接故意与间接故意均是蓄意行为且难以区分,两者在道德上具有几乎相同的可责难

---

① 参见北京法院网,https://bjgy.chinacourt.gov.cn/article/detail/2020/04/id/5090617.shtml。

② 参见国家法律法规数据库,https://flk.npc.gov.cn。

③ 史尚宽:《债法各论》,中国政法大学出版社2000年版,第112页。

④ 参见王利明:《论我国民法典中侵害知识产权惩罚性赔偿的规则》,载《政治与法律》2019年第8期。

⑤ 参见张广良:《知识产权损害赔偿惩罚体系的构建》,载《法学》2020年第5期。

性,故在适用惩罚性赔偿方面宜同等对待。①

(三)未严格适用计算方法导致赔偿金数额难确定

惩罚性赔偿金数额的计算大致步骤是在确定赔偿基数的基础上乘以与案情相适应的赔偿倍数,并且赔偿倍数限定在一倍以上五倍以下。一方面,确定赔偿基数主要依据数量计算规则。只有在赔偿基数能够确定的情况下,才存在适用惩罚性赔偿的基础,在上述赔偿基数无法确定的情况下,则不能适用惩罚性赔偿②。但是,在司法实践中存在将法定赔偿作为惩罚性赔偿基数的现状,惩罚性赔偿与法定赔偿应当各司其职。法律规定法定赔偿与惩罚性赔偿不能并用,原因在于两者都具有惩罚性功能,在侵权人具有主观恶意的情况下确定的赔偿数额,无论是基于补偿性赔偿的数额基数再乘以惩罚性赔偿的倍数,还是直接适用法定赔偿确定的损失金额,都具有惩罚的功能。③ 同时,还应注意惩罚性赔偿数额以补偿性赔偿为基础,惩罚性赔偿与补偿性赔偿系两个请求权基础,前者依附于后者,若无补偿性损害赔偿请求权,则不发生惩罚性赔偿,惩罚性赔偿不能单独存在。④

另一方面,关于赔偿倍数的认定。《专利法》尚未规定法院在一倍以上五倍以下的幅度内确定具体倍数时的考量因素与具体标准,司法解释仅仅概括地规定了确定赔偿倍数时必须综合考虑被告主观过错程度、侵权行为的情节严重程度等因素。⑤ 在进行裁判文书的实证分析时,发现法院大多直接酌定惩罚赔偿的倍数,并且没有详细具体地阐述所考量的因素,裁判文书说理部分存在欠缺。一倍至五倍的赔偿倍数在司法适用中存在宽泛的裁量空间,导致赔偿数额难以确定,缺少统一化数额确定标准。在知识产权惩罚性赔偿制度的适用中,合理的赔偿数额能最大程度满足知识产权人的利益诉求,有效遏制侵权行为的发生。⑥

---

① 参见朱理:《专利侵权惩罚性赔偿制度的司法适用政策》,载《知识产权》2020 年第 8 期。

② 参见苏志甫:《论我国知识产权惩罚性赔偿制度的目标、定位与司法适用》,载《中国应用法学》2021 年第 1 期。

③ 参见孙那:《民法典视阈下知识产权惩罚性赔偿与法定赔偿的司法适用关系》,载《知识产权》2021 年第 4 期。

④ 参见王泽鉴:《损害赔偿》,北京大学出版社 2017 年版,第 359 页。

⑤ 最高人民法院《关于审理侵害知识产权民事案件适用惩罚性赔偿的解释》第 6 条规定:“人民法院依法确定惩罚性赔偿的倍数时,应当综合考虑被告主观过错程度、侵权行为的情节严重程度等因素。因同一侵权行为已经被处以行政罚款或者刑事罚金且执行完毕,被告主张减免惩罚性赔偿责任的,人民法院不予支持,但在确定前款所称倍数时可以综合考虑。”

⑥ 参见何国强:《知识产权惩罚性赔偿的数额量定》,载《广东社会科学》2022 年第 3 期。

三、进路思索:专利侵权惩罚性赔偿与智能化衔接

目前,专利侵权领域的惩罚性赔偿制度在适用过程中呈现出新的问题和变化,可以从明确惩罚性赔偿的功能定位、完善其适用条件、细化赔偿金数额的计算方法等方面予以应对。

(一)域外专利侵权惩罚性赔偿的适用经验

1. 域外惩罚性赔偿的适用条件

惩罚性赔偿制度起源于英美法诸多案例,最初由英国侵权法创设,称为示范性赔偿(exemplary damages),在美国法中称为报复性赔偿(punitive damages)。[①] 1623 年英国颁布《垄断法规》,规定法院认为诉讼事由成立即可判定侵权人支付高于实际损失三倍的损害赔偿,之后在《专利法》附则中提及了类似惩罚性赔偿的附加赔偿金,在《版权、设计与专利法》中规定惩罚性赔偿的适用条件,要求专利侵权人主观是恶意的,并考量客观上实施侵权行为所获的利益[②]。专利侵权惩罚性赔偿在美国专利法上有两百多年历史,其适用的前提条件是故意侵权,对于故意侵权的认定标准从早期的被告知道专利存在并具有调查义务,到被告因不提供律师意见而进行不利推断原则,再到推翻不利推断原则而提出对原告的主客观证明标准,2016 年美国最高法院否定了联邦巡回上诉法院的客观标准,仅保留主观标准,确定原告的证明责任为优势证据规则[③]。大陆法系国家主张惩罚性赔偿制度有着背弃民刑分立的法律逻辑,德国专利侵权领域主张私法领域的损害赔偿应继续适用完全补偿原则,排斥惩罚性赔偿制度,也没有区分一般侵权行为和故意侵权行为,即专利侵权人主观上的恶性程度对案件的审判和结果并不产生影响[④]。

2. 域外惩罚赔偿金数额的计算方法

美国法院在计算专利侵权的惩罚性赔偿数额时,以补偿性损害赔偿数额为基数乘以不超过三倍的倍数,赔偿基数主要包括专利权人所失利益和专利许可费,其中权利人所失利益由所失的销售、价格侵蚀与增加的成本三部分组成,一般情

---

① 参见张新宝、李倩:《惩罚性赔偿的立法选择》,载《清华法学》2009 年第 4 期。

② 参见李捷:《域外专利侵权惩罚性赔偿法律制度研究与借鉴》,中国政法大学出版社 2018 年版,第 175 页。

③ 参见张慧霞:《美国专利侵权惩罚性赔偿标准的新发展》,载《知识产权》2016 年第 9 期。

④ 参见杨熠:《浅谈我国专利侵权惩罚性赔偿制度之构建》,载《东南大学学报(哲学社会科学版)》2018 年第 S2 期。

况下由专利权人证明其损失与侵权行为之间的因果关系，证明标准遵循优势证据规则①。此外，优先适用专利权人所失利益，法院最终判决的赔偿数额不能低于侵权行为人支出的专利使用费。以德日为代表的大陆法系国家没有在立法中正式规定惩罚性赔偿条款，但是目前德国法院普遍认同损害赔偿不应当仅限于填补损害的传统观念，在损害赔偿计算方式上有着一定的惩罚性色彩②。日本在《民事诉讼法》新设“相当损害额认定”条文③，以及《专利法》规定“赔偿额的推定”条款弱化了既往复杂的因果关系认定问题。

（二）专利侵权惩罚性赔偿的理论完善

1. 明确专利侵权惩罚性赔偿的功能定位

专利侵权领域的惩罚性赔偿与其他知识产权的惩罚性赔偿、专利侵权的其他损害赔偿制度存在独特之处，厘清专利侵权惩罚性赔偿的功能定位，能有效提高其司法适用率，发挥其应有的功能与效用。惩罚性赔偿是一种集补偿、制裁、遏制等功能于一身的制度④，知识产权领域惩罚性赔偿的补偿功能是“回头看”，即考虑如何界定之前的责任以便重新分配纠纷双方当下的利益，惩罚功能是“往前看”，即关注当前决定所发挥的示范效用，产生好的诱因而催生值得鼓励之行为⑤。专利侵权惩罚性赔偿通过对侵权人施以高额赔偿金，将惩罚的法律效果作用于侵权人的主观心态，使其在未来的行为中施加合理的注意⑥，从而在市场中建立优质的专利制度秩序。我国知识产权损害赔偿制度是以补偿性赔偿为主、惩罚性赔偿为辅，在专利侵权领域适用惩罚性赔偿制度应当遵循其法律定位。惩罚性赔偿以补偿性赔偿为基础，同时惩罚性赔偿与法定赔偿相互独立，既要限制惩罚性赔偿的适用条件防止其滥用，又要协调与法定赔偿的关系以保障其准确适用。一方面，合理限缩惩罚性赔偿的适用条件，主要是基于其增加侵权威慑的同时容易滋

---

① 参见李磊：《美国专利侵权损害赔偿额的计算及借鉴意义》，载《宁夏社会科学》2016 年第 3 期。

② 参见［奥］海尔穆特·库奇奥：《损害赔偿法的重新构建：欧洲经验与欧洲趋势》，朱岩译，载《法学家》2009 年第 3 期。

③ ［日］潮见佳男、姜荣吉：《作为法官裁量问题的“相当损害额”——以日本〈民事诉讼法〉第 248 条的适用为中心》，载《北方法学》2014 年第 5 期。

④ 参见黄薇主编：《中华人民共和国民法典侵权责任编释义》，法律出版社 2020 年版，第 64 页。

⑤ 参见张富强、许健聪：《完善我国著作权惩罚性赔偿立法的思考——基于法经济学“效益最大化原则”的分析》，载《知识产权》2015 年第 8 期。

⑥ 参见邓雨亭、李黎明：《专利侵权惩罚性赔偿之威慑机理与规则适用研究：以法经济学为视角》，载《知识产权》2020 年第 8 期。

生专利侵权诉讼的寻租空间，甚至催生“专利流氓”[①]，而通过限制惩罚性赔偿的数额可以缓解此矛盾，防止惩罚赔偿标准的扩大化，出现过度惩罚侵权人的现象。另一方面，协调惩罚性赔偿与法定赔偿的适用，法定赔偿以应对部分损害难以确定的情形，一般须在法律明文规定时方能适用[②]。由于专利侵权纠纷中适用惩罚性赔偿存在基数与倍数难以确定的困难，而法定赔偿可以以非精细化的计算方式加以采用，故司法裁判过程中大部分采用了本是兜底性的法定赔偿方案。明确惩罚性赔偿的功能定位，对于满足故意且情节严重的侵权情形，应当以数量计算规则确定赔偿计算基数，严格按照法律规定适用惩罚性赔偿条款。

2. 明晰专利侵权惩罚性赔偿的适用条件

大多数情况下，法律规定的惩罚性与适用要件的明晰度呈正相关。《专利法》规定惩罚性赔偿的适用条件为故意和情节严重，首先，关于故意的含义，故意侵权是侵权法发展早期最主要的侵权形式[③]，惩罚性赔偿更重要的是对故意侵权人加以严苛的赔偿责任[④]，基于前文对意思主义与观念主义的论述，笔者认为，专利侵权纠纷中适用惩罚性赔偿应当将“故意”限于直接故意。其次，关于故意的具体认定。一方面，在认识因素上，要求行为人实施行为时知晓会侵害他人的具体专利权，其行为具有侵犯专利权的高度可能性，此认定可以通过客观化的证据予以证明[⑤]。另一方面，在意志因素上，故意侵权要求行为人希望侵权结果发生。其中两者相关的事实认定大部分是相关联的。在司法具体裁判过程中，认定故意需要结合多个事实因素而综合判断，进而综合考量全案相关事实以具体判断侵权事实。最后，关于情节严重的认定，是从行为人的外在表现与造成的后果等客观层面对专利侵权的认定。惩罚性赔偿在本质上是一种对侵权行为严重错误性的评价机制，对其制度设计应当体现责难性，而将情节严重作为客观要件可以实现“罚当其责”[⑥]，司法实践中认定情节严重可以从侵权手段是否恶劣、侵权时间长短、是否完

---

① 参见李晶、林秀芹：《专利侵权惩罚性赔偿的法经济学分析》，载《国家行政学院学报》2016 年第 3 期。

② 参见张红：《恶意侵犯商标权之惩罚性赔偿》，载《法商研究》2019 年第 4 期。

③ 参见马栩生：《比较法视野下故意侵权理论体系之构建》，载《法学评论》2010 年第 4 期。

④ 参见［美］罗杰·谢科特、［美］约翰·托马斯：《专利法原理》，余仲儒等译，知识产权出版社 2016 年版，第 299 页。

⑤ 参见张武军、张唯玮：《专利侵权惩罚性赔偿问题研究》，载《科技进步与对策》2019 年第 20 期。

⑥ 徐聪颖：《知识产权惩罚性赔偿的功能认知与效用选择——从我国商标权领域的司法判赔实践说起》，载《湖北社会科学》2018 年第 7 期。

全以侵权为业等方面考虑。

3. 严格适用赔偿金低精度期待的计算方法

在理论上完善专利侵权惩罚性赔偿金的计算方法主要是降低其计算方法的精度期待，与严格适用赔偿金计算规则的适用顺序、赔偿基数、赔偿倍数等步骤。第一，知识产权损害赔偿计算规则要求较为严格、司法裁判理念存在高精度期待等因素，造成实际损失、侵权获利、许可费倍数等赔偿基数的适用难①，因此可以通过更新现有的司法裁判理念，以低精度期待视角看待惩罚性赔偿金的计算规则，改变现行法已经规定但司法适用率低的计算方法现状。第二，目前知识产权领域损害赔偿计算规则的适用顺序有两种模式：一是如《日本专利法》规定的平行模式，对数量计算规则不设置顺位，可以自由选用②；二是顺位模式，又称固定选择模式，有学者认为设置适用顺位的方式不便于数量计算规则的功能发挥，若权利人实际损失小于侵权人违法所得，坚持顺位会出现侵权人赔偿权利人损失后还有盈余的情况③。针对当前我国司法实践对惩罚性赔偿的适用，应当遵循以权利人的损失为基准、以完全补偿为目标，灵活适用现行法律规定的“以补偿性赔偿为基础，以惩罚性赔偿为补充，法定赔偿作为补偿性赔偿的兜底”④。第三，细化有关惩罚性赔偿基数的认定标准。一是被侵权人的实际损失或侵权人的获得利益。根据最高人民法院《关于审理专利纠纷案件适用法律问题的若干规定》的规定，权利人因被侵权所受到的实际损失，根据专利权人的专利产品因侵权所造成销售减少的总数乘以每件专利产品的合理利润所得之积计算；侵权人因侵权所获得的利益可以根据该侵权产品在市场上销售的总数乘以每件侵权产品的合理利润所得之积计算。⑤ 该司法解释规定的计算方式具有合理性⑥，但在前文的实证分析中发现具体裁判中较少采用，主要是因为计算的基础与举证存在一定困境。二是专利许可使用费倍数，目前我国参照在先许可协议，但是可以通过借鉴域外的优秀经验尝试多样化的计算方式，如分析计算法、假想协商法。第四，惩罚赔偿倍数的确定。有学者提出惩罚性赔偿的制度构造是经济逻辑上惩罚基准与惩罚倍数两个

---

① 参见吴汉东：《知识产权损害赔偿的市场价值基础与司法裁判规则》，载《中外法学》2016 年第 6 期。

② 参见徐小奔：《论专利侵权合理许可费赔偿条款的适用》，载《法商研究》2016 年第 5 期。

③ 参见陶鑫良、袁真富：《知识产权法总论》，知识产权出版社 2005 年版，第 334 页。

④ 边仁君：《专利侵权损害赔偿规则的标准、困境与重构》，载《知识产权》2021 年第 3 期。

⑤ 最高人民法院《关于审理专利纠纷案件适用法律问题的若干规定》第 14 条、第 15 条。

⑥ 参见张鹏：《知识产权惩罚性赔偿制度的正当性及基本建构》，载《知识产权》2016 年第 4 期。

基础变量的乘积[①],我国现行专利法责任规范中没有对惩罚倍数作出认定。在确定惩罚赔偿基数后,考量赔偿倍数的主要参考因素,划定赔偿倍数的区间范围,进而考虑其他因素,在区间内以每格增加或降低的方式最终确定赔偿倍数,逐步精细化确定赔偿倍数的步骤。

(三)惩罚性赔偿适用条件、计算方法与智能化的衔接

上文从理论层面剖析了专利侵权领域的惩罚性赔偿制度,主要基于惩罚性赔偿的功能定位、适用条件与计算方法三方面提出了司法适用建议。但是对于惩罚性赔偿的适用条件与计算方法仅仅从理论上进行改进,不足以解决其在适用过程中的问题与困境。裁判智能化通过对法律推理和司法裁判的模仿,通过要素分割的路径来解决人脑知识和记忆的有限性,为法官裁判提供更多可供参考的意见[②]。在专利侵权纠纷中涉及惩罚性赔偿适用时,通过对既往司法案例的深度学习,以类案推送为基础,搭建赔偿金计算方法的智能化模型,实现裁判智能化。

四、专利侵权惩罚性赔偿智能裁判的模型构建

(一)以类案推送辅助认定惩罚性赔偿条款的适用

司法中对于“类案”的大致理解为在审理案件时存在与此案相类似的既往案件,要求法官检索和比对此案件群[③]。借助人工智能实现类案类判最初是为了应对司法过程中裁判尺度不统一、类案不同判、量刑不规范等问题。通过类案检索与报告既能实现司法公正,又能提高裁判的质效。公平正义的原本要求就是在审判活动中,对相似案情的不同当事人给予相似的裁判,同时类案有助于法官在审理疑难新案件时厘清裁判思路。类案推送系统主要是提取案情要素和依靠知识图谱建立类案库,并通过随机森林实施类案匹配[④]。2018 年最高人民法院上线运行“类案智能推送系统”,其不断优化数据库、提升检索精准度与建立推送标准等,人工智能辅助类案类判发挥着拓宽裁判思路和裁判思维的效用,从而保证司法统

---

① 参见邢会强:《内幕交易惩罚性赔偿制度的构造原理与现实选择》,载《中国社会科学》2018 年第 4 期。

② 参见吴习彧:《司法裁判人工智能化的可能性及问题》,载《浙江社会科学》2017 年第 4 期。

③ 参见高尚:《司法类案的判断标准及其运用》,载《法律科学(西北政法大学学报)》2020 年第 1 期。

④ 参见李世宇:《司法大数据在类案裁判中的应用探索》,载《郑州大学学报(哲学社会科学版)》2018 年第 1 期。

一适用与提升法院裁判质效。

类案推送系统运用于专利侵权的裁判过程主要解决惩罚性赔偿适用条件的问题，辅助法官确定此案是否适用《专利法》第71条惩罚性赔偿条款。首先，在设定类案推送系统前应当细分专利侵权领域的不同侵权场景，场景是最真实的以人为中心的体验细节，在对既往案例的时间、地点、人、事件等进行深度学习基础上，明确具体场景的构成因素，如专利侵权细分为侵害发明专利权纠纷、侵害实用新型专利权纠纷、侵害外观设计专利权纠纷以及假冒他人专利纠纷的场景。同时，应当注重类案推送产品的司法运用定位，以人民法院为开发视角。其次，对海量司法数据进行清洗，以防范数据在适用中的风险。类案推送系统的实质是一套全量检索大量案例的逻辑，进而向法官推送全面且精确的相似案例。在收集司法数据环节，注重提升数据的质量，对结构化、非结构化、半结构化与复杂结构化数据进行分别处理，并且对不同类别的裁判文书进行标签，以确保数据清洁有效。最后，类案推送中的计算环节，从信息提取到知识图谱需要将整个专利侵权案件的裁判过程模型化，目前技术需要依靠人工智能与人力的结合，由人工设定方向，机器通过智能算法获得结果与目标匹配，再由人进行标注，其间此过程需要不断反复。将类案推送系统的地位限定为辅助功能，主要是当前类案推送仍存在对案情中需要认知的要素进行理解与识别时“不智能”的缺陷。借助经过机器深度学习的类案推送系统，为法官在裁判专利侵权案件时认定惩罚性赔偿的适用条件提供方向。

（二）搭建赔偿金额的智能计算模型

目前关于“计算模型”尚未明确其定义，但大致可以分为图灵计算与模拟计算，最初的人工智能将图灵计算作为其理论基础模型①。专利侵权纠纷在经过类案推送辅助确定适用惩罚性赔偿制度的前提下，下一步需要确定惩罚性赔偿的金额，现行《专利法》以及相关司法解释规定了较为细致的步骤，但在司法实践中仍需要法官结合具体个案进行裁量。通过构建关于惩罚性赔偿金额的智能计算模型，以相似案情的赔偿金计算为基础，有效降低法官裁量的难度与偏离。第一，搭建智能计算模型需与上文惩罚性赔偿适用条件的类案推送系统相衔接，对既往案例的案件详情部分进行抽取。以裁判文书为例，建立专利侵权纠纷惩罚性赔偿的

---

① 参见张寅生：《新一代人工智能计算模型的创新及其哲学意义》，载《学术界》2021年第5期。

实验数据集合，对从语料库抽取的词句进行排序，再设置细致的检索条件与规则以便从裁判文书中抽取与案件事实高契合度的语句。同时，对案情内容中关键词项进行识别与分析，完善部分未登录词句的收录，以此提供精准的类案计算数据集合。第二，将赔偿金的计算作为一项检索任务，检索与给定的案情内容相似的裁判文书，整体上将全案案件要素视为一体进行数据库的相似度匹配。设置针对不同相似度案例间的评分环节，根据评分高低进行同类案件的排序，最后由人工判别是否采用某个专利侵权案件惩罚性赔偿的计算模型。惩罚性赔偿金由赔偿基数与赔偿倍数构成，智能计算模型需对每项要素进行相似度匹配。值得一提的是，目标案件与检索案件具有相似性或类案性，故对于案件的匹配度更加重视查准率。第三，为了保证赔偿金智能计算模型的有效性与精准性，可通过引入对比策略以验证目标模型数额的效果，如通过多元线性回归方法对智能计算模型进行预测，知晓其实况值、预测值与误差。综上，构建关于专利侵权惩罚性赔偿金的智能化计算模型，为裁判提供一定数额参考值。

结　语

本文立足司法裁判实证分析，以406份裁判文书为研究样本，将传统的专利侵权损害赔偿规则与裁判智能化相结合。研究发现当前专利侵权领域的惩罚性赔偿在实践层面存在适用率较低，“故意”、“情节严重”与赔偿金数额难以认定等问题，其中蕴藏着该制度的功能定位与具体适用认定等成因。为进一步完善专利侵权的惩罚性赔偿制度，激发制度效能，强化知识产权保护，在实际问题与成因之间往返思考，通过明确惩罚性赔偿的功能定位，划分与其他知识产权赔偿制度的界限，以提高其司法适用率；通过建立类案推送系统，明晰故意与情节严重两项适用条件，辅助法官认定是否适用惩罚性赔偿；通过构建赔偿金智能计算模型，严格适用现行法规定的数额计算方法，从而更好发挥惩罚性赔偿制度的应有功效，以惩罚之名行预防之实。由于2020年《专利法》施行的时间较短，完全适用惩罚性赔偿条款进行判赔的实证研究样本不足，而理论也尚未准确定义与智能裁判相关的概念。未来惩罚性赔偿制度的司法适用将不断完善，实现专利法激励持续创新的价值。

商标恶意诉讼的实证分析及规制路径

靳一鹏*

商标恶意诉讼是恶意诉讼作用于商标领域的体现。受商标自身特点的影响，商标恶意诉讼与一般恶意诉讼相比具有更大的危害性和更深层次的复杂性。因商标具有识别功能、广告功能、标识来源功能和品质保证功能等[①]，故而针对他人商标提起恶意诉讼的行为不仅直接导致诉讼相对人商誉的降低、产品的受限、消费者的不信任，也严重破坏了诚实信用的市场环境，损害了正常的竞争秩序，再者如果不能充分发现案件真实作出公正判决，则势必造成包括受害者在内的民众对司法权威和公正的不信任，降低司法公信力。党的十八届四中全会通过的中共中央《关于全面推进依法治国若干重大问题的决定》中明确要“加大对虚假诉讼、恶意诉讼、无理缠诉行为的惩治力度”，故此，在依法治国进程中和知识产权强国战略下，对商标恶意诉讼行为规制问题的探讨就显得尤为重要。

实践中商标恶意诉讼行为有其规制上的困难性与专业性。体现在认定方面，除了具有一般恶意诉讼认定时的困难即正当诉讼权利行使和恶意诉讼间的界限难以把握之外，商标恶意诉讼还具有其认定上的专业性，原因在于商标具有知识产权的一般特征，包括专有性、地域性、时间性和客体的无形性等[②]，且商标法体系下商标的种类多样，包括驰名商标和非驰名商标、注册商标和未注册商标等，行为人提起商标恶意诉讼时往往具有一定的权利外观，“使得法官只能通过其权利载体进行识别判断，不仅需要进行法律判断，而且要进行技术判断”[③]；对权利外观的

---

* 靳一鹏，西南政法大学人工智能法学院2021级法律硕士研究生。研究方向，人工智能法学。

本文系智能司法研究重庆市2011协同创新中心“区块链下电子证据瑕疵治愈路径研究”（编号：XSXX202123）阶段性研究成果。

① 参见昌智伟、秦明委编著：《知识产权法基础》，云南大学出版社2014年版，第106－107页。

② 参见张玉敏主编：《知识产权法学》，法律出版社2011年版，第14－17页。

③ 杜豫苏、王保民、高伟：《知识产权恶意诉讼的辨识、审判与治理》，载《法律适用》2012年第4期。

识别和审查一是具有较强的技术性、专业性，二是由于商标的申请、注册等都由行政机关如商标局进行，造成法官在判断商标诉讼案件中的权利基础时难免力不从心，增加了商标恶意诉讼的认定难度。正因商标恶意诉讼比之一般恶意诉讼而言具有更大的危害性和更强的技术性，一方面决定了对其规制的必要，另一方面也意味着在对其规制时难以将恶意诉讼的共性整体适用于商标恶意诉讼的个性之中，故有必要建立起专门针对商标恶意诉讼行为的识别与规制机制。

理论上对此问题的探讨着眼于不同视角下商标恶意诉讼的规制与防范，但未能与商标恶意诉讼的实践结合起来从而做到全面把握与准确应对，故难以消解与弥合商标恶意诉讼理论研究与实践发展之间的鸿沟与断层。在此前提下，对商标恶意诉讼的司法实践现状进行总体呈现与重点考察，探求诉讼案件处理中的困境或矛盾环节，分析解读其深层次原因所在，有的放矢地为问题的解决提出改进思路。

一、商标恶意诉讼的实践样态

商标恶意诉讼发生的领域具有泛在性，既可能存在于民事侵权领域，也可能发生于知识产权不正当竞争领域。在案件的选取上，结合人民法院案由的相关规定，根据商标恶意诉讼可能存在的领域，分别以“因恶意提起知识产权诉讼侵权纠纷”“侵害商标权纠纷”“不正当竞争纠纷”为案由进行检索，作为商标恶意诉讼案件分析的样本案例，以求准确洞察诉讼实践中商标恶意诉讼案件处理的全貌。以案由为界分进行多次检索：第一，在中国裁判文书网以“因恶意提起知识产权诉讼侵权纠纷”案由，关键词为“商标”，文书类型限定为判决书进行检索，检索结果为36件，筛选并剔除一案多审、基于同一事实针对多个主体分别提起诉讼等情形后共确定涉及商标恶意诉讼的有效判决为16件；第二，在中国裁判文书网以“侵害商标权纠纷”案由，关键词为“恶意诉讼”限定于裁判理由，文书类型限定为判决书进行检索，检索结果为198件，筛选并剔除一案多审、基于同一事实针对多个主体分别提起诉讼等情形后共确定涉及商标恶意诉讼的有效判决为68件；第三，在威科先行网以“不正当竞争纠纷”案由，关键词为“商标恶意诉讼”限定于裁判依据和理由，文书类型限定为判决书进行检索，检索结果为36件，筛选并剔除一案多审、基于同一事实针对多个主体分别提起诉讼等情形后共确定涉及商标恶意诉讼的有效判决为18件。综上所述，以案由为界分对商标恶意诉讼案件进行检索后确定有效案件共计为102例（包括因恶意提起知识产权诉讼侵权纠纷16例，侵害商标权纠纷68 例,不正当竞争纠纷18 例),构成本文对商标恶意诉讼进行实证考察的全部样本。

在对样本案例考察分析的基础上,重点探讨商标恶意诉讼案件在实践中不同维度上存在的关键问题并探究其成因所在,为具体规制路径的展开提供科学参照与针对性指引,最大程度上纾解理论与实践的脱节问题。

(一)识别与认定上的困难

商标恶意诉讼行为认定上的困难主要体现在识别认定标准的不统一,既包括对恶意诉讼性质的认定,也包括对具体构成要件的认定。

首先,在商标恶意诉讼行为性质的认定上存在侵权行为和权利滥用的分野。实践中多数法院认为恶意诉讼本质上为侵权行为,如广东省高级人民法院(2019)粤民终 407 号判决中指出“恶意提起知识产权诉讼本质上属于侵权行为”;再如,浙江省高级人民法院(2018)浙民终 37 号判决中亦论及“因恶意提起知识产权诉讼损害责任纠纷本质上亦属于侵权纠纷”。也有法院将商标恶意诉讼行为的本质归属于权利滥用范畴,提起的诉讼违背诚实信用原则,如陕西省西安市中级人民法院(2021)陕 01 知民初 2030 号判决中明确“恶意诉讼本质上属于权利滥用范畴,对其进行规制打击是对诚实信用原则的维护”“商标恶意诉讼的本质是行为人滥用其固有权利,违背商标法创设商标权之目的而行使商标权”。

其次,性质认定上的不统一也造成构成要件判断上的差异。实践中认定为侵权行为的案件中,法院依据侵权责任的构成要件进行判断,包括主观恶意、客观行为、损害结果及因果关系。例如,江苏省高级人民法院(2017)苏民终 1874 号判决中指出:“恶意提起知识产权诉讼的构成要件有:1. 行为人提起知识产权诉讼无事实或者法律依据;2. 行为人提起诉讼主观上具有恶意;3. 行为人恶意提起知识产权诉讼给他人造成了损失,且损失与行为人恶意提起知识产权诉讼具有因果关系”;再如,重庆市第一中级人民法院(2021)渝 01 民终 4817 号判决中指出:“因恶意提起知识产权诉讼损害责任纠纷虽然目前没有具体指向的条文,但从其归类于知识产权权属、侵权纠纷二级案由之下来看,其所反映的民事法律关系应当为侵权之诉,因此知识产权恶意诉讼本质即一种违背了诚实信用原则的侵权行为,故,知识产权恶意诉讼的法律责任认定应当适用侵权责任的判定标准。”认为商标恶意诉讼行为实质上为权利滥用的案件中,法院在构成要件的认定上有所不同,如陕西省西安市中级人民法院(2021)陕01知民初2030号判决中认为商标恶意诉讼的构成要件应为:一是具有名义上的权利基础;二是诉讼相对人不存在侵权事实,享有合法权益;三是行为人"滥用"了民事权利,包括主观上"权利滥用"的恶意和客观上"权利滥用"的事实。

最后,在具体构成要件中,无论是商标恶意诉讼行为认定为侵权行为抑或权利滥用,都至少包含主观上的恶意及客观上的行为,区别仅在于二者的指向有所不同。实践中主观恶意及客观行为的具体认定上未有统一标准,导致案件处理上分歧明显。

一是在主观恶意的认定上,多数法院认为至少应包含两方面的内容即认识上的恶意和目的上的恶意,但对于如何认定二者本身则显然缺乏统一标准。就认识上的恶意而言,要求行为人在"提起知识产权诉讼时,要明知其提起知识产权诉讼无事实或者法律依据。在行为人恶意取得知识产权的情况下,尤其要明知其取得知识产权不具有实质上的正当性"[①],但此处"明知"的判断颇具主观性,认定当事人是否为"明知"无事实及法律上的依据较为困难;况且商标本就具有无体性的特征,通常仅能依据其权利载体去判定行为人是否构成"明知"无事实或法律依据,但此种做法难谓合理,例如未注册商标本身并未申请注册,故当然不存在明显的权利载体,此时若仅通过权利载体的判断进而认为无明显的事实或法律依据则显然不妥。就目的上的恶意而言,要求行为人具有以提起诉讼方式侵害他人权益或谋取不当利益的恶意,但关键之处在于此种"恶意"更属主观范畴,要求法官去探知当事人的内心世界从而认定当事人是否具有目的上的"恶意"更为困难。恶意中的"明知""目的"等均属于行为人的主观世界范畴,在无客观标准可兹参照的前提下法官的认定也颇具主观色彩,造成个案之中法官依据自身判断来具体考察,即"以主观来认定主观",导致诉讼实践中不同案件在具体的认定上存在差别。样本案例中,就商标恶意诉讼行为主观恶意的认定而言,法院认定的最终结果呈现出多维样态:认定主观上明显构成恶意,如广东省高级人民法院(2019)粤民终407号判决;认为主观上"难谓恶意",如山东省高级人民法院(2016)鲁民终2271号判决;一审法院认为"主观上存在滥用其商标权利和诉讼权利、损害被告合法权益的恶意",二审法院认为"现有证据不足以证明提起涉案诉讼时主观上具有恶

---

① 参见江苏省高级人民法院民事判决书,(2017)苏民终1874号。

意"[①]等。

二是在客观行为的认定上，由于恶意诉讼往往"具有合法的诉讼形式以及貌似符合诉讼程序的特点，往往与正当诉讼行为相互交织，难以识别与认定"[②]，而在没有统一标准的情形下，以诉讼当事人的具体诉讼行为来认定其是否构成商标恶意诉讼易造成实践中的混乱。在当事人明显具有不当诉讼行为如多次起诉、基于同一理由同时提起多个诉讼等情形时，将其认定为商标恶意诉讼尚容易判断，例如广西壮族自治区高级人民法院在对广西宝婴汇商贸有限公司的系列判决中指出："明知可通过只起诉被诉侵权产品生产公司从而制止其侵权行为的情况下，却选择以销售被诉侵权产品的药店、母婴店在全区各地开展系列诉讼索赔，明显具有通过制造系列诉讼获取多重赔偿的意图，实质是通过司法诉讼来谋求不当利益"，同时"宝婴公司通过大量重复诉讼行使诉权的行为，直接或间接地影响涉诉的企业无法正常开展其他生产经营活动，也极大地浪费了有限的司法资源"[③]，进而认定其为恶意诉讼。然而，在当事人未实施明显不当诉讼行为时则认定起来颇具难度，有的案件中法院认定行为具有恶意性，如最高人民法院（2018）最高法民申 3243 号判决中强调："违背法律目的和精神，以损害他人正当权益为目的，恶意取得并行使注册商标权，扰乱市场正当竞争秩序，损害他人合法权益的行为，由此给他人造成的损失应当予以赔偿"；有的案件中法院不认为行为具有恶意性，理由也存在以下几种：第一，出于正当行使权利的需要，如上海市高级人民法院（2016）沪民终 501 号判决中指出："民事诉讼是彰显权利、保障权利的重要途径，依法提起诉讼也可以表明权利人认真对待权利的态度，为保障诉权、保障并鼓励权利人保护其知识产权，对因恶意提起知识产权诉讼必须依法持较高的认定标准，否则将不当地阻吓权利人依法正当维护其知识产权。"第二，认为律师不能作为恶意诉讼的主体，如烟台张裕葡萄酿酒股份有限公司诉他人侵害商标权纠纷系列案[④]；第三，认为证据不足以认定为商标恶意诉讼，如北京知识产权法院（2021）京 73 民终

---

① 参见重庆自由贸易试验区法院民事判决书，（2020）渝 0192 民初 9349 号；重庆市第一中级人民法院民事判决书，（2021）渝 01 民终 4817 号。

② 廖中洪：《"恶意诉讼"立法规定与规制的技术及其原理——兼评〈民事诉讼法〉第 112 条规定的合理性》，载《甘肃政法学院学报》2016 年第 2 期。

③ 参见广西壮族自治区高级人民法院对广西宝婴汇商贸有限公司作出的系列民事判决书，如（2020）桂民终 369 号、（2020）桂民终 84 号、（2020）桂民终 90 号等。

④ 参见河南省高级人民法院对烟台张裕葡萄酿酒股份有限公司与他人侵害商标权纠纷案作出的系列民事判决书，（2018）豫民终 1903 号、（2018）豫民终 1895 号等。

2043号判决、辽宁省大连市中级人民法院(2020)辽02民终6739号判决等;第四,认为"提起涉案知识产权诉讼并无过错",如山西省太原市中级人民法院(2020)晋01民初1190号判决。在此情形下,尽管具体的案件事实参伍错综、千差万别,但在恶意的认定上缺乏统一的标准仍是其中主要问题。相应地,识别认定标准不统一的情况下,一方面"使当事人存在诉讼的射幸心态,一定程度上可能增加恶意诉讼行为的产生"①;另一方面也导致对商标恶意诉讼案件的过滤不足,导致多数商标恶意诉讼案件容易进入诉讼程序之中,损害诉讼相对人权益的同时亦严重浪费了有限的诉讼资源,对司法公信力也构成了挑战。

识别与认定困难的原因在于标准的缺失。从法律上看,从恶意诉讼到商标恶意诉讼都未有明确的定义,《民事诉讼法》第115条、第116条分别规定了当事人之间恶意串通,通过诉讼等方式侵害他人合法权益和被执行人与他人恶意串通,通过诉讼等方式逃避履行义务,应视为对恶意诉讼行为的直接规定,但此规定难以涵盖恶意诉讼的性质、构成要件、行为类型;尽管2011年修改人民法院《民事案件案由规定》时新增了"因恶意提起知识产权诉讼侵权纠纷"作为"知识产权权属、侵权纠纷"案由下独立的一类案由,以此为标准将商标恶意诉讼行为界定为侵权行为并依照侵权责任的构成要件来判断似乎更为合理,诉讼实践中多数案件也都采取此种做法,但由于并未有法律的明确规定,所以未免出现认识上的不同与事实上的分野,不利于整体规制的进行。此外,即使法律作出明确定义,但对于恶意诉讼构成要件尤其是"主观恶意"要件的衡量仍需要结合具体案情加以认定,而客观认定标准的缺失仍是导致"以主观认定主观",从而呈现认定上差异性的主要原因。

(二)商标恶意诉讼行为的惩罚性不足

知识产权强国战略下,出于知识产权保护以鼓励创新的法政策考量,《民法典》第1185条规定了侵害知识产权的惩罚性赔偿,即"故意侵害他人知识产权,情节严重的,被侵权人有权请求相应的惩罚性赔偿",但由于一方面知识产权惩罚性赔偿的认定基数较难②,而另一方面法律并未明确商标恶意诉讼行为是否为侵权行为,从而侵害知识产权的惩罚性赔偿制度能否包含商标恶意诉讼行为尚不得而

---

① 姜南:《商标恶意诉讼的认定与法律规制》,载《江西财经大学学报》2021年第4期。

② 参见何国强:《知识产权惩罚性赔偿的数额量定》,载《广东社会科学》2022年第3期。

知,样本案例中对惩罚性赔偿的适用未有体现。仅对造成的损失进行赔偿而不适用惩罚性赔偿,况且恶意诉讼的认定本就不易,即便是对损失的赔偿也难免受限。在"低成本、高收益"的利益博弈下,基于市场主体追求利益的"经济人假设",不免造成行为人冒险以诉讼方式实现非法之目的。故从法律规定上来看属于"把对了病症,未开好药方"。商标恶意诉讼行为人的惩罚性不足,致使提起商标恶意诉讼的成本较低,行为人容易铤而走险,致使商标恶意诉讼案件多发,相对人易受恶意诉讼行为的滋扰,也影响商标恶意诉讼案件的源头治理。

(三)裁判标准的不统一

商标恶意诉讼案件中裁判标准的不统一主要体现为赔偿责任范围的不一致。无论提起商标恶意诉讼是归属于侵权还是不正当竞争抑或权利滥用,当对诉讼相对人的权益造成实质性的损害时,权利受损的当事人当然享有对因此造成的损失获得救济的权利。一般来说,商标恶意诉讼相对人可能面临的损失既包括因诉讼行为带来的直接损失,如正常生产经营活动的停止等,也包括为维权支出的合理费用如律师费①、诉讼费、公证费及商业信誉的降低等间接损失,此外,还应包括预期利益的损失。样本案例中对损失赔偿范围的认定存在多维样态:多数法院对当事人遭受的直接损失和间接损失予以支持,包括造成的实际损失和为维权支出的合理费用,如广东省佛山市中级人民法院(2018)粤06民终8070号判决;也有法院认为损失的范围包括"给相对方造成的直接财产损害,还应当包括给相对方造成的间接财产损害和对其商业信誉等造成的损害";②另有法院认为包括现实的经济损失、预期利益的损失和对社会诚信体系的破坏,如江苏省高级人民法院(2017)苏民终1874号判决。

总体而言,支持预期利益损失的案例较少,如此是否足以涵盖诉讼相对人的全部损失值得思考。一方面是由于商标恶意诉讼案件的特性,未必所有案件最终都会涉及预期利益的损失;另一方面亦确实存在商标恶意诉讼案件赔偿责任范围的标准不够统一,实践中全凭法院个案认定的问题。在法律明确将商标恶意诉讼行为界定为侵权行为时,相对人有权主张侵权损害赔偿,赔偿的范围也应当适用侵权损害赔偿的法律规定;反之,在商标恶意诉讼行为未予明确界定时,法律上也

---

① 但也有案例中法院认为律师费属于直接财产损失,参见广东省佛山市中级人民法院民事判决书,(2018)粤06民终8070号。

② 参见北京知识产权法院民事判决书,(2019)京73民终50号。

缺少专门规定商标恶意诉讼救济的条款,实践中凭法院进行个案裁量,造成赔偿标准的不统一。

(四)立案过滤功能的不充分

立案过滤功能的充分发挥既是商标恶意诉讼源头治理的有效途径,也是商标恶意诉讼全链条治理机制中较为关键的一环。根据我国民事诉讼法关于立案的相关规定,当事人立案时需要提交的材料之中包括诉讼请求、所依据的事实和理由、证据目录等关键信息,从而由法院立案部门进行判别并决定是否准予立案,此过程中即体现了立案审查程序对商标恶意诉讼案件的过滤。前已述及,法律上对商标恶意诉讼行为整体规定及识别机制的不完善致使在立案审查过程中无明确标准可兹参照,此时,司法能动性的发挥亦有所不足,致使实践中多数商标恶意诉讼案件容易进入诉讼程序,影响整体规制效果的实现。

二、商标恶意诉讼规制的理论基础

商标恶意诉讼法律规则缺位的同时,对商标恶意诉讼规制涉及价值选择与利益衡量。法律原则能够指导和协调全部社会关系或某一领域社会关系的法律调整机制,其对于法律规则制定、法律适用及法律行为的选择而言都必不可少。[①] 在此情形下,考察商标恶意诉讼行为的特点,适时引入法律原则并注重其功能的运作,乃至探索构建适用于商标恶意诉讼案件规制处理的基本原则,对法律规范的制定提供原则指引,在司法裁判中具体适用,以实现商标恶意诉讼行为防范规制上、利益选择上达到良好的效果。

(一)诚实信用原则与禁止权利滥用

诚实信用原则作为民事实体法和民事程序法共有的公理性基本原则,《民法典》第 7 条、《民事诉讼法》第 13 条是其直接体现,在意思自治的私法领域及作为私权纠纷解决方式的诉讼中都发挥着重要功能。从民事实体法来看,诚实信用原则一方面在于规范和指导当事人正当行使权利和履行义务,[②]另一方面在于授予法院自由裁量权,使之应对立法所未能预见的新情况、新问题;[③]从民事程序法来

---

① 参见张文显:《法理学》,中共中央党校出版社 2000 年版,第 41 - 44 页。

② 参见梁慧星:《民法解释学》,法律出版社 2015 年版,第 308 页。

③ 参见梁慧星:《诚实信用原则与漏洞补充》,载《法学研究》1994 年第 2 期。

看，诚实信用原则为法官对民事诉讼中的非诚实信用行为予以处置提供了原则根据，也为当事人设定了正当诉讼的义务，[①]同时是对“辩论主义诉讼体制的修正”[②]。概言之，诚实信用原则通过为法官赋权、为当事人设定义务等方式来限制私权、体现公正，“可以起到克服法律的正义性与法律的具体规定在特殊情况下适用的非正义性的矛盾的作用”[③]。此外，一般认为，作为诚实信用原则的派生规定，禁止权利滥用规则重在强调当事人权利的行使不得超出合理边界，在规范权利主体行为方面亦有着无可替代的作用，《民法典》第132条“不得滥用民事权利”以及《民事诉讼法》第52条第3款“必须依法行使诉讼权利”即禁止权利滥用的直接体现。

具体到商标恶意诉讼领域，该行为的本质即违背诚实信用原则设定的义务，以商标为介质，滥用起诉权、诉讼中滥用程序权利或者实施恶意串通等虚假诉讼行为意图实现不正当目的，从实质上来看是对诚实信用原则和禁止权利滥用规则的根本违反；再者，诚实信用原则自身的功能诸如内容控制、自由裁量等也能和商标恶意诉讼案件的解决实现价值上的契合，故而在商标恶意诉讼案件的解决中引入诚实信用原则作为基本原则指引，弥合法律缺陷，规制当事人诉讼行为。

在具体适用上，商标恶意诉讼案件中注重诚实信用原则的运用与功能的发挥着重体现在对法官裁判案件的指引。当作为大前提的法律缺位或不完善时，诚实信用原则的运用可以赋予法官自由裁量权，其发挥主观能动性促进案件的合理解决。由于立法上对商标恶意诉讼行为规制的体系性缺位，将诚实信用原则引入裁判可以起到补苴罅漏的作用。具体而言，在行为人恶意提起诉讼的场合，法官可直接认定为对诚实信用原则或禁止权利滥用规则的违反进而驳回诉讼请求；在诉讼程序中，恶意行为人滥用异议、保全等程序性权利或“恶意虚列被告，骗取有利管辖”[④]等意图拖延诉讼或造成不当诉讼状态的场合，法官依据诚实信用原则或禁止权利滥用规则限制当事人程序权利或直接作出失权的认定。同时应当注意，作为基本的法律原则，诚实信用原则的适用需以法律未做明确规定为基本前提，而不能将其作为规制商标恶意诉讼的一般条款进行普遍适用，当事人的某类恶意诉

① 参见张卫平：《民事诉讼中的诚实信用原则》，载《法律科学（西北政法大学学报）》2012年第6期。

② 田平安主编：《民事诉讼法原理》，厦门大学出版社2015年版，第84页。

③ 林刚、冯跃芬：《论诚实信用原则》，载《现代法学》2000年第4期。

④ 申洁：《恶意诉讼的司法阻却：法律的缺位与完善》，载《法律适用》2010年第10期。

讼行为法律业已规定的，则应当直接依据法律的具体规定处理而非适用诚实信用原则。

（二）利益平衡原则

法律本身体现着价值的选择。面对恶意诉讼行为的侵害，在商标恶意诉讼的规制中必然要涉及赔偿责任的问题，由于商标恶意诉讼行为侵害客体的复杂性，即可能涉及商标权益的受损、正常经营活动的停止及预期利益的损失等，在法律未对商标恶意诉讼的赔偿进行细化明确的情况下，司法如何对商标恶意诉讼赔偿责任进行确定也体现为价值选择的问题。在此过程中，“通过法律的权威来协调各方面冲突因素，使相关各方的利益在共存和相容的基础上达到合理的优化状态”①即体现为利益平衡的过程。

在涉及需要进一步解释具体法律规则或司法过程中法律规则不甚明晰的情形下要以利益平衡原则指导法律的适用。② 将利益平衡原则作为商标恶意诉讼规制层面上的基本原则，特别是在赔偿责任的确定上运用利益平衡的思维，解决商标恶意诉讼案件中当事人权益的救济与补偿，以及此类行为对社会秩序造成的破坏。在具体的适用上应重点关注商标恶意诉讼行为人和相对人之间的利益平衡问题，其中应着重强调对商标恶意诉讼相对人利益的维护。例如，在赔偿问题上，商标恶意诉讼造成的损害结果的衡量较为困难，尤其在涉及商誉贬损、商标权益受损等场合下，损失数额的具体确定更难。在利益平衡的视角下，对相对人权利的救济既是实现公平正义的要求，也是加强知识产权保护的需要，因而损失数额的确定方面应当有所体现。

（三）知识产权保护原则

商标恶意诉讼行为以商标为介质、以诉讼为方式实现不正当目的。在此过程中，具体的行为类型多样，不同行为类型的侵害客体及侵害程度亦不尽相同，但总体而言均对诉讼相对人的商标权益造成实质性的损害，例如，行为人在诉讼中滥用诉讼权利，恶意申请知识产权诉前禁令的场合，相对人的商标权益必然遭受不利影响，如品牌评价的降低等，此种不利影响的产生以及未得到及时合理解决则

---

① 陶鑫良、袁真富：《知识产权法总论》，知识产权出版社 2015 年版，第 17 - 18 页。

② 参见任寰：《论知识产权法的利益平衡原则》，载《知识产权》2005 年第 3 期。

难免招致毁灭性的打击。商标的背后是产品,除基本的标识功能外,商标还具有促进产品竞争的功用,故而对商标权益的维护绝非仅仅着眼于商标本身,而是对产品市场公正交易秩序、竞争秩序的保障;再者,商标权益作为法律对真正权利人智慧成果的认可与保护,强调对商标权益的维护也是鼓励创造性智力成果充分涌流的应有之义。

进言之,在商标恶意诉讼案件的处理中,应当以知识产权保护作为基本的原则指引。一是法院加强与行政机关如商标局的联系,在行为人权利基础的认定方面如是否存在实际的争议事实等做到准确把握,防止对真正权利主体商标权的侵害;在案件裁决结果对实体权利产生影响如存在行为人伪造、变造注册商标,后又提起商标侵权之诉从而认定为商标恶意诉讼的场合下,应当加强与行政机关的信息衔接,为后续的商标权益维护工作,例如恢复真正权利主体的商标权益等提供便利。二是注重对当事人程序权利的控制以实现知识产权保护的效果。出于知识产权保护的需要,在非必要情形下对知识产权诉前禁令等制度的适用予以限制,以防止对真实商标权益的侵害。

总体而言,诚实信用原则和利益平衡原则作为共有性、公理性的原则,既可适用于其他法律关系,也可具体到商标恶意诉讼领域发挥原则指引作用;知识产权保护原则作为商标恶意诉讼行为规制的专有性原则,在适用中应当将保护知识产权作为首要出发点。法律规定不完善、传统三段论的司法适用逻辑受限的情况下,法律原则的引入可以为商标恶意诉讼行为的规制起到良好的补强作用,对法律规范的制定、法律适用的推进及法律行为的选择都意义重大。

三、商标恶意诉讼的规制进路

(一)商标恶意诉讼行为规制的难点分析

首先,商标恶意诉讼应对过程中应处理好当事人诉权保障和恶意诉讼行为规制的关系问题。诉权是“将个人提起诉讼并能够得到裁判的关系看作个人的权能并加以概念化的产物”①,在司法是社会公平正义的最后一道防线理念的支配下,当权利遭到任何侵害时,应当且可以诉诸法院并得到司法救济,②同时其作为现代

---

① [日]高桥宏志:《民事诉讼法重点讲义:导读版》,张卫平、许可译,张卫平导读,法律出版社 2021 年版,第 23 页。

② 参见王晓:《民事诉权保障论纲》,载《法学论坛》2016 年第 6 期。

法治社会第一制度性权利，对当事人诉权的限制也会影响公民实体权利的实现。[①]故诉权作为当事人与司法之间的桥梁、当事人寻求司法救济的必要途径，应当最大程度上得到保障。恶意起诉型商标恶意诉讼的规制要求最大程度上在立案审查阶段予以过滤，故当事人诉权保障和恶意诉讼行为规制的界限实践中难以把握，作为一对矛盾关系的范畴，商标恶意诉讼行为规制过程中如何在制度设计上、程序运行上、实践操作上统筹兼顾二者的关系就显得至关重要。

其次，商标恶意诉讼规制过程中应处理好司法能动与当事人主义的关系问题。被动性虽被公认为司法的主要特征，但司法能动的发挥仍有其独特的存在价值与生存土壤。“如果司法体制或者程序本身就与立法者制定的法律不协调，这就需要司法者采取能动措施进行调适，使得法律的意志能够以最为适合的方式适用于社会现实。”[②]商标恶意诉讼中的司法能动强调司法的积极作为，重视职权探知主义的发挥与运用以促进案件真实的发现。辩论主义模式下要求法院能够实施调查的证据仅限于当事人提出申请的证据，同时法院应将当事人无争议的主要事实当然地作为判决的基础，[③]故而在当事人主义的诉讼架构下，仍需把握尊重当事人主体地位和司法能动之间的关系，二者同样作为一对矛盾关系的范畴，实践中如何处理和解决亦是需要重点关注的课题。

（二）商标恶意诉讼案件规制的具体路径

法律基本原则在适用上不能替代一般性的条款，亦无法完全纾解商标恶意诉讼的全部困境从而实现一劳永逸，故对商标恶意诉讼行为规制具体路径的探讨仍属必要。针对实践中商标恶意诉讼案件存在的识别与认定上的困难、惩罚性不足、裁判标准的不统一以及立案过滤功能的不充分的不同层次的问题，结合法律上缺位、裁判标准的缺失及司法能动不足的原因，探析对商标恶意诉讼案件进行规制的法律完善、制度设计、程序改进等，构建起商标恶意诉讼案件规制的具体路径。

1. 商标恶意诉讼规制应完善法律

从法律上对商标恶意诉讼规制体系进行完备，从而达到有法可依之目的。应

---

① 参见莫纪宏、张毓华：《诉权是现代法治社会第一制度性权利》，载《法学杂志》2002 年第 4 期。

② 宋远升：《司法能动主义与克制主义的边界与抉择》，载《东岳论丛》2017 年第 12 期。

③ 参见[日]高桥宏志：《民事诉讼法：制度与理论的深层分析》，林剑锋译，法律出版社 2004 年版，第 329 – 330 页。

尽快在民法或商标法中对恶意诉讼乃至商标恶意诉讼的概念、性质、构成要件等进行明确规定，为更好识别商标恶意诉讼行为提供法律依据。具体来说，商标恶意诉讼的概念应能涵盖其主要行为特征，并能进一步判断其构成要件。例如，浙江省高级人民法院《关于在民事审判中防范和查处虚假诉讼案件的若干意见》中对虚假诉讼的定义进行明确规定，并强调对典型类型的诉讼行为“应当予以谨慎审查”，因此在商标恶意诉讼的规制方面，立法可以借鉴此做法。在前述对商标恶意诉讼进行探讨的基础上，建议立法将商标恶意诉讼明确定义为独立的侵权行为，与理论上的主流探讨相一致，也与实践中多数做法相契合，如此在具体认定上则可以依据侵权责任的构成要件加以判断。

进一步，针对构成要件中“客观行为”和“主观恶意”认定难的现状，可以考虑在相关司法解释中对具体的判断标准予以明确。一是在客观诉讼行为的标准上，理论上对恶意诉讼的行为类型有不同的探讨，其中有观点认为恶意诉讼的行为类型包含虚假诉讼型、权利滥用型及无据起诉型三种，[①]此种分类可以囊括恶意诉讼行为的基本类型，故建议以此为参照在司法解释中将商标恶意诉讼的行为类型区分为恶意无据起诉型、虚假诉讼型和诉讼过程中无端提起异议、恶意保全等滥用程序性权利以达到不正当目的型，做到商标恶意诉讼基本行为类型划分上的周延，也能够与实践中的具体诉讼情况相对照，前者如广西壮族自治区高级人民法院(2020)桂民终1883号判决，中者如四川省成都高新技术产业开发区人民法院(2020)川0191民初740号判决，后者如最高人民法院(2014)民提字第24号判决等。二是在主观恶意的判断标准上，考虑以客观标准的建构来解决实践中“以主观认定主观”的困境。基本思路是根据以上三种诉讼行为的界分设定具体的判别要素。第一，在恶意无据起诉的场合下，重点审查是否存在事实上与法律上的依据或权利基础，前者如是否存在明显的侵权行为或其他事实；后者如审查商标注册证明、转让许可证明等，若无明显的权利基础则构成恶意诉讼的可能性较大。第二，在虚假诉讼的场合下，可进一步细分为单独虚假诉讼和共同虚假诉讼[②]，针对前者重点查看其证据材料、商标权利基础等；后者除了以上审查之外还应当重点关注诉讼行为人与相对人以及第三人之间的关系(包括市场竞争关系、人身关

---

① 参见刘迎霜：《恶意诉讼规制研究——以侵权责任法为中心》，载《华东师范大学学报(哲学社会科学版)》2020年第1期。

② 共同虚假诉讼包括两种情形：诉讼行为人与第三人恶意串通损害相对人权益，诉讼行为人与相对人恶意串通损害案外第三人利益。

系）等，若存在合理怀疑则有可能构成恶意诉讼。第三，在诉讼中滥用权利的场合下，考察行为人申请保全、知识产权诉前禁令的正当性及必要性，以及申请提起后是否实施了必要的行为来进行判断，若存在滥用诉讼权利嫌疑的则应当认定为恶意诉讼。在类型化分析的基础上，针对不同的行为类型生成不同的客观判别要素，并在立案和诉讼进行过程中注重识别要素的运用以求准确发现商标恶意诉讼行为。

除此之外，在民法典现有侵害知识产权惩罚性赔偿制度的基础上，司法解释应明确规定商标恶意诉讼的惩罚性赔偿制度，具体来说，在立法将商标恶意诉讼明确定义为侵权行为的前提下，司法解释中规定知识产权惩罚性赔偿制度在商标恶意诉讼案件中的适用规则，加大行为人实施恶意诉讼的成本，补偿诉讼相对人的损失，也可以实现让已经提起恶意诉讼的行为人自食其果，让打算提起恶意诉讼的案外人望而生畏的效果。

2. 商标恶意诉讼的规制应注重裁判尺度的统一

如前文所述，商标恶意诉讼案件裁判标准的不统一是造成案件处理差异性困境所在，而裁判标准的不统一其中主要方面即为赔偿范围的不确定。损害赔偿制度的目的价值包括损害的填补、损害的预防以及惩罚制裁，[①]故而实践中对商标恶意诉讼赔偿范围的认定不一，不仅造成权利救济上的困难，也难以对恶意诉讼行为人起到惩罚制裁效果。基于此认识，司法在应对商标恶意诉讼案件时应注重裁判尺度的统一，在赔偿范围的问题上做到司法适用的标准化。基本思路应为：分析损失赔偿范围的不同标准并探讨具体案件中的适用规则并以司法解释或指导意见的形式予以明确，以求在商标恶意诉讼类案处理中达成裁判标准的统一，为实践中案件的裁判处理提供方向指引与参考。

理论上商标恶意诉讼行为造成的损害包括以下几个方面：第一，直接损失，主要是恶意诉讼行为侵犯商标专用权所造成的损害。此种损失的赔偿数额可以根据民法典侵权责任编以及商标法来确定。具体来说，首先，确定被侵权人遭受的实际损失如生产经营活动的停止、商品的损失等。其次，实际损失难以确定时可以侵权人获得的利益确定。再次，实践中恶意诉讼行为人可能通过行为的实施获取竞争优势，而竞争优势的确定相对来说较难，则此时可根据商标许可使用费的倍数合理确定。最后，上述标准都难以确定的，由法院根据侵权行为的情节判定

---

① 参见王泽鉴：《损害赔偿》，北京大学出版社 2017 年版，第 24－25 页。

给予500万元以下赔偿。第二,间接损失,主要包括为维权支出的合理费用如律师费、诉讼费、公证费、鉴定费等,也包括名誉的毁损等。此时则根据商标恶意诉讼行为与支出的合理费用之间的因果关系来具体确定,若当事人为实施维权而造成上述损失的则应当支持。其中应当注意的是诉讼费用、律师费用的承担问题,最高人民法院《关于进一步推进案件繁简分流优化司法资源配置的若干意见》明确了要"加大对虚假诉讼、恶意诉讼等非诚信诉讼行为的打击力度,充分发挥诉讼费用、律师费用调节当事人诉讼行为的杠杆作用",因此在损害赔偿的认定上特别是诉讼费用、律师费用的承担上可以作出适当有利于诉讼相对人的处理。第三,预期利益的损失,如因恶意诉讼行为造成可得利益的损失①。此种损失的确定在江苏省高级人民法院(2017)苏民终1874号判决中得到了支持,并被最高人民法院(2019)最高法民申366号裁定书所确认,个案倾向性裁判的作出可以指导类案裁判的处理,关键在于预期利益损失的证明应当重点把握。第四,商标恶意诉讼行为对社会造成的危害,如公平竞争环境的破坏等。此种损失并非对诉讼相对人权利的救济,而是对公正市场秩序的恢复以及对恶意诉讼行为人的惩罚,可以由法院结合案情具体认定。

关于具体个案中不同损失的适用规则。第一,因商标恶意诉讼行为多数情况下指向的是非法利益的获取或受害人的损失,所以直接损失和间接损失的适用相对较为广泛,认定为商标恶意诉讼的多数案件中均可适用直接损失以及间接损失的赔偿;第二,并非所有案件都涉及预期利益的损失,故适用时需要受害人即诉讼相对人主动证明可能受到的可得利益损失,并结合具体案情判别是否应当支持;第三,几乎所有商标恶意诉讼案件都对社会秩序造成损害,但未必所有案件都应作出社会秩序损害的赔偿,因为对相对人赔偿责任的承担本身就已体现出一定的惩罚作用,况且对社会秩序的损害亦难以确定具体的认定标准,因此可考虑只对某些重大恶劣影响的案件给予社会秩序损害赔偿。

3. 商标恶意诉讼的规制应注重司法能动的发挥

商标恶意诉讼案件中司法能动的发挥体现在加强商标诉讼案件的立案审查,充分发挥立案程序对商标恶意诉讼行为的过滤功能,同时也应注重当事人诉权的保障与维护。对于起诉权滥用的情形,法律制度上主要从诉的利益和法官职权的

① 也有观点认为预期利益的损失即未来财产利益的损失属于间接损失,参见杨立新:《侵权法论》,人民法院出版社2011年版,第847-852页。

适当加强这两方面进行控制，[①]因此立案阶段对商标诉讼案件的审查过程中，一方面要着重认定当事人是否存在事实上或法律上的依据；另一方面也要注重当事人诉权的保障，诉权是国家根本法直接赋予的，在当事人民事权益受到侵害或产生争议时有权启动公权力来解决，故应当得以保障。[②] 面对案件的过滤审查与当事人诉权保障的基本矛盾关系，有效的纾困之策是在相关标准完善的基础上注重司法能动作用的发挥，以起到事实上的准确判别与利益平衡。面对不同的认定标准及错综的具体案件，要在准确识别认定商标恶意诉讼行为的同时避免对当事人诉权的不当限制体现出技术性的困境和操作上的难题。"民事审判并非输入案件事实和法律必然导出司法裁判结果，它是法律知识、法官良心和阅历甚至是历史经验等化合的产物"[③]，立案审查过程中注重主观能动性的发挥，通过案件基本事实对当事人的权利基础准确判断、对客观真实完整发现，考察案外因素对行为人的主观意图清晰把握，衡量利害关系对权利人知识产权予以保护，审视关键问题环节对当事人诉讼权利进行保障，在商标恶意诉讼案件的防范与规制上做到于"事实与规范之间来回穿梭思考，目光流转于二者之间"[④]，体现司法规制恶意诉讼与保护知识产权的应有之义，达致理想的规制目标。

结　语

对商标恶意诉讼的规制既是知识产权保护的要求，也是维护司法公平正义的需要，还是营造良好诚信市场环境的应有之义。在对商标恶意诉讼案件实证考察的基础上，结合诉讼实践中呈现出的困境与矛盾环节，理论基础层面探讨基本原则的构建从而起到原则指引的效果，具体路径上以法律自身的完善来应对识别上的困难与惩罚上的缺位，司法裁判尺度的统一解决案件裁判结果上的差异，发挥司法能动的作用以加强对案件的过滤是商标恶意诉讼规制的基本思路。此外，大数据、人工智能、区块链等科技创新成果在法律实施中的运用已是主要趋势，商标恶意诉讼的规制也要注重与时代命题的结合，探索智能识别与裁判路径的生成。与此同时，商标恶意诉讼作为知识产权强国战略下和社会经济发展过程中的产

---

① 参见杜丹：《诉讼诚信论：民事诉讼诚实信用原则之理论与制度构建》，法律出版社 2010 年版，第 168－176 页。

② 参见张卫平：《民事诉讼法教程》，法律出版社 2008 年版，第 15 页。

③ 朱福勇：《"民事司法能动性"解析》，载《扬州大学学报（人文社会科学版）》2013 年第 5 期。

④ 王泽鉴：《民法总则》，北京大学出版社 2009 年版，第 39 页。

物，对其规制不应囿于法律层面本身，也应着眼于法律制度外部。未来在对商标恶意诉讼规制过程中除了立法、司法等作用的发挥，社会诚信体系和诚信意识的建立与培养同样不可忽视，行业协会、政府机构等多元治理主体的参与亦必不可少，唯有如此才能取得良好的规制效果。

第二编

综合执法理论与实践研究

智能时代行政执法的法律困境及完善措施

周媛媛*

引　言

2016 年 3 月谷歌研发的人工智能系统 AlphaGo 围棋程序战胜了世界围棋冠军李世石的新闻引起了围棋界和人工智能界的广泛关注。《高盛:人工智能报告(中文版)》这样描述:“人工智能是制造智能机器、可学习计算程序和需要人类智慧解决问题的科学和工程。经典地,这些包括自然语言处理和翻译,视觉感知,模式识别,决策制定等,但应用的数量和复杂性在快速增长。”①人工智能是信息时代的尖端科技。为抓住人工智能发展的重大战略机遇,2017 年 7 月 8 日我国国务院印发了《新一代人工智能发展规划》,开启了人工智能发展的新时代。目前,智能化产品从半自动化到自动化已被广泛应用于社会生活的各个领域,诸如交通、金融、医疗、教育等。人工智能产品在政府管理中也被广泛应用,减轻了行政执法人员的工作压力,提高了工作效率。但同时,新型的执法方式也为政府执法的合法性、合理性带来了挑战,现有的法律体系已无法涵盖人工智能在行政执法领域引发的问题。因此,为寻求适当的解决措施,我们应了解智能时代的社会特征,厘清智能产品对行政执法带来的冲击和挑战,以积极理性心态应对智能化时代带来的机遇与挑战。

---

* 周媛媛,三亚学院社会学院行政管理专业讲师。研究方向:行政法学。

① 《高盛:人工智能报告(中文版)》,载原创力文档网,https://max. book118. com/html/2017/0516/107065058. shtm。

一、智能时代的社会特征

（一）数据化

自20世纪计算机面世以来，全世界掀起了一场信息革命。2011年6月，麦肯锡公司发布的《大数据：下一个竞争、创新和生产力的前沿领域》中写道，“数据，已经渗透到当今每一个行业和业务职能领域，成为重要的生产因素”。自此，“大数据”（big data）被人们广泛使用，大数据时代到来。在大数据时代，由于计算机的强大的存储和计算能力，世间一切事物皆可量化变成现实，文字可变成数据、图片可变成数据、方位可变成数据、行为可变成数据。大量的数据又需要智能的算法、强大的数据处理平台和数据处理技术来统计、分析和预测而产生作用。于是，“互联网+”“大数据”“人工智能”等词语已成为各类媒体高频使用的词汇。

（二）高效率

大数据时代下，每个人的生活和工作都可以通过大数据的分析提高效率。比如，想了解某个地方，不再需要通过实地考察的方式，而是可以通过网络搜索的方式来看当地的宣传和他人在公开平台上的评价。外出办事不用再随缘等车，而是可以通过相关平台找到距离出发地最近且有空车的司机接送。大数据不断改善我们的生活，提高我们生活和工作的效率，让我们的生活变得更加方便和智能。

（三）实体性

智能产品是硬件设施和软件系统的集合体。硬件设施是人类通过掌握自然界各种物质的特性，选择性地配置有效资源、人为地制造了智能产品存在的物质基础。软件系统是人类赋予它一定的思考能力、学习能力、逻辑推理能力的运算法则。如果把智能产品比喻为“人”，硬件设施就是智能产品的肉身，软件系统就是智能产品的灵魂。如果智能产品缺少了物质基础诸如中央处理器、电池、硬盘等设备，其软件系统将无用武之地，失去了赖以存在的基础。

（四）万物互联

借助高速发展的网络技术，智能时代将物理空间中相隔遥远的人物、场景、数据等都能够结合在一起，通过计算机的编码和译码等程序，将信息转化为动能，为社会发展提供动力。信息技术的叠加、倍增效应以数字化、智能化的方式构建了无处不在的万物互联网络。这形成的不仅仅是人与人的连接、人与物的连接、物与物的连接，还是人与人之间精神的连接、思维的连接、文化的连接。

二、智能时代行政执法的困境

人工智能技术的应用，“不仅仅是一场技术革命，更是一场决策革命和治理革命，它正在开启一个新的未知空间，可能带来一场社会变革，特别是公共治理领域的变革与创新”。[①] 因此，智能产品的使用为行政执法带来新的困境和挑战。

（一）人工智能产品的法律定位模糊

鉴于人工智能的自主性和工具性的特征，法学界对其法律属性存在诸多争议，承认其法律主体地位的学说有“电子人格说”“电子代理说”“拟制主体说”等。否定其法律主体地位的学说有“动物说”“工具说”“控制说”“电子奴隶说”等。我国学者从不同的角度对人工智能的法律地位纷纷各抒己见。主张赋予人工智能主体地位的学者有陈吉栋、杨清望、李俊丰等，反对赋予人工智能主体地位的学者有王耀彬、郑戈、房绍坤等。还有学者认为应当按照智能产品的智能程度（超人工智能、强人工智能、弱人工智能）来进行区分，如叶明在《理性本位视野下智能机器人民事法律地位的认定》中主张将人工智能分为完全民事行为能力人工智能、限制民事行为能力人工智能、无民事行为能力人工智能，并根据各自的智能化程度确定相应的权利、义务范围。人工智能随其发展程度是否能被人格化若作为一个哲学问题可以没有答案，但若作为一个与我们日常生活息息相关的法律问题，国家在制定相关法律时应该给出一个预期答案，因其对社会伦理道德的建设、资源利益的分配、组织行为的构建等都至关重要，最直接的影响即明确智能机器（人）的法律身份定位直接决定着纠纷产生之后，矛盾各方对其自身行为的责任承担问题。

（二）行政执法过程中的法律追责困难

从目前现实情况来看，人工智能对政府执法的影响主要有以下两方面：一是人工智能作为行政机关管理的工具，原先由执法人员操作的任务由智能产品完成。如将城市智能交通管理系统所搜集的违法证据作为行政处罚的依据等。二

① 参见高奇琦、陈建林：《大数据公共治理：思维、构成与操作化》，载《人文杂志》2016 年第 6 期。

是人工智能作为行政机关管理的对象,由人工智能的使用产生的一系列社会问题,行政机关如何治理。例如,商家搜集客户的生物信息过度使用、侵犯个人隐私权或信息权的问题等。在具体执法过程中,若行政机关依据人工智能收集的错误信息作出有损行政相对人的决定或者人工智能直接以行政机关的名义自动做出损害行政相对人权益的事情,应当由谁负责?虽然从法理上讲这种行为当然应该由实施该具体行政行为的机关直接向行政相对人负责,但如果我们进一步思考,行政机关对外负责后,是否可以要求生产厂家承担责任呢?因为人工智能是依照事先设计好的程序进行执法的,那么机器的生产者和程序的设计者都应有不可推卸的责任。再者,现在社会分工细化,很多机器和程序的制造、设计可能涉及多方法律主体,那么他们的法律责任又该依据什么原则和什么比例承担呢?很多人工智能程序的开发,是在他人的源程序上进行设计的,那么程序的最初研发者是否承担责任,又该依据什么承担责任呢?诸如此类的问题还有很多,随着人工智能行政执法的进一步发展,将成为行政法理论研究和实践操作中必须面对的问题。①

另外,2018 年 3 月 Uber 的一辆自动驾驶汽车在亚利桑那州发生交通事故,这是史上首例自动驾驶车辆在公开路面撞伤行人的案例。最终受害人的女儿、丈夫和 Uber 达成协议,但此协议并未对外公布,使我们丧失了对此类案例事故责任划分的参考机会。但法学界对该车辆的设计者、经营者、车中的安全员司机的责任划分存在不同观点和争议。

(三)智能产品中算法非中立性

算法的英文名称为“algorism”,我们常把它理解为数字的加减乘除运算法则。智能产品中的算法当然要复杂得多,它是技术进步在面对社会需要的产物。“算法在被实际投入应用之前,要经过问题定义与机器学习和训练两个阶段。”②“机器学习是从案例和经验(例如数据配置)来习得的算法,而不是依赖于硬件代码和事先定义的规则。换句话说,不是一个开发者来告诉程序如何区分苹果和橘子,而是算法本身通过喂养数据(训练),自己学会如何区分苹果和橘子。”③虽然由此

---

① 参见黎慈:《人工智能嵌入行政执法的法理分析:现状、风险与应对》,载《湖北社会科学》2020 年第 7 期。

② 岳平、苗越:《社会治理:人工智能时代算法偏见的问题与规制》,载《上海大学学报(社会科学版)》2021 年第 6 期。

③ 《高盛:人工智能报告(中文版)》,载原创力文档网,https://max.book118.com/html/2017/0516/107065058.shtm。

我们看到智能产品有着自主学习的特性，但并不能得出算法是完全客观、价值中立技术的结论，因为算法本身的源代码是编程人员根据其自身的知识背景和人生经验构建的，其主观意识有意或无意地会融入其设计工作中，这些都是算法在形成过程中不可避免的，算法偏见的本质是社会偏见在人工智能时代的映射。因此算法的客观性和公正性受到不同程度的挑战。

“在经典的计算机科学教科书中，算法通常是指为了实现特定目标而通过设立一组有限、明确的操作步骤，将给定的命令输入进去来转化为所需要的结果。”① 现在大家能够发现，甲乙两人同时打开某一购物平台，他们两人看到的信息并非完全一致，这就是智能网络通过统计二人的浏览数量、种类、价格等综合信息后主动推送其偏好产品的实证，算法其实是设计人员想要达到某种结果的手段。算法的非中立性导致智能产品受害人举证困难，因为很多情况下，算法会作为商业机密被政府或司法部门保护起来。作为非专业人才的行政相对人在认为政府执法不公时，由于知识的壁垒很难指出算法的不公、达到维护自身权利的目的。

（四）行政执法过程缺乏人性温度

传统行政执法过程，一般是代表公权力的执法人员和违法的行政相对人面对面的物理空间接触。这种执法方式，通过执法人员对政策或法律依据的恰当解读和解释，可以使行政相对人更好地理解自身的行为，融洽政府和居民的社会关系。但随着智能时代的到来，“非接触式执法”已成为一种新型的执法模式。“非接触式执法”即执法人员通过现代人工智能与信息技术等手段获取违法当事人有关违法事实的证据材料，在没有当事人口供的基础上形成完整的证据链条，再通过邮寄、留置等方式送达告知或处罚通知，在“零接触”的情况下完成告知程序。如果当事人不履行处罚决定则通过法院进入非诉执行程序，从而保障执法程序得到执行的执法方式。② 这种执法方式对行政执法程序有一定的破坏作用。行政执法程序，要求行政机关在实施具体行政行为时按照法定的步骤、方式、顺序以及时限，目的是防止行政权的滥用，有利于公民私权的保护。比如，行政调查程序、行政听证程序等都给了行政相对人发表自身观点和理由的机会，有利于行政相对人对行政决定的深刻理解或情绪的发泄等。

---

① 岳平、苗越：《社会治理：人工智能时代算法偏见的问题与规制》，载《上海大学学报（社会科学版）》2021 年第 6 期。

② 参见潘凌：《非接触执法：开启城管执法新模式》，载《城乡建设》2019 年第 11 期。

另外,我国正处于社会转型期,社会生活中还有相当一部分人口的文化素质偏低,不会使用智能产品、不懂智能执法的人大有人在,如在疫情管控期间,很多老人由于不懂手机扫码无法进入菜市场、医院等公共场所,而无法买菜、看病的情况也不在少数。疫情非常时期的智能执法行为确实对疫情的防控起到了巨大作用,但也确实给特殊人群的生活造成了一定程度的影响。在特殊时期,执法人员善意的微笑、温和的话语是顺利推行社会管理的"利器"。

三、智能时代完善行政法的对策建议

(一)明确人工智能产品的法律客体地位

人工智能是人类创造出来为人类服务的一个工具,是人类劳动的产物,应归属于物和智力成果的范畴。即使它在某些方面超越人的能力,但其自身根本无法解读权利、义务、责任等词的文化内涵和法律内涵。人工智能本身是无法认知自身处境的,其所谓的智能是编程人员设定的算法程序运行的结果。即使其自身拥有自主学习或深度学习的能力,但支撑其运转的最根本的程序归根结底是由科技人员发明或创造的,科研人员规定了其运转行为的最基本的准则。智能产品的自主意思并不是机器本身产生或特有的,无论其运转行为多么的正确和快速,其基本的逻辑判断和容错范围是人们事先设定好的,这就使人工智能无论多么完美,其所有的行为都无法超越算法的控制。人工智能自主学习或深度学习的结果可以看作人工智能的天然孳息,应由人工智能所有者本身拥有所有权。

自然人之所以成为法律认可的法律主体是历史长期演变的结果。法人作为法律上拟制的"人",关键在于其是自然人的意思表示的集合。人类始终是应然和实然的主体,技术的发展始终是为人类服务的,无论技术如何发展,都不能反过来使人类成为它操控的客体。若赋予人工智能法律主体地位,那么智能机器人是否拥有劳动、休息、婚姻、隐私等权利?将来若在人工智能的设计、生产、销售过程中若出现违背智能机器人自身意愿时,法律又将如何自处?因此明确人工智能产品的法律客体地位,既符合法律客体的内涵,又符合现实客观的需要。

(二)加快制定人工智能相关法律

针对人工智能技术的快速发展,我国亟须制定一部关于规范人工智能发展的相关法律。在此部法律制定的过程中应当遵循科学立法、正当程序的原则,积极听取社会反馈意见。鉴于科技发展日新月异的特点,此法律应从宏观上规定政府管理人工智能产品的原则框架,以适应新技术变化的容纳性。此部法律至少应包括以下几方面的内容,但不应局限于此。首先,应当规定政府管理智能产品的基本原则,如公民权利保障原则、行政比例原则、程序正当原则等,以此保证行政执法的公正和效率。其次,应当对社会关注的人工智能产品的法律地位进行明确回应,以便司法活动中对人工智能产品参与社会活动的行为效力进行认定。再次,应当对人工智能的行为效力制定相关标准,差异性对待人工智能所实施的不同行为。复次,规定人工智能产品相关者的责任。明确研发者、生产者、销售者、使用者等各方面的权利与义务,厘清各自在民事、行政、刑事等方面的权责划分,建立与时俱进的问责制度。最后,赋予相关行政部门监管的职责和处罚的权力,便于人工智能的良性发展。用先进的法律引导科技的发展,必须解决人工智能在法律地位、算法偏见、监管责任、伦理规范等方面的重要问题。

(三)加强算法管理

进入智能时代,算法通过搜集个人的网络信息,成为一个比自己还了解自己的“人”,商家可以精确地为用户画像。算法虽然促进了商品经济的发展和流通,但同时也侵犯了用户个人隐私权和信息权等权利。在追逐利益的目的下,智能产品的生产者或编程人员会将算法作为谋取利益的工具,技术异化几乎成为必然。更有甚者,某些公职人员可以利用数字集权或“算法黑箱”威胁民主政府健康发展。因此,政府作为社会治理的主体,加强算法监管成为未来政府进行社会治理面临的重要课题,以防止技术本身成为国家公权力之外的又一重要“准权力”。首先,我国政府应有专门的部门对算法进行监督和检查。当有用户的权益受到影响时,人们可以向有关部门申请权益救济或举报算法的危害,相关部门应有适当的自由裁量权对具体的算法进行调查、取证、决定是否处罚、保密等权力。其次,培养社会大众的算法素养。算法之所以成为一种“准权力”,是由于公众本身缺乏发现、识别不良算法的能力。培养公众主动搜索多元信息的意识,防止自身沉浸“信息茧房”中。最后,倡导建立行业自律平台,提升算法研发人员的道德素质,加强行业伦理规范,建立对算法人员进行岗前培训制度,或者只有通过统一的道德测试或者考试才能从事相关具体工作。加强对研发人员的在岗定期培训,提升设计人员偏见识别能力或自我反省能力。建立严格的惩罚制度,对违规人员实行行业禁止制度,只有人们明确自身需要承担的责任之后,才会对自身的行为进行约束和警醒。

（四）强调以人为本的社会管理原则

人类发展科技的初心是为人类服务。人工智能快速的计算能力和强大的信息存储能力是人脑可望而不可即的，它极大地解放了人的体力劳动和脑力劳动的。人工智能技术的发展和应用同时也改变了政府治理范式和行政执法模式，它大大提高了政府执法效率，促进了社会发展。但任何事物都有两面性，科技是一把“双刃剑”，科技带给人类进步的同时也给人类带来了不少灾难。然而，我们应该清醒认识到，科技本身是中立的，关键在于掌握科技的人。人工智能是人类创造的产品，创造什么样的智能产品以及如何使用，人类都应该有最终的决定权。科幻作家阿西莫夫提出了“机器人三原则”，因此人工智能的设计、生产、使用等各个环节都应该坚持以人为本的原则，保障人类整体的利益，促进社会的整体福祉。人工智能在执法过程中应用的好坏体现的其实是其背后的人的治理。当人工智能的使用侵犯了人的利益时或者脱离人类自身的管控时，我们必须坚持以人为本的基本原则。

海上执法案件行刑、行民衔接问题研究

水木晴美　李秦松[**]

一、问题的提出

海洋是经济社会高质量发展所必需的一项重要资源，2021 年，全国海洋生产总值首次突破 9 万亿元，较上一年增长 8.3%，对国民经济增长的贡献率为 8.0%。[①] 在海洋经济快速发展的同时，陆地污染违规排放入海、盗采海砂、海上犯罪等行为时有发生，因此，进一步提高海上执法水平，完善海上执法内容迫在眉睫。在 2018 年政府机构改革和全面依法治国的法治建设环境依托下，海上执法这一法律实施活动的执法依据、执法范围、执法协作等多方面内容已经得到了进一步规范。另外，海上执法案件与刑事司法、民事司法案件衔接方面，也取得了一定进展，具体表现在：(1)全国人民代表大会常务委员会《关于中国海警局行使海上维权执法职权的决定》(以下简称《维权执法职权决定》)以及《海警法》明确了海警队伍身份性质，在此前行政机关的基础上又赋予其国家武装力量的身份性质，即原隶属于原国家海洋局管理海警队伍整体转隶武警部队，受中央军委统一领导指挥；另外，2018 年《刑事诉讼法》的修改，明确了中国海警局依法对海上犯罪行使侦查权，确定了中国海警局依法享有侦查权，即明确了海警队伍的身份性质除国家行政机关与国家武装力量外，也是国家司法机关。(2)《维权执法职权决定》与《海警法》以列举式的方式明确了海上执法队伍执法范围，其中包括海上安全保卫、海上治安管理、海上缉私、海洋资源开发利用、海洋生态环境保护、打击海上犯罪等涵盖执法、司法及国防的综合海洋执法事务。(3)《海警法》结合了海上执法的特点，为海上执法主体与司法机关的综合协作方式的科学性、合理性提升

** 水木晴美，三亚学院法学院副教授，法学博士。研究方向：民商法学。
李秦松，广东周和律师事务所律师。

① 参见《2021 年中国海洋经济统计公报》。

提供了法律依据。

在2018年政府机构改革之后，海上执法进入了依法建设的新阶段，新阶段的5年探索现已初见成效，并且该探索在2021年2月1日《海警法》正式施行后推向了高潮，《海警法》对海上执法机构的组织结构、职权范围、法律责任、执法监督等方面作出了进一步明确。但是，在海警机构主管案件转化至刑事司法、民事司法案件方面，《海警法》上仅作了援引性规定，而这类以陆定海的程序规范未充分考虑陆上案件与海上案件的差异。因此，本文以海警机构为主要海上执法主体，立足我国海上执法案件与诉讼案件衔接发展现状，总结和分析海上案件转化为刑事诉讼、民事诉讼案件的现实发展与困境，据以提出未来可能的优化路径，以期为海上行政执法案件的行刑衔接、行民衔接提供参考。

二、海上执法主体与司法机关合作的现状

在过去海上执法主体职能设置背景下，我们可以认为海上执法是行政执法的一种，即“海上执法属于行政执法的范畴，是指由法定的或经国家授权的海洋行政执法机构依据国家现行海洋法律法规，实施具体行政管理的行为”①。但随着2018年政府机构改革和相关法律对于海警机构职能的调整，海上执法主体性质的定性以及海上执法客体因《海警法》正式施行发生了改变，依据《海警法》第22条、第23条、第38条及《海警法》章节设置可概括海警机构主要履行三大类职责：海上安全保卫、海上行政执法、海上犯罪侦查，据此，可以推定海警机构不仅仅是国家武装力量②，也具有国家行政机关、国家司法机关的身份性质。因此，将海上执法定义为涉海行政机关及其他特定的机构或组织为维护国家海洋权益与海上秩序，在我国管辖海域及国际法授权海域内执行国内规范性法律文件及我国批准的相关国际法律文书规定的具体活动，如此定义更符合当前海上执法实践的主要内容③。海上执法作为实现海洋强国战略和依法治国方略的重要核心，在实践过程中，受其行政主体自身的限制，无法完全通过行政强制、行政处罚的方式对违法行为进行等量打击，需要借助刑事司法、民事司法的方式对违法行为进行全面打击，才能实现海上执法的打击、处罚、预防海上违法行为的职能。

海警机构行政执法与刑事司法衔接是指，海警机构、检察机关、监察机关、公

① 参见王杰、陈卓：《我国海上执法力量资源整合研究》，载《中国软科学》2014年第6期。

② 参见崔野：《“海上执法”概念簇的释义与辨析》，载《湖北警官学院学报》2022年第2期。

③ 参见崔野：《“海上执法”概念簇的释义与辨析》，载《湖北警官学院学报》2022年第2期。

安机关、政府主管部门和有关行政执法机关探索实行的，旨在防止以罚代刑、有罪不究、渎职违纪等问题而形成行政执法与司法合力的工作机制。[①] 海警机构行政执法与民事司法衔接是指，海警机构、检察机关、监察机关、公安机关、政府主管部门和有关行政执法机关探索实行的，旨在弥补因行政处罚、行政强制不足以弥补涉海违法行为对生态环境所造成的破坏以及生态环境保护部门为恢复海洋生态环境所产生的开支等问题而形成的海上执法与司法合力的工作机制。本文所论述的海上执法案件行刑、行民衔接，是力求从行政、刑事、民事角度综合查办海上执法案件，避免因海上执法主体对违法行为侵害刑事、民事法益的认知限制，导致对海上违法行为追究得不彻底、不全面。因此，结合司法所具有的纠纷解决终局性特点，为避免海上执法权的空转，通过形成海警机构行政执法与刑事司法、民事司法合力的工作机制，进一步加强海上执法案件行刑衔接、行民衔接是保证海上执法权最终落实的必由之路。

（一）目前立法层面的不足

海上执法活动是一种国家权力的运用，在运用国家权力的过程中必须以法律、法规、政策文件等规范性法律文件为活动依据。目前海上执法依据体系是以《维权执法职权决定》为基础，以法律为核心、以规范性法律文件为主干并以政策文件为补充而构成的，现有的海上执法体系与加快建设海洋强国的发展目标相对照，我国涉海法律制度还不够健全，体系性相对较弱，执法主体多样，法律执行效果与措施不一，内部矛盾和冲突之处不少，立法层次与适用对象参差不齐。[②]

海上执法活动的法律依据主要包括《海警法》、《刑事诉讼法》以及《人民武装警察法》，而上述法律对海上执法案件的行刑衔接、行民衔接方面问题缺少确定性指引，例如，《海警法》规定了海警机构有权行使侦查权、采取侦查措施、有权发布通缉令和刑事强制措施等方面事务，但对于公益诉讼证据收集、案件线索的移送、公益诉讼原告资格并未作出明确具体的规定；《海警法》中赋予了海警机构管辖区域的划分和调整可突破行政区划限制，这一特别赋权是在立法上为海上执法主体跨区域、跨部门执法提供了合法依据，对海上执法的实效提升大有裨益，同时也遗留下因机构编制特殊性而导致的案件管辖法律依据的空缺，使案件转化依赖指定

① 参见唐刚：《〈中华人民共和国海警法〉的立法评析与实施展望》，载《政法学刊》2021 年第 3 期。

② 参见杜明明：《对中国海警海上执法法律保障的思考》，载《公安海警学院学报》2020 年第 4 期。

管辖的方式确定管辖权,影响了案件处理的效率;2018 年《刑事诉讼法》修订,该法在附则部分增加了海警机构享有侦查权的规定,以及"中国海警局办理刑事案件,适用本法的有关规定",对于案件行刑衔接、行民衔接未作特别的程序规定。《人民武装警察法》也仅仅新增了武警部队执行海上维权执法任务的援引性规定,未对海警机构海上执法的具体问题进行规定。

以行政规章和地方性法规为主的规范性法律文件是执法活动的主要法律依据,也是涉及海上执法案件行刑衔接、刑民衔接最多的相关规定。最为核心的即 2022 年 5 月 10 日发布的最高人民法院、最高人民检察院《关于办理海洋自然资源与生态环境公益诉讼案件若干问题的规定》(以下简称《海洋公益诉讼规定》),《海洋公益诉讼规定》在明确有权提起海洋自然资源与生态环境民事公益诉讼的原告主体时,也明确了海事法院是海洋环境民事公益诉讼的专门管辖法院。该规定对于海上执法案件行刑衔接、行民衔接的管辖、起诉主体都进行了少量的规定,但未明确海上执法主体民事公益诉讼主体资格,以至于在《海警法》施行后,大量的涉海公益诉讼原告仍由检察院承担,无法通过由海上执法主体全面行使海上违法行为行政、民事责任追究权降低相关诉讼成本。

在近年的海上执法案件行刑衔接、行民衔接过程中,各地司法机关为依法办理海上执法案件,纷纷出台有关文件,通过备忘录、意见等司法政策文件形式探索行刑衔接、行民衔接协作机制,例如,广西、湖南、江西、福建等相邻省份相应检察机关之间,签订涉流域、山界、海洋等跨区域公益诉讼协作机制的 40 余份有关文件(备忘录);广东省检察院与广州军事检察院、广东海警局共同签订了《关于加强检警军地协作配合工作的意见》等。司法政策文件在海上执法案件行刑衔接、行民衔接中充分发挥了其灵活性,从立法上对于案件转化具体规程、案件管辖、警检合作、证据收集等方面的不足进行了补充,同时也对海上执法法律体系逐步完善起到了一定的推动和引导,但司法政策文件主要由各地方自行发布,导致各地海上执法案件协作、转化机制的参差不齐。

(二)海上执法案件行刑衔接的现状

1. 立法层面

对于海上执法案件与刑事诉讼案件衔接的规定主要包括:最高人民法院、最高人民检察院、中国海警局联合下发的《关于海上刑事案件管辖等有关问题的通知》《海警法》。

(1)2020 年 2 月 20 日,最高人民法院、最高人民检察院、中国海警局联合下发《关于海上刑事案件管辖等有关问题的通知》,该通知第 3 条、第 5 条、第 6 条明确海上刑案管辖、侦检衔接等具体问题,其中海警市级局及各分局、直属局、工作站侦查的海上刑事案件,需要提请批准逮捕或者移送起诉的,分别向对应的市、县区检察院移送。海上执法机构虽经数次改革,但机构调整对于权责、职能都仅作了原则性规定,仍然存在多头管理、职能交叉等问题,明确海上刑事案件的管辖问题,有利于海警机构与检察机构进一步探索和构建海上执法案件向诉讼案件的转化合作机制,以杜绝有案不立、以罚代刑、徇私枉法等问题,保障检察机关职能的充分发挥。

(2)2021 年 2 月 1 日《海警法》正式施行。《海警法》是我国实现"海上强国"发展目标的四梁八柱,并且对新阶段开展海上执法活动与进一步探索科学化、现代化的高效海上执法合作机制具有重要的指引作用。例如,《海警法》第五章中对于海上执法案件向刑事诉讼案件转化、案件级别管辖、地域管辖、侦查措施程序等方面内容作出了相应的规定。例如,《海警法》第 38 条规定:海警机构办理海上发生的刑事案件,依照《刑事诉讼法》和本法的有关规定行使侦查权,采取侦查措施和刑事强制措施。《海警法》第 39 条对海警机构侦查的案件依法采取技术侦查措施程序作出具体安排。《海警法》第 44 条对海警机构内部的案件级别管辖作出了规定。《海警法》第 45 条规定:海警机构办理海上刑事案件,需要提请批准逮捕或者移送起诉的,应当向所在地相应人民检察院提请或移送。

2. 海上执法案件行刑衔接的实践探索

海警机构改革至今,各地海警机构不断通过签订部门协定、设立部门派驻机构、设立联络室等方式加强与检察机构的协作,充分发挥检察机构刑事检察、公益诉讼、综合治理的三项检察职能作用,形成以刑事打击为后盾的严格海上执法合作机制。

广东省的实践探索。2021 年 4 月 30 日,广东省检察院与广州军事检察院、广东海警局共同签订了《关于加强检警军地协作配合工作的意见》,进一步加强军地检察机关与海警机构协作配合,在打击海上刑事犯罪、海洋行政执法、海洋环境公益诉讼和生态修复补偿等方面形成工作合力。广州市南沙区检察院通过"一站式取证""一揽子评估""一键式修复"等方式有效提高司法效率、解决鉴定难问题、修复海洋渔业资源。目前,广东省各地市检察院在海警局、海警工作站已挂牌的派驻检察官办公室共计 17 个。①

福建省的实践探索。2020 年 11 月，连江县人民检察院与连江县人民法院、福州市海警局连江工作站共同会签了《关于在查办海上犯罪案件工作中加强协作配合的意见》。该意见的出台正式开启福建连江检察机关与审判机关、海警部门协同推动健全海砂综合治理体系的序幕，三方充分发挥各自职能优势，进一步加强协作配合，建立健全联系会议、沟通联络、联动协作、会商研判、海洋生态修复、线索移送共六项工作机制，在打击海上犯罪和保护海洋生态环境方面形成强大合力。②

广西壮族自治区的实践探索。2021 年 4 月 3 日，广西防城港市人民检察院在广西防城港海警局执法办案管理中心设立首个派驻检察室，在派驻检察室与防城港海警局的协作中构建了提前介入引导侦查及案件管辖创新、双方互通培训等协作机制。③

山东省的实践探索。2020 年 4 月 5 日威海市海警局和威海市检察院会签了《关于加强检警协作配合的若干意见》，成立海警局检察官办公室。2021 年 4 月 3 日，潍坊市海警局与潍坊市公安局、海事局、海关缉私分局、海洋发展和渔业局建立会商研判、信息共享、协同管控的联防联控机制，全面增强潍坊海域的综合管控能力。④

天津市的实践探索。天津市检察院第三分院与天津海警局联合签发《关于加强检警协作配合的若干意见》。所设立检察官海警办公室的职能范围涵盖刑事检察、民事检察、行政检察、公益诉讼检察、控告申诉检察等职能⑤；依据天津市公安局等六部门《关于印发进一步加强行政执法与刑事司法衔接依法打击非法捕捞水产品违法犯罪行为的指导意见的通知》的要求，天津市渔政渔港监督管理处会同滨海新区检察院、天津海警局于 2021 年 4 月 21 日在滨海新区检察院召开了渔业

---

① 参见《首创"海洋公益诉讼新模式"，广州检察机关"亮招"护海疆！》，载广州市人民检察院网上检察院网，https://www.jcy.gz.gov.cn/xw/3405.jhtml。

② 参见《连江县检察院与审判机关、海警部门会签意见　加强查办海上犯罪案件工作协作配合》，载中新网，http://www.fj.chinanews.com.cn/news/2020/2020-11-24/476863.html。

③ 参见王勇：《广西海警成立第一家法律援助工作站》，载人民网，http://gx.people.com.cn/n2/2021/0108/c390645-34518974.html。

④ 梁平妮：《全省首个！威海市检察院驻威海海警局检察官办公室揭牌成立》，载微信公众号"山东省人民检察院"2020 年 4 月 5 日，https://mp.weixin.qq.com/s/vfiYnbZSEI_b1JY5xBmHtA。

⑤ 陶强：《"蓝海卫士"检察官海警办公室在天津市人民检察院第三分院揭牌》，载微信公众号"天津市人民检察院"2020 年 7 月 16 日，https://mp.weixin.qq.com/s/gTPNmB23PepQ-vJFMzlJlQ。

行业行刑衔接工作联席会议讨论已经立案的非法捕捞水产品案、即将到来的休渔期以及如何为渔民办实事这三个方面进行了沟通交流，形成了符合天津海警局管辖水域水文特点渔业行业行刑衔接机制。

（三）海上执法案件行民衔接的现状

1. 立法层面

对于海上执法案件与民事公益诉讼案件衔接的规定主要包括：最高人民法院、最高人民检察院联合下发的《海洋公益诉讼规定》《民法典》《民事诉讼法》《刑法》《刑事诉讼法》《海事诉讼特别程序法》等。鉴于海洋民事公益诉讼在海上执法机构改革前已经开展数年，且取得了一定的进展，本文仅对于《海警法》所明确的海警机构为主要海上执法主体的民事公益诉讼规定展开论述。

《海洋公益诉讼规定》第 1 条明确本规定的适用范围系因破坏海洋生态、海洋水产资源、海洋保护区而提起的三类诉讼，包括民事公益诉讼、刑事附带民事公益诉讼和行政公益诉讼。《海洋公益诉讼规定》第 2 条，明确行使海洋环境监督管理权的部门具有提起海洋自然资源与生态环境民事公益诉讼的原告主体资格；《海洋公益诉讼规定》第 3 条，明确了人民检察院督促、协同和兜底的职能作用，同时也确定了海事法院是海洋环境民事公益诉讼的专门管辖法院；《海洋公益诉讼规定》第 4 条，明确了对破坏海洋生态、海洋水产资源、海洋保护区，涉嫌犯罪的行为，在行使海洋环境监督管理权的部门没有另行提起损害赔偿诉讼的情况下，人民检察院可以在提起刑事公诉时一并提起刑事附带民事公益诉讼，也可以单独提起民事公益诉讼。一方面，该规定明确了人民检察院有权提起海洋环境行政公益诉讼，明确了海事法院的专门管辖职能，弥补了因海警机构编设导致的管辖依据的法律空缺；另一方面，该规定通过明确民事、刑事附带民事、行政公益诉讼管辖、诉讼主体资格的方式，加强了海上执法案件向诉讼案件的转化，有利于实现更高效地督促海洋环境监督管理部门依法履职，保护海洋自然资源和生态环境的目的。

2. 海上执法案件行民衔接的实践探索

检察公益诉讼是国家治理能力、治理体系现代化、法治化、专业化的成果，也是从司法角度进行公共事务管理的一种方式，由检察机构主导的公益诉讼在促进国家海上治理上的追求与价值，与海上执法没有利害冲突。此前，涉海公益诉讼的起诉主体多为检察机关，或由检察机关以支持起诉的方式参与，即使在《海警法》颁布实施后，起诉主体仍主要由检察机关担任，且各地方海警机构都不同程度地忽视了对于海上执法案件能够通过民事公益诉讼的提起而补偿行政处罚不足以填补破坏海上生态环境违法行为造成的损失。

直至2021年11月22日，我国首起以海警机构作为原告的海洋生态公益诉讼在厦门海事法院依法提起。[①] 被告山东港湾公司于2021年5月24日取得高崎污水处理厂尾水排海管的《废弃物海洋倾倒许可证》，倾倒区为福建东碇临时性海洋倾倒区C区，但2021年5月28日至6月29日，被告公司所租用的"锦华118"船未在从事高崎污水处理厂尾水排海管工程清淤过程中在其所获得的许可证规定范围内倾倒废弃物，而是将废弃物倾倒在刘五店外侧附近海域，该海域为中华白海豚保护区，侵害海洋环境方量达64,700方，该倾倒行为严重危害中华白海豚栖息地生态安全，对海洋自然保护区生态环境造成直接破坏，损害了国家和社会公共利益。厦门海警局湖里工作站依法对被告的违法行为处以"警告并处罚款20万元"的行政处罚，但受行政处罚性质的限制，顶格处罚金额仍不足以填补被告造成的海洋生态损害，后经厦门海警局所委托的专家组对涉案海域生态修复费用进行评估，因被告未按规定倾倒废弃物的行为导致的生态环境修复费用为1,261,060元。该案在开庭审理后，依法查明了有关事实，在法院组织的调解活动中，双方依法达成调解，被告同意承担生态环境修复费用1,261,060元，并表示愿意将该款项用于修复被损害的生态环境和中华白海豚等珍稀动物保护事业，并且被告同意向原告支付公益诉讼支出的专家评估费、律师费。

在该案件中，海上执法主体厦门海警局在对有关违法行为进行行政处罚后，发现行政处罚不足以弥补违法行为对海洋生态造成的损害，及时针对同一违法行为通过民事公益诉讼的方式要求违法主体承担有关生态修复费用，使违法行为人承担了与其违法行为相当的赔偿责任。该案件的行民衔接，一方面，使违法主体依法全面地承担责任，既在行政执法层面受到了行政处罚，也对其违法行为造成的生态损害修复承担了民事赔偿责任，全面展现了违法主体的违法成本，对于海上违法行为起到了一定的预防作用；另一方面，该案件以海警机构为原告，该海警机构作为案件查办机关，始终处在对该违法行为的责任追究过程中，能够及时地、充分地掌握有关诉讼证据，及时对有关损失进行评估，降低了公益诉讼的诉讼成本。

---

① 厦门海警局诉芜湖海顺航运有限公司案，厦门海事法院(2021)闽72民初940号民事调解书。

三、海上执法案件行刑衔接、行民衔接的意义

“法律不是为了法律自身而被制定的，而是通过法律的执行成为社会的约束，使国家的各部分各得其所、各尽其应尽的职能……如果法律不能被执行，那就等于没有法律”①，而海上执法案件的行刑衔接、行民衔接对于法律法规的充分实施、海洋经济发展具有重大意义。

（一）有利于保障海上执法主体严格规范公正文明执法

严格规范公正文明执法是一个有机的统一整体，以严格为执法基本要求，规范为执法行为准则，公正为执法价值取向，文明是执法最高境界。② 海警机构作为一支履行多重职能的综合性执法力量，在执法工作中应当遵守严格规范公正文明执法原则。但目前，海上执法工作落实到具体的过程中时，因海上执法职权设置仍然存在多头管理、职能交叉等问题，导致海上执法各主体之间存在相互推诿、利益所驱等情形。为保障海警机构严格依法执法，《海警法》第九章规定：海警机构应当积极建立健全海上维权执法工作监督机制，并依法接受检察机关、军队检察机关的监督。其中，依法接受军队检察机关监督即海上维权执法工作内部监督机制，而依法接受检察机关的监督，实质上是以海上行政执法为基础，以检察机关运用检察、公益诉讼职能为手段，建立的通过加强海上执法行刑衔接、行民衔接形成的海上维权执法工作外部监督机制。海上维权执法工作内部、外部监督机制的双驱动，有利于保障法律、法规的准确、及时实施，防止海上执法案件有案不立、有罪不究、以罚代刑，避免海上执法主体内部滋生腐败、徇私枉法，推行严格规范公正文明执法。

（二）有利于提高海上执法实效

近年来，中国海警局进一步加强海上综合治理。2019 年 7 月 10 日，中国海警 95110 海上报警电话开通，主要受理海上治安和安全保卫、海洋资源开发利用、海洋生态环境保护、海洋渔业资源管理、海上缉私等方面的警情，截至 2022 年 4 月 5 日共接报警 17.4 万余起，有效处警 2.9 万余起，其中刑事类警情 2700 余起、治安

---

① ［英］洛克：《政府论》（下篇），叶启芳、瞿菊农译，商务印书馆 1964 年版，第 132 页。

② 参见张文显主编：《法理学》，高等教育出版社、北京大学出版社 2018 年版，第 249 页。

类警情9200余起、渔业类警情1300余起、海洋类警情900余起，抓获嫌疑人1.2万余人，化解矛盾纠纷5283起，处理救助警情3218起，救助船舶567艘、民众2537人；①中国海警局于2021年，针对海上治安刑事案件，全年共侦破各类治安刑事案件2600余起，同比增长18%，依法惩处了一些危害公共安全、破坏管理秩序、侵犯公民权益的违法犯罪分子，有力维护了海上良好治安秩序；针对海上走私案件，全年共查获各类走私案件830起，同比下降24%，先后组织开展"国门利剑"、"守卫"、"国门守护"、打击治理珠江口水域走私等专项执法行动，现场查扣毒品400余公斤、成品油2.6万吨、冻品0.93万吨、香烟11.8万箱，以及电子产品、药品、化妆品、杂货等其他物品一批，案值约27.7亿元；针对海洋资源环境和渔业领域，全年共查处（破获）海洋资源环境和渔业类案件1200余起，同比增长17%。总而言之，近年来打击海上违法犯罪活动获得了较大成就，随着海上执法的进一步深化，足以预见未来海警机构海上执法仍是任重而道远。因此，进一步加强海上执法案件行刑衔接、行民衔接不仅能够提高海上执法案件的办案效率，也能为严厉打击海上违法犯罪行为提供组织上的保障。

（三）有利于弥补因行政处罚不足以弥补违法行为所造成损害的损失

长期以来，有部分学者认为环境问题的根源在于行政执法不力，笔者认为，这种观点仅从主体方面出发，忽略了在依法执法框架下因执法性质、处罚依据的限制形成了行政机关对于违法行为的追究力度与违法行为所造成的实际损害间的悬殊。《海警机构海上行政执法事项指导目录（2021年版）》中所明确适用的海上执法实施依据主要包括《治安管理处罚法》《民用爆炸物品安全管理条例》《危险化学品安全管理条例》《海洋环境保护法》《海域使用管理法》《海岛保护法》《矿产资源法》等法律法规，而依据该类法律法规所做出的行政处罚金额相对于违法行为对海洋环境所造成的损失及为恢复海洋生态环境所要付出的成本而言不过尔尔。海上执法案件向刑事司法案件、民事司法案件转化是由浅至深地对海上违法行为进行打击、处罚、预防的一种有效途径，例如，违法行为的违法程度未达到追究刑事责任的时候，则案件以行政处罚或行政强制的方式进行处理；当违法行为达到应追究刑事责任程度，但未对社会公共利益造成损害时，由海警机构依法立

---

① 参见《中国海警海上报警平台运行以来已接警17.4万余起　抓获嫌疑人1.2万余人》，载中国新闻网，https://view.inews.qq.com/a/20220412A0D5NJ00。

案侦查，并由检察机构代表国家提起公诉，通过法院审理对违法行为追究刑事责任；当违法行为未达到应当追究刑事责任程度，但对社会公共利益造成重大损害时，由法定的公益诉讼起诉主体依法收集证据，对行政相对人追究法律责任，以填补因行政处罚不足以弥补违法行为所造成损害的损失。实质上，加强海上执法案件的行刑衔接，有利于避免追究海上违法行为的不及时、不彻底、不严厉；另外，通过海上执法案件行民衔接，可以解决《海洋环境保护法》第 89 条中对尚未造成“重大损失”或需要承担预防性民事责任时，相关行政机关不能提起海洋自然资源和生态环境损害赔偿诉讼的难题。

（四）有利于促进海洋经济的进一步发展

经国家统计局初步核算，2021 年全国海洋生产总值首次突破 9 万亿元，达 90, 385 亿元，比上年增长 8.3%，对国民经济增长的贡献率为 8.0%，占沿海地区生产总值的比重为 15.0%。其中占比最高的为滨海旅游业，滨海旅游业全年实现增加值 15, 297 亿元，比上年增长 12.8%，滨海旅游虽尚未恢复到疫情前水平，但其经济潜力仍不容小觑。其次就是海洋交通运输业，全年实现增加值 7466 亿元，比上年增长 10.3%，2021 年我国海洋货物周转量比上年增长 8.8%，沿海港口完成货物吞吐量、集装箱吞吐量分别比上年增长 5.2% 和 6.4%，随着对外贸易快速复苏，远洋运力供给不断强化，沿海港口生产值将稳步提升。随着海洋资源的进一步开发，涉海行政、刑事、民事案件也会因经济活动的活跃而激增，若在海上经济活动越发活跃之时忽视了法律活动的配套发展，必然影响经济活动的良性发展。因此，进一步严格海上执法活动，理顺海上执法案件行刑衔接、刑民衔接关系，有利于进一步规范海上经济市场，促进人类经济活动与海洋和谐发展。

四、海上执法行刑衔接、行民衔接的发展

我国目前在立法层面和司法实践探索过程中已对海上执法案件行刑衔接、行民衔接制定了相应规定和合作机制。但目前《海警法》、《维权执法职权决定》和《海洋公益诉讼规定》所明确的衔接程序未能充分结合海上执法案件的特性，仅作出了原则性、援引性的规定。因此，海上执法行刑衔接、行民衔接仍存在诸多不足，需要不断地改进和探索。

（一）办案机关要进一步优化执法标准

在立法方面，应当充分考虑海上执法案件特殊性，将海上执法工作开展规则

与刑事案件统一标准。例如,中国海警局于 2022 年 3 月 18 日发布《海警机构行政执法程序规定(征求意见稿)》公开征求意见,该征求意见稿中虽对行政案件向刑事案件转化作了一定业务流程上的规定,但缺乏对海上执法案件行刑衔接、行民衔接的合理性考虑,例如,关于无法确定为刑事案件或者行政案件的处理的规定,该征求意见稿第 73 条规定:关于无法确定为刑事案件或者行政案件,可以按照行政案件的程序办理。该规定未能充分考虑行政案件与刑事案件在证据种类、收集程序、证明对象之间差异,以及涉海案件取证困难、鉴定困难等问题,为保证能够依法打击涉海犯罪行为,应当在准确识别违法行为所涉及法益的基础上以刑事案件的程序办理,以避免因行政执法标准与司法标准的差异导致违法行为的无法追诉。

(二)海警机构内部增设检察官办公室助力案件衔接

需要进一步通过立法厘顺海警机构与公安部门、监察部门、检察部门、审判部门的关系,结合海上案件特性,在海警机构内部设置有助于海上执法案件行刑衔接、行民衔接的全国统一的部门,例如,由沿海地市级检察院在同级海警局设立派驻检察官办公室,对海警局及其下属工作站执法的全过程实行全线监督,开展常态化工作,积极依据《刑事诉讼法》派员监督、介入海上侦查活动、积极引导执法活动以刑事案件侦查标准开展调查取证工作,从而形成海事违法犯罪的打击合力。在检察机构内部完善海事犯罪检察工作机制,建立健全专业化的涉海办案团队,探索建立海事犯罪案件捕诉一体化办案机制,积极促进海上行政执法案件与刑事、民事司法相衔接,构建海上执法管理数据、信息系统和执法信息系统的共享机制,让海上行政执法活动在检察机关监督下稳步进行,并定期向同级检察机构通报行政执法立案、处罚、执行,刑事立案侦查、侦破等执法信息,为海上行政执法案件顺利移送司法程序提供信息支持。

(三)加强执法人员专业素质建设

2020 年 1 月 1 日,为确保海上维权执法工作正常开展,使海上执法人员在开展海上维权执法工作时依法“持证上岗”,中国海警局正式启用了海警执法证,自此推行执法准入和持证上岗制度,保证了执法人员依法执法,但机构整合后执法人员的执法专业素养仍有待提高。为保证海上执法案件向刑事、民事公益诉讼案件应转必转,应当加强海上执法人员的专业素质建设,不仅要求执法人员熟悉掌握海上执法的专业知识、流程、技能，也应当提高执法人员准确识别执法案件涉及法益的能力，熟悉案件衔接的有关规定和具体工作流程，同时树立执法人员的合法证据意识，提高调查取证、证据保全的能力。具体而言，提高执法人员准确识别海上物流类、海上安全类、涉外走私类、海上恐怖主义类犯罪构成的能力，以刑事案件侦查的标准进行海上执法工作，对可能疑难复杂、新型的海上违法案件，及时向检察机关反应案件情况，参照检察机关的建议对案件进行处理；对于非法侵占海洋资源、破坏海洋环境行为，及时通知生态部门协助配合进行检测、鉴定，对于未达追究刑事责任程度，但对海洋环境造成行政处罚不足以弥补的损害，依法由海警机构提起海洋生态公益诉讼追索生态环境修复费用，驻海警机构检察官办公室积极履行监督职能，对于应转化为刑事案件、民事公益诉讼案件而未转的案件，及时发出检察建议，敦促具有诉讼主体资格的执法主体承当法律赋予执法主体的公益诉讼起诉权，必要时依据《海洋公益诉讼规定》承担起兜底职能作用，严格防止出于经济利益或者其他因素的考量放纵违法犯罪，也杜绝以罚代刑、有案不立，坚持以诉讼为核心促进海洋生态治理。

（四）优化海事案件证据规则

证据既是认定案件事实的关键，也是案件衔接的核心。在海上执法案件向刑事案件、民事公益诉讼案件转化的过程中，证据是案件得以衔接的主要考量，而行政案件的证据证明目的为证明有违法行为存在，较刑事案件的犯罪事实清楚，证据确实、充分和民事公益诉讼的具有“高度可能性”的证明标准而言要求较宽松。因此，进一步优化海事案件证据规则，一方面，要明确海上执法案件证据收集规则与刑事案件证据收集规则统一化，制定供全国海警执法机构学习、使用的“行政执法对刑事证据和公益诉讼证据取证要点”，明确确定类案证据清单，引导海上行政执法机关规范取证，提高成案效率；另一方面，将《海警机构行政执法程序规定（征求意见稿）》第 32 条规定：“海警机构办理海上行政案件时，有证据证明当事人在海上实施将物品倒入海中等故意毁灭证据的行为，给海警机构举证造成困难的，可以结合其他证据，推定有关违法事实成立，但是当事人有证据足以推翻的除外。前款规定的有证据证明是指有现场照片或者音视频能够客观记录当事人在海上实施毁灭证据的行为，或者当事人承认在海上实施毁灭证据的行为，并有其他证人证言、鉴定意见等证据证实的。”引入“海警机构办理刑事案件程序规定”，为法官对海上犯罪事实认定的自由裁量权提供法律依据。

结　语

随着《海洋公益诉讼规定》、《关于海上刑事案件管辖等有关问题的通知》和《海警法》的出台，以及目前正在向社会征求意见的《海警机构办理刑事案件程序规定》《海警机构行政执法程序规定》，海警机构行政执法案件的行刑衔接、行民衔接必将具有更多的法律和制度保障。除了进一步优化执法标准、海警机构内部增设检察官办公室、加强执法人员专业素养建设等完善措施外，海警机构在执法中还应进一步加大科学技术对海上执法的技术支持，加强与有关部门的组织协作，必要时引入专家队伍论证和咨询的意见，定期组织公安部门、检察机关、人民法院对海上执法案件进行案件分析研究，共同破解证据收集、事实认定、法律适用等方面难题，在提高自身执法能力的同时加强案件行刑、行民衔接监督。目前，我国首起以海警机构为原告的海洋环境公益诉讼案件已结案，该案产生了广泛的社会影响，也为各地海警机构依法开展执法活动，加强海上执法案件行刑、行民衔接做了良好的示范，具有里程碑性的教育宣传意义，相信未来海上执法案件行刑、行民衔接在证据规则、衔接程序、协作机制等方面制度必将进一步完善，加大对海上违法行为的打击力度，实现办一案、治一片、护一方的海上执法效果，加快建设“海上强国”。

智慧海洋模式下海上综合执法的完善研究

戴为卿[*]

自党的十八大召开以来，国家高度重视海洋事业的发展，坚决把建设海洋强国融入“两个一百年”的奋斗目标。大力促进海洋事业发展的核心关键点在于推进智慧海洋工程的体系化建设，智慧海洋是认知海洋、经略海洋的整体方案，更是海洋强国建设的基础性、战略性工程。建设智慧海洋工程可以从建设国家海洋大数据共享应用平台、利用互联网及人工智能等新兴技术促进涉海电子商务产业发展、推动重大国家海洋基础设施的信息监管平台建设等方面着手。当前我国的海上综合执法存在一些亟待解决的问题，如何充分运用智慧海洋工程，在智慧海洋的发展模式下摆脱我国海上综合执法面临的困境，也是推进我国海洋强国进程中必不可少的环节。

一、智慧海洋概述

（一）智慧海洋的概念

“智慧海洋”是指以完善的海洋信息采集与传输体系为基础，以自主安全可控的海洋云环境为支撑，将海洋权益、管控、开发三大领域的环境、目标、活动数据进行集成、开放与共享，运用工业大数据、互联网大数据和科学大数据技术对历史数据、实时数据进行分析处理，并对未来发展趋势进行预测，形成面向军、政、民各类涉海用户的信息应用服务产品，指导海洋装备的使用与海洋活动的智慧开展，从而实现海洋资源共享、海洋活动协同，挖掘新需求，创造新价值，达到智慧经略海洋的目的。

---

* 戴为卿，三亚学院法学院讲师。研究方向：海洋法。

（二）智慧海洋的优势

“智慧海洋”是在海洋数字化、透明化的基础上，应用智能化信息技术和先进的海洋装备技术，发展而成的海洋智慧化高级形态。从当今世界海洋强国的发展历史来看，信息化水平和能力是各国制定海洋战略、发展海洋事业的主要参考依据，更是未来开发和利用海洋的核心要素。当今信息技术智能化高速发展，海洋信息体系建设经历以数字化为目标的初期发展阶段后，其智慧化发展，形成从数据，到知识，到预测，再到最优决策的海洋发展模式，即“智慧海洋”，也将成为海洋信息化发展的必然趋势。因此，“智慧海洋”不仅将解决国内与国外海洋信息体系存在的差距和问题，更将进一步形成引领全球海洋事业发展的新优势。

二、我国海上综合执法的现状

海上综合执法是指以直接处罚为目的的一系列行为过程，包括监视，检查，通报，船舶及人员扣押、逮捕，课以刑罚等司法措施或其他法令适用。海上综合执法从执法内容上看主要包括海洋主权、海上治安、海上交通、渔业养护和海洋环境保护这几个方面。自中华人民共和国成立以来，我国也开始了海上综合执法模式的实践与探讨。

（一）“九龙治海”改革为“五龙闹海”

2013 年原国家海洋局重组以前，我国的海上综合执法被称为“九龙治海”，主要表现在九大涉海部门都有海上综合执法权限，导致我国海上综合执法一度出现混乱的状态。后来经过改革以后，又变成“五龙闹海”，特指公安边防海警、中国渔政、中国海监、中国海事和海上缉私等五支海上综合执法队伍在同一片海域、履行各自职责时所存在的职能交叉重叠、效能低下等消极现象。国家海洋局重组以后，多部门交叉执法的现象得以改善，但仍然存在很多问题未解决。

（二）分散执法向综合执法过渡

2018 年，《深化党和国家机构改革方案》出台，将国家海洋局领导的海警队伍及其相关职能全部划归武警部队。自此，我国开始从以往的分散执法模式慢慢向以海警为主，海事、海军为辅的海上综合执法体制过渡。根据《中国海警海上综合执法指南》的规定，中国海警的执法范围主要包括海上治安、缉私、渔业、港航安全、海洋资源、海域使用、海岛保护、海底电缆管道铺设、涉外海洋科研等几类。中国海事局的海上综合执法权主要包括：国家水上安全监督和防止船舶污染、船舶及海上设施检验、航海保障管理和海上行政执法，同时履行国家交通运输部的安全生产管理职能等，据此，海事局海上综合执法权主要集中于海上交通领域，相较于海警来说专业性更强。实践中，海警局和海事局仍然存在一些职责交叉重叠的范畴。

三、当前海上综合执法面临的挑战

（一）海上综合执法的不足之处

1. 涉海法律层次低

2021 年 1 月 22 日，第十三届全国人民代表大会常务委员会第二十五次会议通过了《海警法》。这是一部对于推进海上维权执法和海警法治建设具有重大意义的法律，该法的颁布和施行对海警法治建设而言，具有里程碑意义。该法结构完整，内容全面，分为 11 章，共 84 条，确立了海警机构设置和职责、海上安全保卫、海上行政执法、海上犯罪侦查、警械和武器使用、保障和协作、国际合作、监督和法律责任等相关制度规则，是一部海警维权执法制度规则的集成之法，也为进一步开展相关配套立法、完善制度规则奠定了良好的基础。

《海警法》的出台弥补了海警执法的空白领域，我国也存在不少的海上执法的相关法律规范，但法律层次都相对较低，这主要体现在我国现行宪法中只对"水流""矿藏"进行了规定，没有对海洋进行规定。我国也没有海洋基本法，自 1982 年《联合国海洋法公约》出台以后，世界上多数海洋国家都认识到海洋的重要性，开始立足本国海洋发展现状，制定适合本国国情的海洋基本法。譬如，美国于 2000 年颁布海洋法令《海洋法案》、2004 年发布《21 世纪海洋蓝图》，逐步开始蓝色圈地运动；日本于 2007 年制定了《海洋基本法》和多项国家海洋战略，以强化国家海洋管理机构设置，实施海洋综合管理；越南于 2012 年通过《越南海洋法》。海洋基本法在海上综合执法中作为顶层设计而存在，为海洋事务的管理提供纲领性指导，因此，现阶段我国正缺乏这样一部对海洋权益、海上综合执法、海上安全进行全面统筹的高层次基本法律制度。

2. 执法主体权限划分不清

我国现阶段的海上综合执法主体，除了国家正式成立的中国海警局外，还包括中国海军、中国海事局、海上搜救中心、部分沿海城市的地方涉海行政执法部门，与海警一同维护海洋权益、保障海洋安全。虽然几个部门是协调配合工作，但是在实践中几大部门职责在执法过程中却又存在很多交叉重叠之处，导致多头执法最终造成资源浪费。譬如，原国家海洋局2013年重组后，中国海警局涵盖了原海监、渔政、边防海警、海关总署海上缉私警察的所有职能，主要涉及渔业资源保护、海岛保护、海洋环境保护、海上治安秩序维护、海难救助等领域，中国海事局主要集中于海上交通领域，履行水上交通安全监督管理、海洋设施登记和监测、防止船舶污染和航海保障等义务，二者在执法权限范围上存在一定的重合，主要体现在以下几个方面：中国海警局与中国海事局在海上安全、海洋环境保护、海难救助方面的职责权限存在交叉重合；海警局执法权限涉及范围更广，海上综合执法活动更具有综合性，这也是海警局较海事局更有优越性的方面，但中国海事在机构、人员、装备上并不弱于中国海警。

因此，我国在今后的海洋执法实践中，应当明确各执法主体的执法范围和执法权限，继续重视涉海执法部门与海警队伍的整合，完善海上综合执法协调机制，减少执法漏洞，提高执法效率。

3. 缺乏完善的监督机制

第一，监督主体比较单一。行政执法监督通常包括外部监督和内部监督。但是海上执法不同于陆地执法，执法主体在实施行政行为时一般没有第三人在场，即使有第三人在场，由于缺乏专业性，外部监督的主体也很难对执法主体的违法行为进行区分。从海上综合执法实践看，当前实际发挥监督作用并具有监督海上行政执法的权力和责任的主体主要是行政系统内的监督部门，其监督主体主要包括上级行政主管部门、上级业务指导部门和同级政府的司法部门。现在中国海警局已隶属武警部队，根据《海警法》的规定，海警机构及其工作人员开展海上维权执法工作，依法接受检察机关、军队监察机关的监督。人民政府及其有关部门、公民、法人和其他组织也有权向检察机关、军队监察机关通报、检举、控告。据此，相较以前，执法的监督主体较为多元，但是囿于海上综合执法的特殊性，如何更好地进行监督还有待进一步规定。

第二，监督方式比较单一。海上综合执法监督主要是行政系统内的监督，监督的方式包括备案、审查和检查，主要是通过查案卷的方式来进行。这种方式基本是事后追惩，对于海上综合执法过程的监督仍然有空缺。对于上级行政主管部门而言，《海洋行政执法监督规定》中所提及的上级行政主管部门的监督主要是部门内部的法制机构对下级的上报材料进行审查，作为同一个系统内的上下级关系,很难做到公正监督。就主管行政执法的司法局而言,即使有掌握海洋专业行政执法知识的工作人员,司法局因为没有出海监督的装备,也仅能通过事后的检查案卷来履行行政执法监督职能,这就导致所谓的监督流于形式。

第三,监督的法律依据不足。从实际来看,专门制约海上综合执法行为的法律法规属于空白,虽然在《行政处罚法》和《海上海事行政处罚规定》等少数法律法规中能找到可以参照的法律依据,但执法监督的效力却明显降低。《海警法》此次专门设专章对"监督"和"法律责任"进行了相关规定,不过,大部分涉海部委都没有出台专门监督海上综合执法行为的规范性文件,海上综合执法监督可以参照的专门性文件主要有:《海洋行政执法监督规定》《海洋督察工作管理规定》《海事行政执法监督管理规定》。由此可见,还需要进一步对监督的配套实施细则进行完善规定。

(二)智慧海洋执法的优势

智慧海洋执法是指综合运用全球定位导航系统、地理信息系统、遥感技术、通用分组无线服务、网格化管理等技术,实现以移动终端设备为载体的省级和地市辖区内海洋各部门信息查询、现场执法、任务管理、稽查考核和队伍管理等功能的互联网执法系统。其主要包括遥感监察子系统、视频监控子系统、公众举报子系统、执法处理子系统,系统应用后将实现海上综合执法相关信息和流程的统一集成,满足对执法任务的分配、监督、评价需求,对执法过程进行统一管理,能够改进传统海上综合执法模式,显著提高海洋执法效率。具体而言,智慧海洋执法系统的优势有以下几点:

一是其能够利用遥感影像,采用网格化责任管理模式,发现并监察违规作业及建设;能够基于视频拍摄技术、网络通信技术、数据存储和安全管理技术构建监督模块;监控视频数据可通过网络传回监控数据中心,多窗口同步显示,及时有效发现违章作业。

二是公众可通过网站对违章作业进行举报,可随时上传个人所在位置,拍摄照片及视频;能够采用网格化管理,巡查人员在所负责网格中巡查发现违章问题,能够及时通过移动端上报。

三是能够遥感监察,通过视频监控,日常巡查中发现的违法行为受理后,可根据位置和违章类别,派遣给具体人员进行核查及处理;执法人员现场巡查时,可通过移动端上传照片、视频和文字笔录,电脑端则自动生成巡查报告;在执行违法处罚程序后，对于需要出具执法纸质公文的情形，系统则可自动生成执法笔录，并支持电子签章及在线打印。

四是系统可以按照区域、违法性质等条件进行违法项目统计，获得违章较多区域，为日后工作提供参考；对“可疑事件”进行判断以决定其是否构成违法事件，以及在如何处理违法事件的决策过程中，为人工决策提供决策辅助支撑，可根据实际情况智能推荐以往相似案例供执法人员参考决策，在辅助支撑的过程中进行自动学习，逐步实现自动决策为主，人工决策为辅的目标；执法人员在现场巡查时，可记录执法时间及过程，为日常出勤统计和指标考核提供数据。

综上，完善的智慧海洋执法系统能够提供海洋执法分析服务，涵盖海洋违规违法行为分析服务、海洋违规违法行为量刑服务、海洋违规违法行为热点区域分析服务，能够有效提升海洋执法效率，维护海洋秩序，促进海洋健康发展。

四、运用智慧海洋完善海上综合执法的措施

（一）完善海上综合执法相关立法

第一，推进海洋立法入宪。宪法是我国的根本大法，是其他各项法律法规的基础，解决海洋立法的问题，需要从根源上着手，因此将海洋立法规定到宪法中，填补现行宪法对海上综合执法问题规定的不足，将为海上综合执法提供更高层次的法律依据。世界各国在《联合国海洋法公约》出台后，越发重视海洋，如菲律宾、马尔代夫、印度、东帝汶等国都开始在其宪法中规定涉海条款。我国也应积极借鉴其他海洋大国、强国的成功经验，结合我国实际情况，在我国《宪法》中明确海洋立法的相关规定，以推动宪法对我国海洋问题在顶层设计上进行原则性规定，指导海洋基本法及相关海上综合执法法律法规的出台。

第二，加快制定海洋基本法。“海洋基本法”是一个国家海洋的基本法，统筹和协调各个涉海部门的法律法规。在海洋综合执法改革的关键时期，亟待制定一部全面、综合的“海洋基本法”。该法是涉海法律规范制定的基础，不仅应该包含海洋法律的基本原则、我国海洋的基本权益，还应将我国领海、毗连区、大陆架及专属经济区的法律制度予以整合，应以维护国家主权、保护海洋权益、规范海上综合执法、发展海洋经济、保护海洋环境为宗旨。该法应明确对内实施海上行政管理和行政执法的行政主体资格、执法依据和救济的途径，重点对不同执法部门的权责作出明确规定，为解决不同部门之间的责任冲突提供法律依据。对外明确维护国家海洋主权、安全和海洋权益以及在公海上实施国际法赋予的权力的主体。

待“海洋基本法”出台后还应适时推动海上综合执法程序和监督的相关法律法规出台。海上综合执法程序的相关法律法规应根据海上综合执法的特点,结合智慧海洋执法系统的使用情况,对海上综合执法程序做出严格规范,保证执法监督的可行性,为海上综合执法监督提供法律依据和制度保障。海上行政执法监督的相关法律法规应当明确海上综合执法监督的主体资格、监督依据和救济的途径,健全责任追究体系,保证监督主体的权责一致。此外,由于智慧海洋工程需要对大数据的采集和互联网的运用,这又需要完善相关法律、法规以解决大数据的应用问题。

第三,鼓励地方立法。我国的海洋管理体制分为中央和地方两个层面,我国主要的14个沿海省市在海洋管理现状、海上行政执法力量、海洋经济发展方式上都存在很多不同之处,因此,各地自行制定的法规规章和规范性文件应该更加符合当地的实际情况,能够促进当地海洋的综合治理。故在党的十九届三中全会通过的中共中央《关于深化党和国家机构改革的决定》中就赋予了地方政府更大的治理自主权,即鼓励地方政府立法,更有效地解决当地涉及的海洋执法等问题。关于智慧海洋执法系统的运用,也可以先在地方立法当中体现,结合该系统使用中可能存在的问题制定海上综合执法实施细则等,待智慧海洋建设成熟后也可以在全国进行推广。

(二)完善海上综合执法协调机制

由于我国涉海部门仍然存在权限划分不清的问题,因此在实践中需要完善海上综合执法协调机制,以解决此权限划分不清带来的诸多问题,尤其是该如何对海军、海警、海事三个部门进行有效管理。我们可以积极借鉴其他国家的做法,打造以海警为海上综合执法的中坚力量,海军作为海警海上综合执法的坚强后盾,海事为海警提供补充保障的三位一体的海上综合执法格局。其他的有涉海权限的政府部门,则从其他领域与海警形成合作与补充的关系,譬如可以按照权利的种类不同与海警进行分工,主要进行海洋执法事务标准的制定,海上综合执法过程的监督检查等,具体的执法权能则由海警来实施。实践中某些需要法院、检察院参与海洋执法的案件,则需要明确案件管辖范围及审查起诉流程。《海警法》也规定海警机构与公安、自然资源、生态环境、交通运输、渔业渔政、海关等主管部门的职责分工,按照国家有关规定执行。通过践行上述举措,从而整合我国的海上综合执法力量,完善以海警执法为主,其他涉海部门协同参与的海上综合执法体制,共同维护中国海洋权益。

随着智慧海洋的建设,构建信息共享机制,完善海上综合执法协调机制将更加便捷。当下可以先充分利用已有的信息网络资源,建立海上维权执法综合信息库,总结收录海上综合执法典型案例与执法经验,促进海警、海事等涉海执法部门间资源共享、信息互通,方便执法队伍经验交流与学习,实现有限的信息资源利用效率最优化。譬如,在海上综合执法可能发生冲突的海域,海事局可以就海域、船舶等信息进行有关核查,向海警局通报,海警与海事根据不同海域规定的不同原则与方式采取执法行为,有利于减少执法冲突。待智慧海洋执法平台系统建成,再定期更新相关执法信息数据库。各海上综合执法部门也可适时召开会议,就各部门在一定时期内出现的执法问题进行讨论分析,特别是可以对海警局和海事局这两大执法力量的合作事宜和合作方式进行平等协商、共同决策,旨在保证各方利益平衡,及时解决执法协调问题,促进海上综合执法力量整体发展,完善海上综合执法协调机制。

(三)建立海上综合执法监督机制

第一,加强培训,提高执法人员自我监督能力。海上综合执法的关键在于执法人员对法律法规及规章制度的贯彻执行。因此,海上综合执法监督的首要问题是强化海上综合执法人员的法治观念,完善对执法人员的培训制度,创新培训理念,坚持法治培训、政治思想教育、职业道德教育相结合。执法部门可以利用智慧海洋平台丰富培训方式,增强执法人员的自我学习的能力和主动性。例如,可以在平台上传新颁布的法律法规、常用法律法规和执法过程中的重点难点热点问题,还可以在平台上给执法人员布置培训作业,针对一线执法人员和新上岗的执法人员设置模拟执法演练。

第二,加强社会监督。可以通过向社会公众开放部分智慧海洋平台模块,让公众参与对海上综合执法的监督以加强社会监督。向执法人员强调严格执行权力清单、责任清单、负面清单并遵守行政执法公示制度、行政执法全过程记录制度、重大执法决定审核制度。加强社会监督也有利于增强法律的公信力,塑造执法单位公正执法的形象。

第三,智慧海洋执法系统智能监督。开发并完善智慧海洋执法系统的智能监督模块,也能有效完善海上综合执法的监督机制。执法人员通过移动端在海上综合执法时,智慧海洋执法系统可以通过实时上传执法数据,智能监督执法人员的执法过程，当发现执法人员存在违法违规操作时可以发出警报，如果存在误差，执法人员可以设置异议模式，待执法人员返回单位时，再由监督专员检查操作系统以核实是否存在违法违规操作。

（四）加强海上综合执法国际合作

根据《海警法》的规定，海警机构可以与外国海上综合执法机构和有关国际组织开展一些海上综合执法国际合作，具体而言，我国可以从国际层面、区域层面加强与各国在海上综合执法的国际合作。一方面，我们可以通过积极参与国际组织组织的相关促进海上综合执法合作的活动；另一方面，我国应当积极加强与周边国家的执法合作。我国可与周边的涉海国家在渔业、海洋环境保护、海上航行交通安全、海洋科研、海上搜救、打击跨国犯罪等方面加强国际合作，建立联动的海上综合执法合作机制。我国作为联合国安理会常任理事国之一，也积极加入国际海事组织、北极理事会等机构，都对构建区域性海上综合执法协作机制起到了积极作用。

智慧海洋工程的启动，在加强海上综合执法国际合作中将起到更好的推动作用，充分运用大数据，能够使各国在海上综合执法中有效地分享各国掌握的海洋信息和海上综合执法情报信息，实现国家间智能的信息采集、智能信息传输、智能信息处理、智能信息服务，最终推动各国构建海上安全命运共同体。

结 语

随着智慧海洋的建设与发展，传统海上综合执法存在的执法主体权限划分不清、缺乏完善的监督机制等问题可以通过运用智慧海洋执法系统得到有效解决，进而能够提升执法效率。但同时，我们也应该看到现场执法与智慧执法各有所长，相辅相成。如何才能实现二者的有机结合、优势互补，最大限度地发挥现有资源的管理效能，完善我国的海上综合执法，维护我国的海洋权益，这将需要我们在实践当中更进一步认真研究和探讨。

新时代区域性海上执法合作研究

王 婧*

区域性海上执法合作由来已久，但基于各种原因执法合作的效用并未完全显现。中国进入新时代，新的国家安全战略赋予了区域性海上执法合作新的历史使命与时代意义。回顾过去，立足现在，面对新时代国际海洋形势的变化，海洋安全既可引发各国冲突，当然也可催生国际合作，合作是解决海洋安全问题的最终出路也是必然选择。

一、区域性海上执法合作的历史因素及国际环境

新时代海域的安全对于国家的安全具有决定意义，某片特定海域具有重要的政治、经济和战略价值，也毫无疑问地成为沿海周边各国相互争抢的资源。人类对海洋的开发利用不会因为争议暂时无法解决而停滞，跨国犯罪、海盗袭击等海洋非传统安全威胁也不会因为争议暂时无法解决而消失，各区域的合作执法成为必需。

（一）区域性海上执法合作的历史因素

各国为了避免海洋争议的复杂化，逐渐意识到以国家为主体进行海上执法合作有利于和平解决争议海域的冲突。海上执法合作在实践中主要体现为国与国之间基于共同的利益，经双方签署协定后在特定的海域产生合作关系。

1. 海域周边各国涉海合作的必然性

（1）国际合作原则是合作的基础。

国际合作成为现今国际法的基本原则是在第二次世界大战之后，《联合国宪

---

* 王婧，三亚学院法学院副教授。研究方向：法学理论、海洋法。

章》明确将"促成国际合作"列为其宗旨之一,该宪章指出:为维护国际安全与促进人类社会进步,会员国"务当同心协力"。《国际法原则宣言》庄严宣布:各国依照《联合国宪章》彼此合作是一种必须"严格遵守"的义务,此等合作构成"国际法的基本原则";"各国应与其他国家合作","采取共同及个别行动与联合国合作",维持国际和平与安全,促进国际经济、社会、文化、教育、科学与技术等方面的进步。国家间的合作由来已久,无论是国际贸易还是政治合作,而随着海洋开发活动的日益加剧,国际合作转向海洋也有着现实的利益基础,《联合国海洋法公约》即国际合作全球化的体现。以南海区域为例,2002 年,中国与东盟各国外长及外长代表签署了《南海各方行为宣言》;2013 年,中国和东盟各国在落实《南海各方行为宣言》的框架下启动制定"南海行为准则"的商谈过程;2017 年,中国—东盟外长会议通过了"南海行为准则"框架文件,在加强海事合作和排除域外国家干扰南海问题方面进一步达成合意。① "南海行为准则"磋商有了实质性的成果,也为更深层次的合作作了铺垫。

(2)海域周边各国的地理位置激发合作的潜能。

海洋的开放性导致海域周边分布着各个国家,特殊的地理位置让彼此成为近邻,也决定了他们对这片海洋的开发和利用有着共同的利益。当近邻意识到自家门口这片海域蕴藏的巨大资源,海域划分和归属出现争议也就不足为奇。岛礁领土争议和海洋权益争端等敏感问题在相当长的时间内想要彻底解决难度极大,但生产生活仍将继续,海域涉及的环境污染问题、自然灾害、海上恐怖主义等非传统安全威胁是现今面临的主要问题,任何一方面一旦出现问题,海域周边各国无一幸免于难,各国通力合作才能处理和解决危机,达到共赢。

(3)合作的受益成为海域周边各国后续合作的期待。

首先,海域周边各国政治制度不尽相同,经济发展水平高低不一,执法能力强弱有别,执法合作是对外交流的一个方面,与海洋强国进行执法合作有助于提高本国的执法能力,构建本国的海洋执法体系。

其次,执法合作为各国最终解决海洋权属争议起到缓冲铺垫的作用。海洋权属争议将是临海各国一直关心的问题,虽短时间内无法解决,但国家间的交流合作仍将继续,执法合作能够在一定程度上减轻争议海域为各国间交往带来的较为敏感的政治影响,缓解因主权问题产生的冲突。合作中也可以加大彼此的了解,

---

① 参见安刚:《如何理解"南海行为准则"框架文件的达成》,载《世界知识》2017 年第 17 期。

缓解相关国家间的矛盾，权衡利弊寻找共赢方案。

2. 我国与临海周边各国涉海合作的背景及实践

《联合国宪章》和《联合国海洋法公约》统领下各类涉海国际公约逐步编织出全球海上执法协作的总框架，对区域性海上执法合作提供了合法性基础，同时也为区域性海上执法合作的各方提供了创新性思路及实践的可能。

自20世纪90年代中国与东盟启动对话关系以来，中国与东盟环南海各国关于涉海领域的合作探索随即展开。1995年东盟地区论坛上，双方制定的海洋合作基本内容主要涉及海上非传统安全领域，其具体内容包括海军舰艇避碰规则、气候监测、海上搜救、海洋环境保护、海上科学研究等。随后，双方开展海上合作的范围向执法领域深入，如2000年12月25日与越南相继签订《中越渔业合作协定》和《北部湾共同渔区渔业资源养护和管理规定》并展开实质性合作。相应文件的签订对北部湾渔业活动的监督、管理和处罚都作出了详尽的执法规范，双方对北部湾共同渔区的渔业联合检查更是促进相应执法部门的交流与互信，有效解决了相关渔业问题。2006年中国与有关东盟国家就打击海上抢劫、走私、偷渡、毒品强制贩运等违法犯罪行为展开了合作探索，在低敏感海洋领域，涉海合作取得了丰硕成果。2012年1月，经国务院批准，原国家海洋局颁布《南海及其周边海洋国际合作框架计划（2011—2015）》，原国家海洋局与东盟国家相关海洋管理部门、科研机构建立了广泛的海洋合作伙伴关系，如2010年5月14日，中国—印尼海洋与气候联合研究中心在印尼雅加达揭牌运行，成为中国海洋领域在海外建立的首个联合研究中心。2013年6月6日，中国与泰国在海洋领域的第一个联合研究实体——中泰气候与海洋生态系统联合实验室正式挂牌启用，中泰海洋合作由此进入实质性发展阶段。中国与东盟国家在低敏感海洋领域一系列合作项目的开展以及合作平台的构建，使实现可持续发展成为南海及其周边海洋国家的广泛共识。2016年11月4日，原国家海洋局颁布《南海及其周边海洋国家国际合作框架计划（2016—2020）》，配合“一带一路”倡议实施，为“十三五”期间中国与南海及其周边国家、地区、国际组织等合作伙伴，在海洋经济、政策、环境等7个方面开展合作确立了实施框架。合作领域包括海洋与气候变化、海洋环境保护、海洋生态系统与生物多样性、海洋防灾减灾、区域海洋学研究、海洋政策与管理、海洋资源开发利用与蓝色经济发展等，以进一步推进合作伙伴海上互联互通、提升海洋经济对外开放水平。

(二)区域海上执法合作的国际环境

各国开展海上执法合作主要是在现有国际法框架下,通过谈判签订或者缔结各专门海上执法领域的双边和多边条约,并且在这些法律原则和规则的指导下开展执法合作。区域海上执法合作是在维护区域安全,稳定局势的前提下开展,执法合作对于海域周边各国意义重大。

1. 区域海上执法合作的法律环境

国际法层面,包括《联合国海洋法公约》、1988 年《制止危及海上安全非法行为公约》、《1988 年制止危及大陆架固定平台安全非法行为议定书》、2002 年《国际船舶和港口设施保安规则》、未生效的 1957 年《国际偷渡公约》、1965 年《便利国际海上运输公约》在内的国际法规则涉及了海上安全的执法原则和规则。这些国际法规则中,有的是具有强制性的公约,有的是一种指导性的公约。

区域法层面,相关的区域性条约如《东盟协调一致宣言》《巴厘协议》《东南亚友好合作条约》为东盟政治和安全合作机制奠定了制度基础;《曼谷宣言》明确了外长会议(ASEAN foreign minister's conference,AMC)作为东盟核心组织机构;2014 年 4 月,美菲两国签订为期十年的《强化防务合作协议》,美国加大在东南亚地区的安全布局;2002 年中国与东盟十国签署《南海各方行为宣言》,之后与菲律宾、马来西亚签订了《海事合作谅解备忘录》。2002 年中国与东盟《关于非传统安全领域合作联合宣言》将中国与东盟关注的贩毒、偷运非法移民(包括贩卖妇女儿童)、海盗、恐怖主义、武器走私、洗钱、国际经济犯罪和网络犯罪等问题进行了较为全面的阐述;[①]2010 年中国签署了《中国—东盟海事磋商机制谅解备忘录》。这些多边文件传达出多方合作的意向。2016 年 9 月中国与东盟发布《中国与东盟国家应对海上紧急事态外交高官热线平台指导方针》和《中国与东盟国家关于在南海适用〈海上意外相遇规则〉的联合声明》,加强信息沟通,管控海上危机处理;1993 年中越签署《关于解决中华人民共和国和越南社会主义共和国边界领土问题的基本原则协议》;2011 年中越签署《关于指导解决中越海上问题基本原则协议》。

国内法层面,维护领土主权和海洋权益的法律如《领海及毗连区法》《专属经

---

① 参见黄丽娜:《非传统安全视角下中国与东盟的警务执法合作机制研究》,载《湖北警官学院学报》2015 年第 10 期。

济区和大陆架法》《关于中华人民共和国领海基线的声明》《海岛保护法》等;开发管理海洋资源类法律如《渔业法》《矿产资源法》《海域使用管理法》《海上交通安全法》等;保护海洋环境类法律如《海洋环境保护法》《海洋自然保护区管理办法》等;行政执法程序类法律如《行政处罚法》《海洋行政处罚实施办法》等;中国已加入的国际公约等。总体上看,我国海上安全国际合作执法的依据仍以参加的国际公约为主。

2. 区域海上执法合作的客观环境

(1)区域外大国介入。

区域外大国以航行自由权之名介入某海域问题,对海域沿岸国之间建立有效的海事安全的国际合作,都会产生实质的压制和威胁。① 例如,美国资助泰国、印度尼西亚、菲律宾在主要航道建立雷达站,升级马来西亚的海岸预警站。日本除了为东盟国家提供资金、技术、设备、培训等形式的帮助,还和东盟签订了一系列合作协议,如《加强东盟—日本战略伙伴关系、实现共同繁荣的联合宣言》《东盟—日本行动计划(2011—2015)》等,这些协议除了包括在海事领域的功能性合作和能力建设上的合作,还提出加强在防务领域的合作。②

(2)争夺区域对话磋商主导权。

例如,1967 年印度尼西亚、新加坡、泰国、菲律宾、马来西亚五国宣告成立“东南亚国家联盟”。此后,东盟国家开始通过一系列宣言和条约对地区安全事务进行决策。自 20 世纪 90 年代以来,东盟寻求建立由其主导的亚太地区安全架构,构建了东盟地区论坛、东盟峰会、“东盟 + X”等地区多边合作机制,同时为维持地区力量平衡,采取“大国平衡”战略,将首脑会议、外长会议和防长会议延伸和扩展,形成东盟“10 + X”合作机制。1991 年邀请中国参加东盟外长会议,并于 1997 年正式与中国、日本、韩国建立合作机制,此后又将美国、俄罗斯、印度、新西兰、澳大利亚、加拿大、欧盟纳入“10 + X”架构,为构建地区海事行为规范与规则、海上人道救援、打击海盗等海洋治理领域合作提供平台。③

---

① 参见张敏、王新辉:《南海海事安全国际合作的困境与出路》,载《中国海商法研究》2016 年第 1 期。

② 参见张敏、王新辉:《南海海事安全国际合作的困境与出路》,载《中国海商法研究》2016 年第 1 期。

③ 参见吴士存、陈相秒:《论海洋秩序演变视角下的南海海洋治理》,载《太平洋学报》2018 年第 4 期。

(3)区域秩序重构加速。

进入21世纪,维护海上安全与和平,构建一个开放竞争与合作并存的共赢机制成为世界各国普遍认同的新型海权观。在此种观念的引领下,区域秩序的重构有了依托,对于区域局势,不可能由某个国家单个主导,也不可能受制于某个国家的强权,海域周边各国协商谈判,推进各领域务实合作,实现互利共赢,开启各方践行"双轨思路"处理海域问题的新模式,才能够为构建公正、对等、开放的地区秩序提供有益的尝试。

二、新时代区域性海上执法合作的新趋势

(一)新时代总体国家安全观对区域合作执法的影响

2014年4月15日,国家主席习近平在中央国家安全委员会第一次会议上提出坚持总体国家安全观,走出一条中国特色国家安全道路。[①] 这是习近平新时代中国特色国家安全思想,标志着我国的国家安全战略开始新的篇章。2017年,"坚持总体国家安全观"写入党的十九大报告,习近平总书记强调指出:"坚持总体国家安全观。统筹发展和安全,增强忧患意识,做到居安思危,是我们党治国理政的一个重大原则。必须坚持国家利益至上,以人民安全为宗旨,以政治安全为根本,统筹外部安全和内部安全、国土安全和国民安全、传统安全和非传统安全、自身安全和共同安全,完善国家安全制度体系,加强国家安全能力建设,坚决维护国家主权、安全、发展利益。"新时代我国国家安全的内涵和外延比历史上任何时候都要丰富,时空领域比历史上任何时候都要宽广,内外因素比历史上任何时候都要复杂,和平与发展是新时代总体国家安全观的重要内容,也与我国推动构建人类命运共同体的外交方针相辅相成。

海洋安全是国家安全的重要组成部分,海洋承载的政治、经济、战略价值使海域成为我国维护国家安全,完成海洋强国战略的重中之重。在坚持新时代总体国家安全观的指导下,维护海洋区域安全实践包含了多方面的内容。传统意义的海洋安全侧重于领土主权、海洋划界等领域,类似的主权争议等敏感问题需要分析国家权力制衡、地缘竞争、危机管控等话语体系,短时间内无法有效解决,反而更加激化区域矛盾。由于海洋安全问题的复杂性、多样性,非传统安全问题的重要

---

① 参见《中央国家安全委员会第一次会议召开 习近平发表重要讲话》,载 http://www.gov.cn/xinwen/2014-04/15/content_2659641.htm。

性不断提升,优先解决此类问题成为化解海域安全困境的可行性路径之一。[①] 海洋领域的非传统安全威胁涵盖内容广泛,包括"海盗、海上恐怖势力泛滥""许多濒海国家面临海平面上升侵吞国土的严峻威胁""海洋环境污染的不断加剧""海洋生态危机不断加剧""围绕海洋资源的利益分配引发国际争端"等几大方面。[②] 此类非传统安全威胁为海域周边国家的合作执法提供了动力和契机,但最终执法合作开展的广度与深度还有赖于海域周边各国的共同努力。

(二)区域性海上执法合作趋势加强

1. 海洋秩序的建构进入话语权主导阶段

赫德利·布尔(Hedley Bull)、雷蒙·阿隆(Raymond Aron)、亨利·基辛格(Henry Kissinger)等英美传统主流国际关系学者普遍认为,国际秩序是在无政府状态下,国家权力有规则的安排。[③] 海洋秩序是国际秩序的重要组成部分,其包括三个方面的要素:权力分布、规则体系、话语建构。[④] 从 20 世纪 40 年代前主权国家掌控制海权以控制海洋秩序到 20 世纪 40 年代后依靠海洋法规则体系维持海洋秩序再到进入 21 世纪以话语权体系构建海洋秩序,可以说海洋秩序的建构已经进入到比拼国家软实力的时代。话语建构是国家传播自身海洋文化和价值观、塑造软实力的主要方式,在国际秩序的形成中扮演着与制海权(command of sea power)一样重要的作用,不容忽视。[⑤] 主权国家间围绕话语主导权的争夺已成为国际海洋秩序变革的重要内容。

2. 海域周边各国政策的变化

以东盟为例,共同的利益诉求指导着东盟各国在南海问题上的政策发展变化。1992 年《马尼拉宣言》强调以和平方式解决争端,敦促各方保持克制,加强对

---

① 参见任远喆、刘汉青:《南海地区非传统安全合作与中国的角色》,载《边界与海洋研究》2017 年第 3 期。

② 参见刘中民、张德民:《海洋领域的非传统安全威胁及其对当代国际关系的影响》,载《中国海洋大学学报(社会科学版)》2004 年第 4 期。

③ See Hedley Bul, *The Anarchical Society: A Study of Order in World Politics*, Colunbia University Press, 1977, p. 11.

④ 参见吴士存、陈相秒:《论海洋秩序演变视角下的南海海洋治理》,载《太平洋学报》2018 年第 4 期。

⑤ 参见[美]约瑟夫·奈:《软实力》,马娟娟译,中信出版社 2013 年版,第 15 - 20 页。

话合作,并提出建立南海国际行为准则。[①] 1995 年中菲发生的“美济礁事件”引起东盟担忧,加剧了其内部对中国的戒备心理,[②]之后东盟在协调菲、越等争议方诉求之后,拟定“南海行为准则”草案,并就制定“准则”同中国进行了磋商。2002 年,《南海各方行为宣言》正式签署,表明维护南海地区和平稳定仍是东盟各国达成的基本共识。直至 2012 年中菲爆发黄岩岛事件,导致新一轮南海局势紧张;2014 年中菲在我国仁爱礁及中越在西沙海域爆发冲突,南海纷争再次升级,东盟外长会议于 2014 年 5 月再度就南海形势、发展发表共同声明,对事态发展表示“严重关切”,此次声明仍以《南海各方行为宣言》为基础,坚持维持地区和平稳定,但强调了希望维护南海和平稳定、海上安全和航行与飞越自由。

(三)构建以磋商为牵引的秩序新时代

21 世纪海上丝绸之路建设在海洋交流与合作、区域海洋安全机制构建等方面取得了重要的成果。一方面倡导“共同、综合、合作、可持续”的安全观,主张树立以共同安全、综合安全、合作安全、可持续安全为核心的新型安全理念。面对地区海上安全风险,中国主张应遵守《联合国宪章》,根据国际法在尊重历史事实的基础上,坚持直接当事方谈判磋商处理海上争议问题。[③] 比如,自 1992 年东盟提出建立南海国际行为准则之日起,南海秩序的构建就围绕着“准则”磋商展开。2018 年“准则”磋商取得重要进展,各方共同形成了单一磋商文本草案,2018 年 11 月中国—东盟领导人会议期间,李克强总理提出三年内完成“准则”磋商的愿景,体现了中国致力于通过规则建设维护南海和平稳定的决心,提出“中国与东盟国家互为发展机遇,互不构成威胁。在稳步推进准则‘磋商’的同时,积极开展海上务实合作,深挖搜救、环保、渔业资源养护、海警等领域合作潜力”。[④]。另一方面致力于以多边和区域海上合作机制维护海上安全,注重加强海上安全机制建设,如中美海上军事安全磋商机制等。

---

① See Association of South – East Asia Nations, 1992 *ASEAN Declaration on the South China Sea*, *Manila*, http://www.asean.org/18894.htm.

② See *China Worries ASEAN Nations*, in Sydney Morning Herald, May 22, 1995, p. 8.

③ 参见李科、顾凯辉:《区域性海上执法协作机制研究》,载《大连海事大学学报(社会科学版)》2021 年第 1 期。

④ 李克强:《在第 21 次中国—东盟领导人会议上的讲话》,载 https://www.fmprc.gov.cn/web/zyxw/t1613230.shtml。

三、新时代深化区域海上执法合作的基本思路

地区海上规则构建正以前所未有的速度加快推进，与此同时，域内外各方围绕周边海域的权力分配、资源开发、规则构建和话语权争夺等的较量不断加剧和升级。海洋区域发展出现新的不稳定不确定因素，面对复杂形势，维持海域长期安全稳定需要破除壁垒，继续深化合作以管控危机，合作的前提是互信互利，合作的基础在于构建有效的规则机制。

（一）深化海上执法合作的基本原则

1. 国家领土主权不可侵犯原则

海域周边国家开展海上执法机制建设合作的洽谈过程中，相关海域的主权争议可能会对海上执法合作机制建设带来障碍，但合作不能以损害领土主权为代价。

2. 和平执法原则

海上合作执法本质上仍为行政行为，并非军事行动，而海上执法的性质又决定了执法主体在执法过程中需要配备执法武器，甚至某些国家的执法主体以海军为主要力量，执法装备与军事装备无异。在执法过程中，由于使用不必要武力造成的冲突不仅不利于维护海上安全，反而激化矛盾。因此，在海上执法合作的过程中，除非出现严重暴力犯罪、攻击执法人员等严重威胁执法安全的行为，执法过程中不应使用致命性武器。①

3. 执法法定原则

国际海上执法合作是国家政府权力的合作，权力必然要受到约束，否则会侵害各国公民人身及财产安全。对国际海上合作执法权力的约束有赖于各国确定的海上执法合作的范围。各国应不失时机地努力达成在区域海上执法合作的框架性协议，使各方在海上执法合作方面达成共识，包括合作的宗旨、原则、合作范围以及成立有效的机构组织等具体措施，②促使合作执法行为法定化。

（二）以磋商为契机，排除干扰深化海上执法合作

此处所说的干扰，主要是指某些国家对区域问题的军事介入以及域内外各国

① 参见王聪：《中国—东盟海上执法合作机制建设研究》，载《公安海警学院学报》2017 年第 2 期。

② 参见王玫黎、陈悦：《中国—东盟在南海区域海上执法合作机制的构建——基于新时代总体国家安全观》，载《广西社会科学》2018 年第 3 期。

不同利益考量带来的博弈。海上执法合作可以磋商为契机，继续深入促进建立海上搜救、渔业资源养护、海洋科研和环保等领域的协商与合作执法机制。

四、深化区域海上执法合作的路径探索

（一）划定区域海上执法合作的范围

海上执法合作范围的选择是执法合作的关键性问题。

1. 渔业执法合作

渔业涉及争议海域的管辖、海洋资源开发以及各国经济发展等重要利益和敏感问题，不便划入非传统安全领域。据不完全统计，过去二十年间，涉及中国渔船渔民的南海渔业纠纷近四百起，涉及一万多名渔民，超过二十名渔民在渔业纠纷中丧生。2017 年 9 月菲律宾和越南在南海的渔业冲突，也导致了两名越南渔民死亡。此外，渔业资源也因过度捕捞和养护与管理的不到位而逐渐衰竭。①

为避免渔业合作执法中的敏感问题，可从渔业资源养护的角度开展执法合作，包括“海洋生物资源联合科学调查”“渔业资源联合增殖放流与养护”“渔业养殖及捕捞技术培训与合作”等领域。中越在北部湾的渔业资源联合调查、共同监管和联合巡航机制，双方对北部湾共同渔区的渔业联合检查更是促进相应执法部门的交流与互信，有效解决了相关渔业问题。中越之间的渔业合作经过十多年的磨合日臻成熟，为中国与其他国家开展渔业合作提供具体层面的参考。

2. 海上非传统安全领域执法合作

进入新时代，海域周边国家面临的海上安全威胁既包括传统安全问题也包括海上非传统安全的威胁，海上非传统安全领域的执法合作很大程度上受制于本地区传统安全因素的影响，在存在传统安全问题且各国利益主张不一致的情况下，非传统安全领域的合作不可能实现理想的效果，这是不得不承认的问题。但维护区域的和平稳定、长治久安是海域周边各国达成的共识。非传统安全领域诸如恐怖主义、跨境犯罪和环境污染等非传统安全领域威胁开始有针对性地向海上渗透，其具有跨国性、多样性和突发性的特点，仅凭某一国家难以有效解决诸类问题，如何有效维护海上通道的安全与稳定是中国与周边海域国家共同面临的现实而紧迫的问题。

---

① 参见闫岩：《预防和管控南海渔业冲突应是“准则”磋商的重要考量》，载 http://www.nanhai.org.cn/review_c/309.html。

中国已与东盟先后签署了《非传统安全领域合作联合宣言》《非传统安全领域合作谅解备忘录》，确定了双方反恐、禁毒和打击国际经济犯罪等重点合作领域，规定双方将通过信息交流、人员交流与培训、执法协作和共同研究等方式加强合作。海洋环境保护、海洋科学研究、海上搜寻与救助、船舶通航管理、反海盗反国际恐怖主义犯罪等非传统安全的各个领域，也可通过磋商具体实施细则，达成在该领域的执法合作计划。

（二）建立海上执法合作的组织架构

各国间建立一个不以主权转移为基础，以国家为主要发言者，以行政机构为代表的海上执法组织架构具有较强的可行性与可操作性。[①] 以中国、老挝、缅甸、泰国四国湄公河联合执法为例。中国、老挝、缅甸、泰国四国达成在湄公河流域建立联合执法的安全合作机制的共识，并签署发表《关于湄公河流域执法安全合作的联合声明》和《中老缅泰湄公河联合巡逻执法部长级会议联合声明》，四方同意设立联合巡逻执法的指挥部，作为协调联合执法行动和信息共享的核心部门，四国均派有联络官常驻，同时在本国内设立联络点，与指挥部随时保持联系。在四国的通力合作下，湄公河流域非传统安全威胁得到有效改善。[②]

区域海上执法合作的组织架构可借鉴上述四国联合执法，建立区域海上执法合作常设机构，常设机构作为核心部门下设执法合作指挥部、执法合作研培部、执法合作争端解决委员会。执法合作指挥部作为海上执法合作的实施机构，负责执行海上执法的合作计划，对执法队伍、执法方式作统一的调度和安排，同时监督各国的执法情况；执法合作研培部主要负责对合作执法人员的培训以及开展海上执法合作的学术研讨和交流；执法合作争端解决委员会主要负责区域出现海上执法纠纷时，争端解决委员会应当积极促成争端当事人之间的平等协商，以和平的方式解决争议，避免事态的扩大或升级，必要时，还可以针对具体事件成立专家调查组，作出调查报告，提出解决方案。

（三）加强本国执法合作能力

区域执法合作水平的高低并不取决于某一个国家，海域周边各国执法能力的

① 参见王聪：《中国—东盟海上执法合作机制建设研究》，载《公安海警学院学报》2017 年第 2 期。

② 参见王玫黎、陈悦：《中国—东盟在南海区域海上执法合作机制的构建——基于新时代总体国家安全观》，载《广西社会科学》2018 年第 3 期。

共同提高将有利于维持和平稳定共同目标的达成。目前我国国内的海上执法仍存在一些问题,如海上执法依据的法律实用性较弱、不同领域海上执法专业性强和程序复杂、海上执法力量进行了整合但海上执法权力分散并不统一、执法人员综合素质不高等,这些问题在参与国际执法合作及海上联合执法过程中对于增强各国间合作互信与深化执法合作会产生不利影响。

三亚市海洋渔政执法存在的问题及对策

李春光*

一、海洋渔政执法的一般问题

（一）海洋渔政执法的概念

《论语》有云："名不正，则言不顺"，概念是我们研究一切问题的起点，为避免分歧和矛盾，对渔政执法的概念进行界定是非常必要的。按照传统的理解，海洋渔政执法的概念是指政府渔业行政主管部门及其所属的渔业渔政执法机构依照渔业法律法规的授权，按照法定程序，维护渔业生产秩序，打击非法捕捞活动，保护国家海洋渔业资源和渔业从业者合法权益活动。

（二）三亚市海洋渔政执法的法律依据

根据我们的调研和汇总，三亚市海洋渔政执法的法律依据如下：

一是《海域使用管理法》，该法第 7 条第 1 款规定，国务院海洋行政主管部门负责全国海域使用的监督管理。沿海县级以上地方人民政府海洋行政主管部门根据授权，负责本行政区毗邻海域使用的监督管理。二是《海洋环境保护法》，该法第 5 条第 2 款规定，国家海洋行政主管部门负责海洋环境的监督管理，组织海洋环境的调查、监测、监视、评价和科学研究，负责全国防治海洋工程建设项目和海洋倾倒废弃物对海洋污染损害的环境保护工作。该法第 5 条第 4 款规定，国家渔业行政主管部门负责渔港水域内非军事船舶和渔港水域外渔业船舶污染海洋环境的监督管理，负责保护渔业水域生态环境工作，并调查处理前款规定的污染事故以外的渔业污染事故。该法第 5 条第 6 款规定，沿海县级以上地方人民政府

* 李春光，三亚学院法学院教师，三亚学院应用法学研究所研究员，国家治理研究院研究员。研究方向：诉讼法。

行使海洋环境监督管理权的部门的职责，由省、自治区、直辖市人民政府根据本法及国务院有关规定确定。三是《渔业法》，该法第 6 条规定，国务院渔业行政主管部门主管全国的渔业工作。县级以上地方人民政府渔业行政主管部门主管本行政区域内的渔业工作。县级以上人民政府渔业行政主管部门可以在重要渔业水域、渔港设渔政监督管理机构。四是《野生动物保护法》，该法第 7 条第 2 款规定，县级以上地方人民政府渔业行政主管部门主管本行政区域内水生野生动物管理工作。五是《渔业船舶检验条例》，该条例第 38 条规定，本条例规定的行政处罚，由县级以上人民政府渔业行政主管部门或者其所属的渔业执法机构依据职权决定。六是《港口法》，该法第 60 条规定，渔业港口的管理工作由县级以上人民政府渔业行政主管部门负责，具体管理办法由国务院规定。所称渔业港口，是指专门为渔业生产服务、供渔业船舶停泊、避风、装卸渔获物、补充渔需物资的人工港口或者自然港湾，包括综合性港口中渔业专用的码头、渔业专用的水域和渔船专用的锚地。七是《海岛保护法》，该法第 5 条规定，国务院海洋主管部门和国务院其他有关部门依照法律和国务院规定的职责分工，负责全国有居民海岛及其周边海域生态保护工作。沿海县级以上地方人民政府海洋主管部门和其他有关部门按照各自的职责，负责本行政区域内有居民海岛及其周边海域生态保护工作。国务院海洋主管部门负责全国无居民海岛保护和开发利用的管理工作。沿海县级以上地方人民政府海洋主管部门负责本行政区域内无居民海岛保护和开发利用管理的有关工作。八是《海洋行政处罚实施办法》，该办法第 3 条规定，县级以上各级人民政府海洋行政主管部门是海洋行政处罚实施机关（以下简称实施机关）。实施机关设中国海监机构的，海洋行政处罚工作由所属的中国海监机构具体承担；未设中国海监机构的，由本级海洋行政主管部门实施。中国海监机构以同级海洋行政主管部门的名义实施海洋行政处罚。九是《海南省实施〈中华人民共和国海域使用管理法〉办法》，该办法第 4 条规定，省人民政府对本省行政区内的海域统一行使管辖权。省人民政府海洋行政主管部门负责全省海域使用的监督管理。沿海市、县、自治县人民政府海洋行政主管部门根据授权，负责本行政区毗邻海域使用的监督管理。十是《海南省实施〈中华人民共和国渔业法〉办法》，该办法第 4 条规定，各级人民政府应当加强渔业水域的统一规划和综合开发利用，负责渔业法律法规及本办法的组织实施和监督检查。县级以上渔业行政主管部门主管本行政区域内的渔业工作。公安、边防、海关、交通、海事、海洋、环境保护、工商、水务、土地等行政管理部门，应当根据各自的职责，配合渔业行政主管部门及其所属渔政渔港监督管理机构，监督渔业法律法规和本办法的实施。十一是《海南省海洋环境保护规定》，该规定第 4 条第 2 款规定，省人民政府和沿海市、县、自治县人民政府海洋行政主管部门负责所管辖海域海洋环境的监督管理，组织海洋环境的调查、监测、监视、评价和科学研究，负责发布海洋环境及海洋灾害公报、通报，负责防治海洋工程建设项目和海洋倾倒废弃物以及其他有关海洋开发利用活动对海洋污染损害的环境保护工作，组织海洋生态保护和修复。该办法第 4 条第 4 款规定，省人民政府和沿海市、县、自治县人民政府渔业行政主管部门负责所管辖渔港水域内非军事船舶和渔港水域外渔业船舶污染海洋环境的监督管理，负责保护所管辖海域的渔业水域生态环境工作，并调查处理前款规定的污染事故以外的渔业污染事故。

（三）三亚市海洋渔政执法主体

三亚市的海洋渔业执法相对复杂，根据上述法律法规的授权，2019 年 3 月之前，三亚市海洋渔政执法的行政主体是三亚市海洋与渔业局，2019 年 3 月之后，三亚市实施大综合行政执法一体化大改革，将三亚市海洋与渔业局撤销，在三亚市自然资源与规划局下设立三亚市海洋资源局，将原三亚市海洋与渔业局与海洋和环保有关的日常监管职能划归三亚市海洋资源局行使，在三亚市农业农村局下设渔业科，将原三亚市海洋与渔业局与渔业有关的日常监管职能划归渔业科行使，原三亚市海洋与渔业局的行政执法职能统一划归三亚市综合执法局第四支队行使。

二、三亚市海洋行政执法存在的问题及原因

（一）执法人员文化程度较低，导致执法效果不好

按照行政执法新公共服务理论的原则，行政执法中须强调人的作用，在渔业执法过程中，是渔政执法机构的具体工作人员在从事具体执法活动。执法人员的个人素质直接决定着执法的效果，为确保较好的执法效果，海洋渔政执法本应该由具有较高业务素质和综合素质的公务人员进行，但实际上，在三亚承担着海洋渔政执法的工作人员大部分是协警，协警属于聘用制工作人员，在这些聘用制人员中，有相当一部分工作人员仅为高中以下学历，没有经过系统的大学教育的熏陶和培育，导致在执法过程中缺少工作思路和工作方法，沟通时往往采取简单和粗暴的方法，容易引起行政相对人的反感和仇恨，进而导致执法效果不好，据调查了解，在三亚海洋渔政执法过程中，执法工作人员与行政相对人之间发生口角和

冲突的情况时有发生。

(二)执法人员的待遇得不到保障,导致执法过程中出现问题

如前文所述,在三亚承担着海洋渔政执法的工作人员大部分是协警,协警属于聘用制工作人员,工资待遇较低,一般月工资在3000元左右,且基本不能享受政府文件规定的其他待遇,待遇不高,导致在实践中出现两方面的问题:一方面,执法人员的工作积极性不够,拿着微薄的工资,为了一个小小的处罚案件大费周折,不如选择视而不见;另一方面,待遇过低,导致工作作风出现问题,很多执法人员利用执法的便利,从行政相对人处谋取不当利益,从行政相对人处“吃、拿、要”的情况经常出现。近年来,三亚市组织过行政执法人员队伍大整顿活动,在整顿过程中,经常出现为数不少的工作人员因为工作作风被“拉下马”或者被处分的情况。

(三)日常监管与执法工作分离,导致出现执法乱象

如前文所述,三亚市实施行政执法大改革后,将三亚市海洋与渔业局撤销,在三亚市自然资源与规划局下设立三亚市海洋资源局,将原三亚市海洋与渔业局与海洋和环保有关的日常监管职能划归三亚市海洋资源局行使,在三亚市农业农村局下设渔业科,将原三亚市海洋与渔业局与渔业有关的日常监管职能划归渔业科行使,原三亚市海洋与渔业局的行政执法职能统一划归三亚市综合执法局第四支队行使,即“监管的人不执法,执法的人不监管”。基于此,会出现以下问题:一是工作效率低下,日常监管与行政执法坚持的是两套工作思路和工作标准,导致在具体工作过程中出现完全不同的结果,正所谓“一将无能、累死三军”,因为政策导向的不统一,经常会出现工作的反复,浪费大量的工作时间做无用功、反复做工的情况经常出现;二是沟通失灵,负责日常监管的工作人员与负责行政执法的工作人员分别隶属于不同的单位,沟通平台和沟通路径受阻,经常出现沟通失灵的情况;三是出现问题后相互推诿,监管过程中出现问题,监管人员往往会将责任推卸给执法人员,称是其执法力度不够,导致政策无法被落实、无法被实施;执法过程中出现问题,执法人员会将责任推卸给监管人员,称是其政策朝令夕改、无法统一标准,不是执法人员不想落实相关政策,而是相关政策根本无法落实。

(四)执法人员法律意识不强,导致执法过程出现较多漏洞

通过海洋立法来确保海洋渔业资源合理开发与保护是行而有效的手段,但前

提是执法者必须严格执法，使法律法规的要求落到实处。但三亚市海洋渔政执法人员的法律意识不强，导致执法过程出现较多的漏洞，主要表现在以下几个方面：一是着装不规范，很多执法人员穿便装执法的情况经常出现；二是执法不亮证，甚至不把执法证带在身上，三亚曾经发生过一起影响较坏的案例，某行政执法人员因执法时未带执法证，行政相对人要求其提供相应证件时无法提供，双方发生口角，并发生肢体冲突，后来相关工作人员被处分；三是执法时不开执法记录仪，或者未对执法过程进行全程视频记录；四是只有一个工作人员执法，或者让协警独自执法；五是送达程序不合法，送达方法简单粗暴。早些年，笔者曾经亲眼看到过海洋渔政执法人员现场执法的痛心画面：一群执法工作人员，大概 5 个人，不穿执法服、不带执法证，戴着黑墨镜，未开执法记录仪，在三亚市港务局码头对某违法承运的渔船进行查处并进行行政处罚时态度强横，几乎不听取当事人的陈述和申辩，便要强行扣押渔船上的相关物品，向当事人送达相关法律文书时，因当事人拒绝签收，便让两个执法人员按住当事人，强行拍照取证，整个场面让人震惊。另外，还有一种执法乱象就是选择性执法，执法人员在执法时遇到自己比较熟悉的人，经常会直接放行，不进行执法，把行政执法权当成与朋友联络感情的工具，甚至当成交易的筹码。

三、三亚市海洋渔业执法问题的解决对策

上述问题的存在在较大程度上影响了执法的效果，要解决上述问题，我们认为，可以采取以下对策。

（一）建立执法人员考试考核制度

建立执法人员考试考核制度主要考虑从以下几个方面入手：一是建立执法人员考试准入制度，把好执法人员的入门关。从报考学历上看，应限定在大专以上学历，考试科目至少应当包括行政处罚法、行政强制法、行政诉讼法等法律方面的内容以及沟通技巧和沟通方法方案的内容。甚至可以考虑将海洋渔政执法人员的招录纳入地方公务员统一招录，有计划地分批招录渔政执法人员。二是建立考核淘汰制度，放宽退出通道。已经被录用的执法人员每年组织考核一次，对于连续两年考核不合格的人员，根据工作表现并结合个人意愿，做分流处理：一是从海洋渔政执法系统调离，分配到其他岗位；二是组织学习和培训后重新考核，考核合格的重新回到执法队伍；三是直接劝退。

（二）加强执法队伍建设

加强执法队伍建设，可以考虑从以下几个方面入手：一是将执法人员全部纳入事业编，参照公务员标准给予相应待遇。高薪才能养廉，给予执法人员较好的待遇，是激发执法人员执法积极性的重要前提之一，同时，也是杜绝腐败、避免营私舞弊、权钱交易的重要手段。二是可以考虑参考国外的做法，赋予执法人员海上警察的权利，将执法队伍建设成为一支海上警察队伍。根据我们的调查，在目前的制度下，渔政、海事、海监等执法人员在海上执法时无权行使海上警察职权，更无法采取限制人身自由的强制措施，也无法使用警械和武器，这就导致了海上执法人员在执法时经常处于被动的境地。因此，可以考虑赋予执法人员海上警察的权利，将执法队伍建设成为一支强有力的海上警察队伍，才能有效地维护海上秩序。三是建立错案追究制和终身负责制。权力与责任始终是一对矛盾，绝对的权力意味着绝对的责任，因此，我们在赋予海上执法人员海上警察的权力的同时，也应当增加执法人员的责任，本着"谁处理谁裁决、谁裁决谁负责"的原则，建立错案追究制和终身负责制，从制度上将腐败扼杀。

（三）统一工作标准和工作方法，建立有效沟通平台

正如前文所述，2019 年 3 月之后，三亚市实施大综合行政执法一体化大改革，将三亚市海洋与渔业局撤销，在三亚市自然资源与规划局下设立三亚市海洋资源局，将原三亚市海洋与渔业局与海洋和环保有关的日常监管职能划归三亚市海洋资源局行使，在三亚市农业农村局下设渔业科，将原三亚市海洋与渔业局与渔业有关的日常监管职能划归渔业科行使，原三亚市海洋与渔业局的行政执法职能统一划归三亚市综合执法局第四支队行使。这就意味着海洋渔政的日常监管工作和执法工作已经分离，相关工作人员分别隶属于不同的政府职能部门，在工作过程中出现矛盾和滞后在所难免，我们认为，解决这一问题，需要从以下几个方面出发：第一，由三亚市司法局法制办公室牵头，组织负责日常监管的领导班子及负责执法的领导班子进行讨论和交流，制定出统一的工作方法和工作思路，并设计出统一的表格和参数，制定出统一的文书和文本，安排下属工作人员按照上述既定方法和思路开展工作，避免发生分歧和矛盾。同时，设置出相应的考核参数，将双方的配合默契度和工作完成度纳入法治政府考核的重要内容。第二，建立有效沟通平台，引入一体化智能办公系统，通过各自终端上传共享相关数据，将日常监管

工作和执法工作全部可视化、透明化，做到信息同步及时共享，避免沟通的障碍，以便作出科学决策。

（四）加强对执法人员法律知识的系统学习和培训

加强对执法人员法律知识的系统学习和培训，提高其法律意识，是减少和避免出现执法乱象的重要举措，我们应当考虑从以下几个方面入手：第一，要从职业风险、职业道德和思想认识等多个方面，对海洋渔政执法人员进行系统的培训，增强其法律意识，做到有法必依、执法必严、违法必究，增强海洋渔政执法的严肃性和权威性。第二，要加强对海洋渔政执法人员的行政法与行政诉讼法方面的专业知识和技能的培训。确保每一个海洋渔政执法人员都能够精通行政执法程序，确保在执法过程中不出现漏洞。为了做好上述工作，我们认为，三亚市综合行政执法局可以考虑借助三亚学院法学院的地缘优势与专业的师资力量，建立政校合作机制，建立三亚市海洋渔政执法培训基地，有计划地对海洋渔政执法人员进行中长期培训，提高专业知识和技能。

（五）进一步加强发挥法律顾问的作用

自党的十八届三中全会通过的中共中央《关于全面深化改革若干重大问题的决定》指出“普遍建立法律顾问制度；完善规范性文件、重大决策合法性审查机制”之后，党的十八届四中全会通过的中共中央《关于全面推进依法治国若干重大问题的决定》又指出，要建立重大决策终身责任追究制度，将法治建设成效纳入政绩考核。并将“深入推进依法行政，加快建设法治政府”列为全面推进依法治国六项重大任务之一。自此，法律顾问制度已经得到了较好的落实，三亚市综合执法局及各区分局也都建立了法律顾问制度，聘请了专业的律师担任法律顾问。但我们认为，要较好地解决海洋渔政执法过程中出现的问题，应当进一步加强发挥法律顾问的作用，应当建立一支专业精干的法律顾问队伍，这一队伍当中，既包括社会律师、公职律师、公司律师等优势互补律师人才，也包括具有丰富司法工作经验的法官、检察官，还包括来自政法院校的专家和学者，这样才能最大限度地发挥法律顾问在海洋渔政执法过程中的“保驾护航”作用。法律顾问队伍应当从以下几个方面开展相关工作：第一，为海洋渔政执法职能部门梳理权力清单和责任清单。由专业的法律顾问团队对现行生效的，与海洋渔政执法有关的所有法律、法规及其他规范性法律文件进行梳理，对海洋渔政执法职能部门的权力清单进行归总和整理，列明每项权力的法律依据、权力的边界以及行使的方式和限制；对责任清单进行归纳，列明可能发生违法行为的黄线区和绝对禁止的红线区，协助海洋渔政执法人员更好地树立底线思维，从而更好地完成执法工作。第二，为海洋渔政执法人员制作工作清单。首先，要制定简单的执行清单。提供清单提醒每一位工作人员执法出门前必须穿警服、带执法证和执法记录仪、2个人以上执法等，避免出现执法时衣着不整、忘东忘西的窘境。其次，要建立核查清单。列出一份工作中的核查清单，每天把我们工作花十几分钟快速地检查一下，避免在复杂问题中犯错漏。比如，我们每天下班前一个小时，拿出核查清单，检查一下工作有没有漏掉的，如果漏掉，趁这个时间赶紧补上。第三，为海洋渔政执法人员制作工作流程。可以考虑按照图1的形式制作工作流程，每一个执法工作人员都按照规定的流程操作，可以有效避免执法乱象的发生。

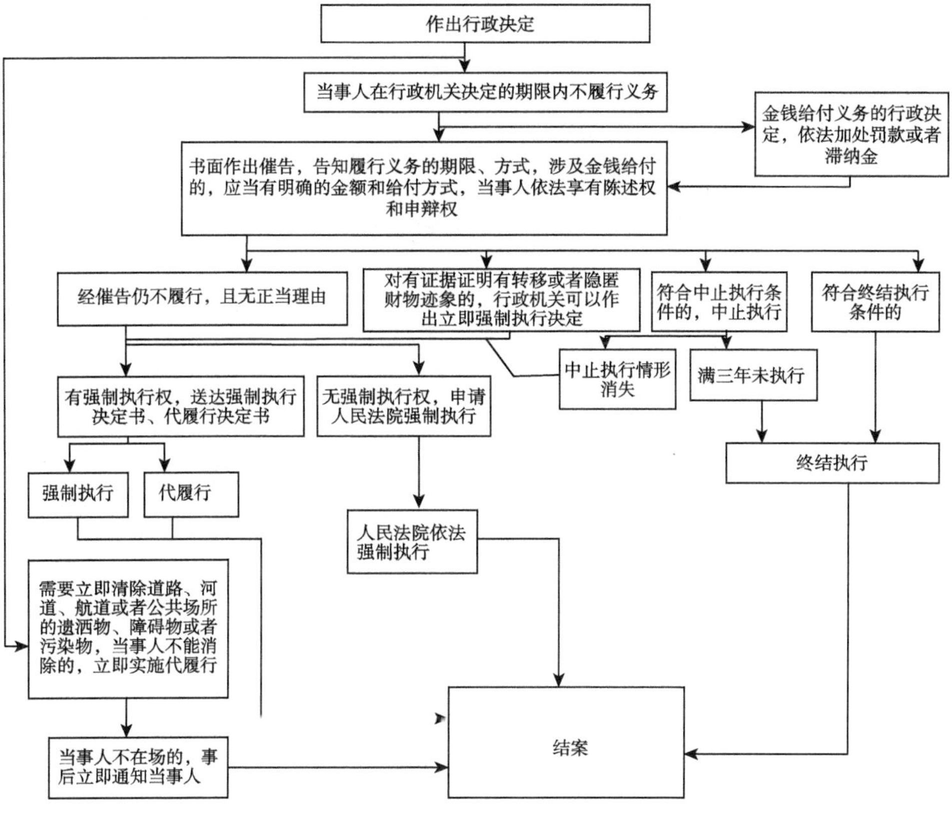

图1　行政强制执行流程图

以上便是笔者结合自己十多年的律师办案经验以及实际调研的情况，对三亚市海洋渔政执法存在的问题的概括和对策的总结，因为时间有限且资源相对不足，提出的建议可能有所片面或者不接地气，相关政策是否可行，也需要实践的进一步检验。为使文章能够对理论研究深度的提升和执法实践的明确指引起到更大的作用，以后会加强实证调查和研究，进一步从实际出发，为问题的解决，提出更有效的解决对策。

第三编
其他相关领域研究

海洋生态风险防控的法律智治机制构建

肖纪连　邬皖莹[*]

生态风险防控法律智治意旨运用智能化科技手段,依法对未来可能发生的生态环境问题及其之后可能产生的后果进行预防和控制。海洋环境执法要汲取以前填海项目的教训,如恒大海花岛项目、凤凰岛项目、海上机场项目等,标准不严格以及执法不足导致海洋生态遭受破坏、劳民伤财的后果。按照习近平总书记"要把生态环境风险纳入常态化管理,系统构建全过程、多层级生态环境风险防范体系"的指示精神,实现科技与法律的有效融合,借助智能化手段制定海洋生态风险防控标准,实施动态环境治理,对维护海洋生态利益和及时修复海洋生态意义重大。

依托于智能化海洋生态监测预警体系,以监测和预警为主要手段,从海洋生态风险评估和生态风险管理两个方面入手,以立法和执法为主要内容,构建海洋生态风险防控的智能化法律治理体系,主要逻辑关系及研究框架如图1所示:

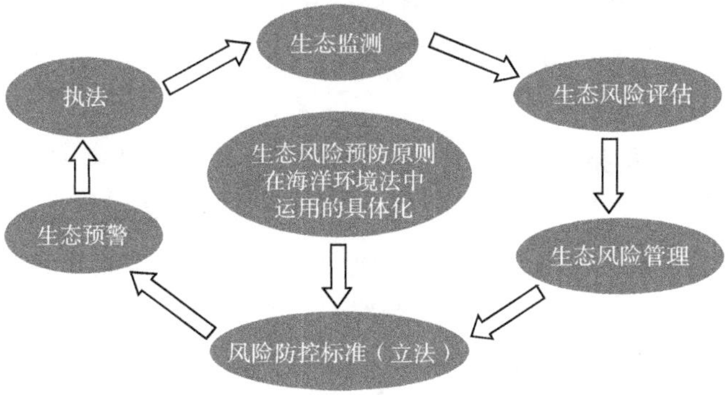

图1　海洋生存风险防控的智能化法律治理体系的逻辑关系及研究框架

---

* 肖纪连,三亚学院法学院副教授。研究方向:环境资源法、国际私法。
邬皖莹,三亚学院法学本科在读。

一、海洋生态风险防控将是海洋环境法治的使命

（一）全球海洋生态问题

随着全球经济的不断发展，人类对海洋资源的需求不断增长。正如 2000 多年前的古罗马哲学家西塞罗所说："谁控制了海洋，谁就控制了世界。"现今，各国将开发资源的目光转向海洋，开采海洋资源，在工业革命期间，随着近代造船技术的发展，人类对海洋资源的利用维度更广，程度越深。但人们淡薄的生态环境保护意识，使海洋生态环境失衡，引发一系列的海洋生态环境问题。进入 21 世纪以后，各国海洋资源开发的速度逐渐加快，高科技的应用使海洋开发中传统产业得到不断改造，同时又不断开发和建立新的海洋产业，再度造成新的海洋生态破坏以及引发潜在的海洋生态风险。

海洋生态安全的基本构成要素包括：海洋资源安全、海洋环境安全、海洋产业安全。①

1. 海洋资源安全问题

海洋资源安全是指一个国家或地区在持续获得海洋资源的同时不破坏海洋资源环境，维持两者之间的平衡。② 在海洋资源上我们可以将其划分为：海洋矿产资源、海洋生物资源和海洋空间资源。在这一安全问题中，开发是不可能停滞的，因为全球人口在迅速增长，社会在不断发展进步，且该发展速度快于海洋资源的供应速度。故而，在供需不平衡下，我们应当注重开发利用的方式是否合理，保护预防措施是否有效，否则我们对海洋资源的利用便是"竭泽而渔"。

2. 海洋环境安全问题

海洋环境安全是指海洋自然环境、资源开发环境以及维权保障环境等的安全，比如，海上油气开采、恶劣气象灾害、石油泄漏等给海洋带来的生态风险。在该问题的维护上，各国和各地区大都采取"保护 + 预防"的措施，这就要求各国各地区建立监测系统、预警系统、应急系统以及风险评估系统。但是由于各国经济发展水平、科学技术水平不同，所建立的防控系统发挥的作用大小存在差异。尤其在数据统筹分析方面，发展中国家与发达国家存在一定差距。

---

① 参见曹洪军、孙继辉、武晓雯：《基于海洋生态安全的"海洋命运共同体"构建研究》，载《江苏海洋大学学报（人文社会科学版）》2021 年第 6 期。

② 参见谭柏平：《海洋资源保护法律制度研究》，法律出版社 2008 年版。

3. 海洋产业安全问题

海洋产业安全的核心在于实现海洋产业的可持续发展，为保证产业安全，我们既要抓住其内部因素，即产业结构的合理性和科学性，又要抓住外部因素，即海洋产业的发展环境和承载力，这些内外因素都需要国家制定政策和法律来进行保护。

（二）海洋生态风险防控法治理论

笔者认为，可将海洋生态风险防控拆分为海洋生态风险预防和海洋生态风险控制，先有预防意识才能做出相对的防控措施。关于风险预防原则，最著名的表述则是1992年《里约环境与发展宣言》原则15的规定："为了保护环境，各国应按照本国的能力，广泛使用预防原则；遇有严重的或者不可逆转的损害威胁时，不得以缺乏科学充分确实证据为理由，延迟采取符合成本效益的措施防止环境恶化。"这一表述成为关于风险预防原则的经典定义，在国际层面上获得了普遍认同，并开始逐渐进入内国法的视野，成为各国应对不确定风险的重要依据。[①]

从一些学者的角度而言，张珞平等认为狭义的海洋生态安全就是海洋环境安全，不能在海洋污染后再被动保护和恢复海洋环境，而是要事先关注海洋生态系统可能面临的健康风险，并及时采取相关措施预防补救。[②] 杨振姣等通过对以往概念的梳理，认为海洋生态安全是一种没有受到威胁与破坏的状态。[③] 由此可见，针对海洋生态风险的措施，提前的风控预警定然优于事后的补救措施。

故而，我国可以借鉴风险预防原则来处理海洋生态问题。风险预防原则有三项核心要素：存在一定严重程度的环境风险；科学上的不确定性；符合成本效益。也就是说，根据各国各地区海洋生态环境的差异、社会经济发展水平的差距以及科技发展程度的不同，综合考虑海洋生态环境风险的临界值（红线）。针对不同的风险，相关部门应当群策群力、相互配合，根据本地海洋生态的特点、大数据分析能力、科学技术水平、来实施科学有效的政策防治，引导、协助破坏海洋生态环境的企业、单位回归合法合规状态，及时采取措施修复海洋生态环境。

---

① 参见张宝：《从危害防止到风险预防：环境治理的风险转身与制度调适》，载《法学论坛》2020年第1期。

② 参见张珞平、洪华生等：《海洋环境安全：一种可持续发展的观点》，载《厦门大学学报（自然科学版）》2004年第S1期。

③ 参见杨振姣、姜自福、罗玲云：《海洋生态安全研究综述》，载《海洋环境科学》2011年第2期。

1. 完善海洋生态风险防控立法

国际上的海洋生态风险防控立法是将生态风险预防原则写入法典。例如,《法国环境法典》第 L110－1 条明文规定:“根据这项原则,即使按照当前的科学和技术知识尚无确定性,仍不得推迟采取有效和适当的措施,以经济上可以承受的代价预防对环境造成不可挽回的严重损害的危险。”《瑞典环境法典》以及《爱沙尼亚环境法典总则》不仅在注意义务一般原则中规定了风险预防原则,而且在生产经营者具体义务条款中规定了采取风险预防措施的法律义务。

我国没有将生态风险预防原则法典化,但是在相关事件中有所体现。吕忠梅认为,我国《环境保护法》中虽然已经出现了个别体现风险预防要求的制度①,但总体而言,依然具有浓厚的末端治理色彩,没有很好地贯彻风险预防理念,尚未形成“风险管理—冲突管理—危机管理”的完整治理体系。王彬辉、于文轩等学者认为,我国 2018 年通过的《土壤污染防治法》广泛运用了“风险”概念,首次在立法上将“风险管控”确立为一项基本原则,并专设“预防与保护”一章加以落实,提出了预防为主与风险管控的区别,指出预防为主以环境影响评价制度为核心,风险管控以环境风险监测、调查、评估制度为核心。王小钢认为应当将风险预防条款写入我国环境法典。故而,在立法理念上,我们可以吸收国外先进理念,如上文所述的“风险预防原则”。

在立法定位上,必须将立法形式与立法内容相对应,譬如,设立的法律形式上是基本法,那么它在立法体系上也要体现为基本法,将其以单行法的形式设立,那么它的内容必须明确,而不是模糊、泛化的。而且一旦立法层级过低,该法只能是形同虚设。在立法技术上,从立法目的、责任归属、执行管理方面入手,明确执法主体和责任承担,若是制定地方性法规,需结合当地实际,制定符合本地区特色的法规,使权属分工更具可操作性、执行性,而不是在统一的国家海洋生态防控政策、目标、程序下各行政机关在生态防控问题上各行其是的局面。

2. 制定海洋生态预警监测体系管理规定

当前,我国的海洋生态管理体制较为分散,各部门职能和职责分散、交叉或重叠,部门之间缺乏统一协调,形不成合力,使海洋的综合优势和潜力不能有效地发挥。故而,对于海洋生态预警监测体制有如下建议:

---

① 参见吕忠梅:《〈环境保护法〉的前世今生》,载《政法论丛》2014 年第 5 期。

(1)实行海洋生态综合管理。

海洋管理的本质是对海洋资源、环境及其开发利用活动进行跨行业、跨部门的“公共管理”。我国现行的海洋行业管理区分海洋实践活动的经济、自然属性,由政府不同行业和专业管理部门进行对口管理。海洋综合管理则是指国家和地方海洋行政部门,综合运用行政、经济、法律、科技、教育等手段,对事关全局、影响到海洋可持续发展的公共问题进行决策、规划、组织、协调和控制的一系列活动。海洋综合管理不是将各相关部门的人放进一个屋子里,而是建立一个高层次、有权威的综合协调机制,根据国家的总体经济发展规划,协调各用海行业间、部门之间的利益、矛盾关系,保护和持续利用海洋中的各种资源,保证各行业协调发展,提高全海域的可持续性和综合效益。由此可见,相对于行业管理,海洋综合管理更加符合海洋管理的本质,并为解决涉海各部门和行业的政策冲突提供了有益的制度安排和畅通的协调渠道。

(2)海洋生态预警监测技术设施。

海洋生态问题种类繁多,比较熟知的便是海洋生物多样性下降、海水污染等,但是一些非传统型海洋环境问题会引发次生生态问题,如海水酸化、海洋环境放射性水平升高、海洋垃圾等。针对那么多问题,依照对症下药的模式,可能产生的大部分的海洋垃圾都会是废弃的监测装置,而且海洋无时无刻不在发生变化,有些变化明显,有些不易发现,还应考虑各类监测数据是否存在联系。

故而,监测设备要求上应包括:①依靠最新和环保的技术,监测预警设备的投放入海不能污染海洋;②利用5G、遥感等技术,使设备能够实时监测,实时反馈数据;③依靠科技创新,使监测设备一个布点,多要素采集,以及提高感应敏锐度;④对于危险区域,利用人工智能,设备能够自动投放到点,无须人工设置;⑤织密监测网络,提高点位覆盖率。

在数据分析设备上应满足以下条件:①结合气象等其他相关监测数据,统筹分析,打破数据壁垒;②利用网络计算机技术,实时分析各类数据;③加强科技创新,提高数据精度。

(3)海洋生态预警监测智能化。

虽然《海洋环境保护法》第二章“海洋环境监督管理”中有体现海洋环境智能化监管的规定,但是仅有全国海洋环境监测网络的简略表述。海洋生态预警监测智能化,是指利用人工智能技术以及大数据分析技术对海洋生态进行全时段、全方位监管,使海洋环境监管更具科学性和有效性。《海洋环境保护法》第10条中规定"国家根据海洋环境质量状况和国家经济、技术条件,制定国家海洋环境质量标准"。预警监测技术除了有监测作用外,还可在经过数据分析后作为制定标准的依据,因此,在之后的海洋生态预警监测中,建议加大人工智能与大数据技术的运用,加强海洋环境质量标准与污染物排放标准等具体标准制度与智能技术的有效衔接①。

《关于建立健全海洋生态预警监测体系的通知》提出,构建中央和地方分工协作、高效运行的海洋生态预警监测业务体系,实施业务化海洋生态调查、监测、评估、预警,逐步掌握全国海洋生态家底,分析评估受损状况及变化趋势,预警生态问题与潜在风险,提出保护措施建议,实现"三清楚",即对海洋生态系统的分布格局清楚、对典型生态系统的现状与演变趋势清楚、对重大生态问题和风险清楚。陈洪全、陈思杨等学者从海洋生态环境承载能力角度研究海洋生态监测预警机制,张馨星等学者从海洋中的放射性物质含量角度研究海洋生态环境监测预警信息系统的设计与实现问题,还有一些学者从船舶溢油、海岸工程、海洋工程、陆源污染物、重金属等有毒有害物给海洋生态带来的风险角度研究海洋生态监测预警机制。

加强全国及地方海洋环境的调查与监测工作,突出海洋环境监管的智能化优势,使其发挥事前海洋环境问题的科学预防性、证据的保存功能,事中海洋环境问题对策制定与问题处理的效率性、事后海洋环境恢复与污染源追踪的作用。

(4)海洋生态预警监测治理数据化。

由于我国海岸线曲折漫长,穿过不同气候带,同时海洋面积辽阔,海洋环境问题也因各个海域不同而有所特殊。若某一海域存在特有的海洋问题,为更具体有效地针对某一特定海洋问题作出完备的环境治理对策,需要对该海域的特定问题进行全面、详细的数据化分析,将该问题每次发生时的数据进行汇总,通过大量的数据分析找出该问题在不同阶段的数值规律,以便更好监测和应对此类问题。对于极端生态问题和突发性生态问题,还要及时留存数据,以便后期分析原因时可供使用。

因此,需要构建一个庞大的海洋生态环境数据库。该数据库要包括实时的监测数据、预测数据、承灾体数据以及防控措施等业务数据。第一,该数据库的数据

---

① 参见李龙飞:《中国海洋环境保护现状及其智能化趋势》,载《浙江海洋大学学报(人文科学版)》2020年第6期。

需来自各个海域及其周边地区,存在数据格式不一致的情况,故该数据库在各种数据入库时,利用不同的数据解析方式,对初始数据进行质控、收集。第二,需要将数据划分为普通监测数据和应急监测数据。第三,采集各类海域、海水养殖区的承灾体数据,以便对海洋生态灾害等级进行计算评估,划分等级。第四,预测数据需要覆盖到生物、化学、水文和气象等要素。

同时,充分利用人工智能与大数据分析技术。人工智能与大数据技术可以科学、准确地对各类海洋环境进行监测并进行数据收集,对于发现的海洋生态环境问题,可以通过数据化分析精准找出原因,并据此及时采取相应措施。

在人工智能与大数据技术数据化分析的基础上,相关部门可以及时制定相应对策对特定海洋环境问题加以针对性治理,有利于提升海洋环境治理的效率,减少海洋环境治理的时间周期,加速海洋环境问题的解决进程。

最后是数据的保密问题,海洋生态预警监测的数据很有可能涉及企业、单位的技术秘密或业务秘密,若该数据为与分析无关的数据,当及时销毁,不得外泄。

3. 制定海洋生态风险防控质量标准体系

在设定海洋生态风险防控质量标准之前,我们先要了解防控概念在海洋环境的应用特性,海洋生态问题具有地理空间的跨界性,发现时间的跨度较大,生态破坏的累积性,损害后果的严重性和不可逆转性。[①] 根据这些性质,我们制定防控质量标准体系的目标是:早发现,低损害,速防控,能治理。

(1)在海洋生态整体风险防控层面。

围绕风险防范和应急处置,深入推进应急预警监测。统筹利用政府和社会应急监测资源,不但要建立一个庞大的海洋生态数据库,而且要建立完善国家—海域—省—市四级应急监测网络。在该检测网络中,各级要对自己辖区内的海域生态环境进行评估,包括确定各类污染源的清单,海水对各类污染源的敏感程度,了解海洋生物的种类和生活区域,对本海域海水自净能力进行评估,设定评价指标,建立风险评价模型。

(2)设定海洋生态风险红线。

利用上述海洋生态数据库内相关数据,同时对各个海域、各海水养殖区的地理地貌进行勘测,因地制宜地确定各地海域生态风险的临界线,一旦实时监测数据达到临界线,监测系统将自动发出预警信号,一旦出现预警信号,有关部门将细

① 参见郝明:《风险预防原则在海洋环境保护中的适用》,外交学院2016年硕士学位论文。

化分析数据，实地监测（亲自监测或投放监测设备），以判断海洋生态灾害的影响和实施防控措施。

红线的选择适用，随着国家—海域—省—市四级应急监测网络健全，每个级别都有自己的红线标准。按照规定，省级红线和市级红线的划定标准应当高于或等于国家红线标准，因为省市人民政府对本区域内海洋生态状况、产业结构和生产模式更加明晰。为了防控海洋生态风险，在海洋生态红线标准的设定上，应当选择高标准的红线。

国家海洋生态红线也需要考虑国际海洋生态防控质量标准，因为海洋覆盖了地球表面的71%，并且各大洋之间都是互联互通。海洋环境问题无疑是一个全球性问题。无论哪片海域出现生态问题，没有一个国家或地区、没有一块海洋可以独善其身。2021 年 4 月日本政府计划将福岛核废水排放入海的决定引起全球哗然和反对。故而，在确定红线时，在依据本国海洋生态实际的同时，也需要关注国际上的一些生态防控标准。

二、制定海洋生态风险防控标准体系的基本原则

（一）以人为本原则

生命的起源便是海洋，物种不断地繁衍、进化、进步，才出现了“人”这类高级哺乳动物。在物质层面，海洋孕育人类，为人类提供各类生产生活资源，从最初的捕鱼解决饿肚子问题，到现今为我们提供化石能源，让我们能够上天入海。海洋给予人类的不仅仅是资源、环境等物质资源，还包括文化价值。

从精神层面而言，我们不仅仅拥有大河文明，还有着海洋文明。通过培育人们的积极的生态价值观，使人们认识到优良的海洋环境可以陶冶情操、美化心灵、提升思想境界。同样人类生态意识的觉醒，代表着时代的进步。加强海洋生态文明建设，就要注重培养人们的海洋生态意识，使人们成为具有生态道德的文明人。

在相互关系上，人与海洋从来不是统治与被统治的关系，而是相互依存、荣辱与共的关系。人类爱护大自然就是爱护自己这句话早已是人类的共识，海洋是大自然的一部分，守护海洋生态，亦是守护自身。增强人类的海洋生态文明意识，提高爱护海洋环境的道德素养，进一步增强人们对海洋生物与环境进行保护的意识和责任，转变传统粗放的生产方式和生活方式。摒弃高污染、高消耗、低技术的生产模式，大力发展科技，提高海洋生态资源的利用效率，注重对海洋生态环境的保护，以减少自然对人的异化，实现人与海洋的和谐发展，让碧色海洋成为我们的金

山银山。

（二）可持续发展原则

"绿水青山就是金山银山"是我国可持续发展的鲜明口号。海洋各类资源丰富，开发潜力巨大，是我国经济发展又一支柱。但海洋资源不是取之不尽、用之不竭的，生态无序、无度、粗犷的开发模式不能适用于海洋，它的开发利用要规范、有秩序，在开发过程中对海洋生态环境进行实时监测，周期性统筹分析各类生态环境数据，动态调控，精准调控。

实现海洋生态和资源的可持续利用需要坚持保护与开发并举。为实现人类生存状态的可持续，需要加强海洋环境保护和污染治理，使经济发展规模、速度与资源环境承载力相适应，使海洋资源开发与海洋生态环境相协调。提高海洋环境污染的持久治理与海洋生态保护的力度，促进工矿企业污水处理和达标排放，把入海污染物的排放总量和排放浓度压缩在最低程度。要加强对海洋活动主体的保护，尊重主体对海洋的合理开发和利用，保护其正当利益不受侵害；需要加强对海洋的合理监控，摒弃短期牟利行为，尊重自然生态基本规律，实现开发和保护并重。要坚持合理的海洋活动秩序。维护海洋活动秩序，就是要保持活动主体和客体的基本权利。

（三）风险预防原则

我国的生态环境保护原则是"预防为主，防治结合"，而风险预防原则恰恰体现"预防为主"。该原则的确立，有利于更好地保护我国海洋生态环境，因为生态问题是具有潜伏期的，若是按照传统"先污染后防治"的方式，并不能有效地保护海洋生态，迟到的防护不是防护，一些生态破坏是不可逆的，比如核废水入海，某一海洋生物灭绝。风险预防原则的引入有利于从根本上转变海洋生态的防治思路。

随着我国生态环境监测技术的不断进步，纵使生态环境问题在潜伏期间十分复杂，也不容易发现，但是我们通过各类监测数据统筹分析，仍发现潜在的生态问题，能够及时介入并加以整治。

在国际社会中，已经有许多国家或地区在法律规范中确立了风险预防原则，且海洋并非局限于一地，它连通着各国各地的水网。该事实让我国在处理国际间海洋生态环境问题时，能够更好地与国际接轨，处理相关问题。

（四）技术、经济可行性原则

以科技创新体系和金融服务体系助力海洋产业持续发展。科学技术是第一生产力，只有高科技创新才可以在现有自然条件基础上实现经济发展的集约化、生态化。因此，必须建立海洋科技创新服务体系，推进海洋高科技成果产业化，实现海洋产业结构优化转型的目标。根据我国当前海洋科技水平及产业化条件，按照先富带后富的经验，发展一批具有良好发展前景的海洋高新技术企业，不断孵化一部分设备和技术成熟、经济效益可观的科技成果，逐步形成机制成熟、决策科学、成果显著的科技创新服务体系，为海洋生态产业不断做大做强提供智力支持。

建立海洋生态金融服务体系，完善风险资本市场，以市场经济手段促进海洋生态文明建设制度化。在海洋生态产业中大力引进银行、信贷等金融机构，对其进行政策引导和扶持，助力海洋产业优化升级；风险投资与社会资本可以政府准入形式参与海洋产业发展，共谋生态红利。[①]

三、构建海洋生态监测、预警与执法的衔接机制

（一）针对监测系统

首先，国家可以通过授权的方式，建立一个全国范围内的监测机构，而地方的预警机构仍可遵循因地制宜的理念，可以主要针对当地海洋生态典型问题。中央和地方、地方和地方的海洋生态数据应当及时或者实时共享，以便及时发现问题，相关地区的执法机关能够及时制止破坏生态的行为或及时协助恢复海洋生态。

其次，数据来源要广，数据类别要细，海洋生态环境数据既可以是官方监测机构共享，也可以和相关海洋科研所、高校达成合作，获取相关数据，同时还需要政府中有关大型建设施工、环境评价等数据信息。

最后，以人工智能和大数据技术为依托，进行实时数据分析，根据数据分析结果，确定海洋一般生态问题和紧急生态问题的红线。

（二）针对预警系统

该系统的重心在于发出海洋生态预警信号，虽然该系统依旧需要观测数据，而且要实时关注数据是否接近红线并结合海洋的实地状况决定是否预警。

---

① 参见鹿红：《我国海洋生态文明建设研究》，大连海事大学2018年博士学位论文。

该系统需要确立一个接近临界值的数据黄线，一旦监测数据触碰黄线，系统发出黄线预警，提醒相关技术分析专业人员重视。在专业人员对黄线数据及时分析后，确定是继续关注数据还是需要进行实地考察，根据具体情况和研讨，决定是否发出红线预警。

预警系统直接发出红线预警时，专业人员当立即联系相关部门和检测站点，有针对性地投放检测设备，获取更新、更精确的数据，及时分析，发出预警，并将数据分析整理后共享给相关执法部门，同时提出科学的防治建议和措施。

（三）针对执法部门

完善我国海洋生态执法的法律法规，因为我国的海洋管理分散，有关立法机构也众多，中央和地方的法律法规繁杂，故执法机关的职权不明确。而且海洋生态环境问题很有可能会涉及多个地域，各地域的执法机关因为不同的法规，不能及时相互配合，及时处理问题。以立法的形式明确执法机关的权责，形成权责分明、程序清晰、信息畅通的执法机制。为争取实现高效的联合执法，提出以下建议：

第一，实施陆海同步监督，加强对入江入海污染物总量的有效控制。陆源排放是近岸海域最大的污染源，是造成海南省近岸海域环境质量下降的主要原因。要控制“三废”企业污染物排放种类与总量，规定污染物限期治理，达标排放，并按照海洋功能区划，科学规划、合理设置入江入海排污口，严禁污染物直接向江海转移。

第二，加强海陆协同管理。要切实加强部门和区域海洋环保协同执法，建立陆海联动监督管理机制，强化对入江入海陆域污染源的监督执法职能，建立沿江沿海企业排污向环保部门报告的同时向海洋行政主管部门报备制度，明确海洋行政主管部门对排污入海企业的处罚职责，实施海陆同步监督管理。

第三，加强区域间执法机关的联合防控。海洋污染具有较强的流动性和跨区域传输特点，海洋生态环境保护通常涉及多个责任主体，需要毗邻海域内相关省份强化联防联控机制建设，加强海域、海湾内海洋环境信息、应急资源共享和重大工程项目环评会商等机制建立，围绕海洋生态环境保护目标，协力加强污染防治、生态保护、风险防范、灾害应急和监督管理等工作，共同保护同一片海域。

（四）以上三者的工作衔接

从传统模式“先污染后治理”而言，我国执法多出现在发生问题时或发生问题后，而现在我国的监测预警的能力不断提高，以及“风险预防原则”的影响，执法行为将贯穿于监测预警全过程，也即执法行为可能会发生在海洋生态问题出现前。

（1）执法行为发生在监测期间，早预防一定比后补救的成本低，且操作可能性强。在执法机关接到监测系统的预警，表明某一可能造成生态破坏的行为时，执法机关可以采取协助或指导的方式，让行为人及时改善形式方法，消除对海洋生态破坏的隐患。

（2）执法行为发生在预警后，执法机关应当在了解预警原因后，及时采取措施制止破坏海洋生态的行为，在此期间，处罚不是绝对的，而是联合相关海洋生态机构，指导和协助行为人及时弥补已经造成的生态破坏，在之后的生产活动中，找到方法不再破坏生态。

（3）在监测、预警系统的运作中，大多海洋生态问题未造成严重破坏就能够被及时发现，但是还会出现应急状况，例如船舶漏油、工厂排污入海等。此时执法机关当立即到达事发点，采取及时有效的补救措施防止危害扩大。在问题解决后，根据该行为的性质，进行处罚或采取其他措施。

在应急问题或是严重危害海洋生态的行为上，可以通过构建统筹管理的海洋生态管理机构来解决，首先，该机构具有调动各利益方的权力，在相关问题上，能够有主要利益方参与，例如造成生态破坏的企业，该行业的协会，地方分管领导，受影响的民众等；其次，其有智囊团的支撑，包含相关学术机构、科研所、鉴定中心等。故而，此类重大事件能够被以更加科学、更具有执行力的方式化解。

结　语

第一，关于海洋生态风险防控，既有研究仅倾向于从该主题的某一方面问题展开，较为零散、不够系统，对海洋生态风险防控法律智治系统思谋不足。第二，我国生态环境保护的重心正逐渐从事后整治向事前防控转变，如何运用智能化的手段精准预测，依法处置海洋生态风险成为环境保护法学者们研究的任务，自然资源部2021年发布的《关于建立健全海洋生态预警监测体系的通知》为实现海洋生态风险法律智治提供了可能性；梳理域内外已有成果，其均难以为我国提供一个既定的样本。第三，近年来海洋生态风险防控的理论研究和实践虽有长足进步，但科技与法律共治融合不足，尤其是运用智能化手段，精准预测，依法处置海洋生态风险问题应加强关注。

论海洋环境保护法律制度的完善

——以我国《海洋环境保护法》修改为视角

张丽娟*

引　言

海洋环境是人类赖以生存的自然环境的重要组成部分，是全球生命保障系统的一个重要组成部分，其独特的环境承载和净化能力维系着人类与自然的动态平衡。然而，随着地球陆地资源的日益短缺，人类把目光投向了广袤的海洋，以期许获得可持续发展的宝贵财富。随着世界经济发展、科技进步和人民生活水平的不断提高，人类对海洋资源开发利用的力度不断增加，对海洋的开发利用活动日趋频繁，也不乏过度攫取的行为，当对海洋开发利用超越了海洋环境自我修复极限时，必然会对海洋环境造成严重的污染和损害。随着海洋环境污染和损害的不断加剧，海洋生态环境的保护问题已经成为世界各个国家日益关注的重大问题，已然成为国际社会的关注焦点。我国和世界其他国家一样，在推进海洋环境保护的方针政策时，也是从加强海洋环境保护法治建设开始的。我国海洋环境保护法律制度逐步健全，目前已经形成了以宪法为依据，以环境保护法为基础，以《海洋环境保护法》《渔业法》等专门法构建的海洋环境保护法律体系，但还是存在很多亟待完善的地方。

覆盖地球表面71%的海洋，是云雨的故乡、生命的摇篮、丰富资源的宝库，是人类赖以生存的“第二空间”。海洋环境保护就是保护海洋及生活在海洋中的海洋生物。《海洋环境保护法》是1982年颁布的。《海洋环境保护法》对海洋环境监

---

* 张丽娟，三亚学院法学院教师。研究方向：理论法学、地方立法。

本文系海南省2019年哲学社会科学重点研究基地课题《海洋牧场管理制度立法研究》（JD19－08）阶段研究成果。

督管理、海洋环境科学价值、防治海洋工程建设项目污染、防治海洋倾倒废物对海洋造成的污染损害作出了明确的规定。我们国家拥有广阔的海域和丰富的海洋资源。资源储量、海洋经济价值对我国经济社会发展的作用日益凸显。但是,随着我国经济的快速发展,城市化的加快,海洋资源的开发与利用也需要进行预处理。灾害防治工作的不到位,造成了严重的海洋生态环境问题,导致了环境污染的频发。虽然人类对海洋环境的认知水平有了新的提高,强化后,海洋生态恶化的趋势也得到一定程度的改善。海洋经过治理,总体的污染趋势得到了缓解,但是某些海域的污染仍然存在。目前我国海洋环境的现状仍然不容乐观。在此之前,我国已制定了相应的法律、法规,但仍存在诸多问题。制定完善的海洋环境法律体系,既能促进海洋资源的合理利用,又能保障资源的可持续利用。

一、海洋环境保护问题概述

海洋环境保护不只是保护海洋本身还包括海洋生物。海洋环境是一个巨大的生态系统,海洋本身是一个虚弱的存在,其自净能力较弱。近些年人类对海洋资源的不当开采导致海洋污染加剧,其中包括石油污染、放射性物质污染、化工污染等。海洋生态系统的稳定与海洋生物的多样性息息相关,海洋生物多样性趋于稳定那么海洋环境的生态则接近平衡。就目前而言,海洋生态环境不断遭受人为因素的干扰导致海洋生态系统的平衡性被打破,海洋生物逐年减少。海洋生物的减少直接影响到了现代人的利益,间接对后代人的生活产生不良后果。所以保护海洋生物的多样性也就是维护了海洋环境的平衡,更加有利于当代人的生存发展。

海洋环境污染问题日趋严重,保护海洋环境不应只是浮于表面,必须落到实处。保护海洋环境具有重要的意义。就我国而言,海洋产业的发展极大地促进了我国的经济发展,但是海洋环境问题也相当突出。治理好海洋环境问题就是间接稳定了我国的经济发展状况,海洋环境保护对于我国来说是十分重要的。海洋环境的稳定有利于人类的生存发展,我国大陆海岸线长达 18,000 多公里,沿海城市人口密集。海洋环境的稳定为人类提供宜居的气候。人类活动的增多给海洋环境带来了压力,这种环境压力反过来通过各种自然灾害等形式直接作用于人类,给人类的生存发展造成了阻碍,所以人类要学会与海洋和谐相处,保护海洋环境,促进生态的可持续发展。海洋环境为国家提供了数不尽的矿产资源与生物资源,人类的生产生活也离不开这些资源带来的材料与空间。海洋环境的安全稳定同样也是保障我国人民生活稳定的重要因素。海洋是人类生活的第二大空间，但由于科技水平提高，土地资源日益匮乏，对海洋资源的开发日益增多，同时海洋资源的开发，也导致了海洋环境的污染。近年来，为了保护海洋环境，海洋废弃物的处置已经成为世界各国的热点问题。各个沿海国家通过立法等方式对海洋环境进行保护，我国改革开放后，随着经济的不断发展，也意识到了相关的海洋环境问题，积极开展了相关的立法工作，现如今已经建立起完备的海洋环境保护法律体系。近些年，我国提倡生态文明、可持续发展等观念，积极开展相关立法工作，从以下几个方面针对海洋环境的保护建立符合我国国情的法规机制，完善国家海洋保护的法律制度，我国要在立法、司法、实施等方面多方位地做好工作，要采取各种方法提高社会公众参与环保的积极性，以确保国家海洋环境保护法规的有效执行，而国家海洋保护法规制度的健全，将更有助于中国海洋资源的合理开发利用。

二、海洋环境保护法的发展

（一）国际海洋保护法的进程

国际海洋保护的立法越来越被重视，人们逐渐认识到保护海洋环境的重要性，海洋环境关系到整个人类的生存环境。早在 20 世纪中期，国外的一些学者就开始研究海洋环境立法的相关问题。

1954 年之前一些具有环保意识的国家就注意到了海洋环境保护的问题，提出了通过签订条约等方式来约束各个国家的行为达到保护海洋环境的目的。美国在召开华盛顿会议时就提出缔结国际条约，希望通过条约的形式来防治船舶在航行中带来的海洋环境的污染。虽然该条约未能正式生效，但这个条约的形成也代表着人类已经认识到了海洋环境污染的问题，在海洋环境保护的问题上也是需要一个完整的立法体系。随后，英国向当时的国际组织提交了防治海洋船舶污染的相关提案，该提案得到了当时许多国家的支持。但是第二次世界大战的爆发导致此次提案没有得到实质性的发展。第二次世界大战结束后，在日内瓦制定了《建立国际海事组织公约》，通过此公约国际海事组织建立，该组织主要负责海上船舶污染的防治。

在此阶段，各国通过各自的努力建立海洋环境保护法，但是未能成功，签订的条约也没有能够真正做到防止海洋污染。《国际海洋防止油污染公约》于 1954 年在伦敦达成，联合国和 40 多个国家的代表出席会议。这一条约的出台，标志着国际海洋法的发展。此后，各国、各组织先后签署了《公海公约》《国际油污损害民事责任公约》《国际干预公海油污事故公约》等有关海洋环境问题的公约。上述公约对国际海洋环境法的发展产生了重要影响。1972 年,联合国组织了一次关于人类环境的大会,这是首次由各国政府共同探讨环保问题。《人类环境宣言》是世界各国共同缔结的,并在此基础上推动了国际海洋环境保护的发展。在此阶段,各个国家、国际组织都关注到了海洋环境保护的问题,签署的许多宣言、公约都涉及了海洋环境问题,为国际海洋保护法的产生打下了坚实的基础。

《联合国海洋法公约》是世界各国在 1982 年召开的第三届海洋法大会上通过的。《联合国海洋法公约》对海洋环境的污染问题作了大量的规定,对海洋环境污染并不是默许的,而是海洋污染行为对整个海洋环境产生了法律上的责任。《联合国海洋法公约》不仅把处理海洋环境污染问题作为一项重要的法律制度,而且还把它作为一项全球性的协调和合作来对待。在这一阶段,还制订了《国际油污防备、反应与合作公约》《防止海洋陆源污染议定书》《保护和发展大加勒比海区域海洋环境公约》《保护、管理与开发东非地区海洋和沿海环境公约》等文件。

在海洋环境法全面发展的今天,由于受国际环境法的影响,各国颁布了大量的海洋环境保护法规,表明了海洋环境保护法制正在逐步完善。各国的立法体系也在推动着国际海洋环境法的发展。目前,国际海洋法律法规已步入良好时期。1992 年,《21 世纪议程》《里约热内卢环境与发展宣言》等文件在联合国通过。《里约热内卢环境与发展宣言》的出台,极大地促进了国际海洋环境法的发展,也成为促进各国海洋环境法律体系完善的典范。

进入 21 世纪,人类对环保的认识又提高到了一个新的高度,力求在发展和保护之间找到一个平衡点。国际海洋环境法的发展进一步深化,使海洋环境保护法律制度更加完善繁荣。随着国际海洋环境保护的日益广泛,海洋环境的保护也越来越具有实践性和强制性,其法律体系也越来越全面。随着国际社会及各国政府的不断努力,国际上的海洋环境保护法规逐渐趋于成熟,各国在海洋环境保护方面的监管能力日益增强。

(二)我国海洋环境保护法的立法进程

我国海洋环境保护法的立法工作可以追溯到 20 世纪五六十年代,在这一时期中国虽然制定了一定数量的有关海洋方面的法规,但是并未从海洋环境保护方面制定相关法规,更多的是为了加强监督管理。虽然这些法规并未具体作出关于海洋环境保护的相关规定,但是在实行过程中还是影响着海洋环境保护工作。这些法规已经开始对船舶造成污染的现象进行相应的规定。在这段时间,我国颁布的海洋管理方面的法规就有40个左右,这些法规不具有较高层次的法律效力,但是为我国的海洋环境保护立法奠定了一定的基础。在这一时期,海上经济贸易极速发展,主要表现在渔业方面,因此在捕捞方面也制定过相应的法规,同样在这些法规中也规定了保护海洋环境的内容。

人类对海洋石油的不断勘探和开发,使海洋环境急剧恶化,在石油开采和运输的过程中造成的石油泄漏问题严重性也日益凸显出来。我国在海洋环境保护和防治海洋污染方面开启了新的篇章。我国深刻地认识到了保护海洋环境的重要性,1978年将保护环境的理念写进了《宪法》,为我国制定环境保护的相关法律法规奠定了宪法基础。《联合国海洋法公约》于20世纪80年代正式签订,国际上对海洋环境的保护给予了很大的重视。自改革开放以来,随着我国对外贸易的迅速发展,国际社会的日益重视,我国对海洋环境的保护也越来越重视。我国已将海洋环境保护纳入规划,此后陆续颁布了大量的法律、法规,无论从数量还是质量上都显示了我们对海洋环境的重视。没有专门的海洋环境法规不足已经得到了改进。《海洋环境保护法》于1982年颁布,其中在海洋环境监督管理、海洋生态保护、防治陆源污染物对海洋环境的污染损害、防治海岸工程建设项目对海洋环境的损害、防治海洋工程建设项目对海洋环境的污染损害、防治倾倒废弃物对海洋环境的损害、防治船舶及有关作业活动对海洋环境的污染损害等方面作出了明确的规定。从那时起,我国已初步建立起了海洋环境保护的法制。

随后,我国还从不同方面对海洋环境的保护制定了更多、更具体的法规,如1983年《防止船舶污染海域管理条例》(已失效)、《海洋石油勘探开发环境保护管理条例》等,这些条例的实施填补了我国《海洋环境保护法》的漏洞,更好地促进法律的实施。目前在中国,《海洋环境保护法》已显示出了充分的活力,并且在各方面的支持下稳步实施。在国际上层面,我国积极响应国际社会的号召,签署了国际公约和协定,积极参与国际社会关于海洋环境保护立法的探究。例如,我国1990年加入了《国际干预公海油污事故公约》和《控制危险废物越境转移及其处置的巴塞尔公约》等。在这一时期,国际社会对海洋环境保护的问题越来越重视充分体现了我国紧跟国际脚步,国际海洋环境的立法的发展也促进了我国立法体系的完善。

1982年,我国通过了《海洋环境保护法》,该法在2013年、2016年、2017年进行了三次修正。随着我国海洋环境法的发展,海洋环境保护观念逐步由污染控制向保护海洋生态转变,逐步提高了对海洋生态的保护意识,法律体系逐步健全,对污染海洋的惩罚力度也随之提高。全国颁布了100多部法律和行业条例,各地都在按照实际情况制定地方性的规章。我国海洋环境保护和海洋生态保护的法制正在不断健全。在这段时间里,我国也不曾停止加入国际公约,不断扩大海洋环境的保护范围,积极参加各类海洋生物和海洋生态环境的保护活动中。21世纪之后,我国更加看重国际条约的效力,着重加强国际间合作。我国签署的国际条约和国际协定也涵盖多个领域,从海洋环境保护到海洋生物保护再到海洋生态环境的保护等多个方面。我国签署的众多条约也凸显我国作为世界大国的责任感,同时国际环境保护法的发展也使我国的海洋环境保护法律的体系更加完整。

三、我国海洋环境保护存在的问题

根据上文的介绍,我国在海洋环境保护方面做出了巨大的努力,不管是国内立法还是国际方面都取得较大成就,但是现在国内的海洋环境保护的实践方面也存在问题。我国必须重视实际情况,加以改进,才能让法律制度落到实处,全力保护海洋环境。

(一)法律法规不完善

完善的法律、法规是利用和开发海洋资源的有力保障。我国对海洋资源的利用程度越来越高,利用海洋资源的范围越来越广,在此程度下,我国在海洋环境保护方面的法律制度就显示出了不足。首先,由于我国在海洋环境方面法律制度的研究开展的相对较迟,改革开放之后我国经济发展迅速,现有的法理学制度难以准确地规定关于环境保护的内容,所以我国缺乏一部总领海洋生态环境发展的根本大法。现有的许多法律法规虽然根据现实需要进行过许多次的修订,但是还是难以形成海洋环境保护的法律体系,对于整体的实施来讲,其综合性较小,处罚的力度也较小,不能产生良好的警示作用。其次,在地方立法和执法方面,没有较高层次立法的示范导致地方立法较为落后,对本地方的实际情况把握不彻底,在立法、执法方面把控就不严。随着海洋资源开发与利用,越来越多的海洋环境污染问题产生,我国出台的众多法律制度中并未有具体的法律制度规定应急事件的处理,导致在处理这些污染问题时不及时、不到位,在污染事件发生后不能得到有效控制。法律的处罚力度不够,对于环境的污染者来讲缴纳的罚金不高,他们为了谋取自身发展的需要宁愿交纳罚金。公众的认识程度不够是造成海洋环境污染的重要因素。

(二)政府管理机制缺失

海洋是一个整体的生态系统,任何海洋资源的开发都存在打破海洋生态系统的可能性。这就导致很难形成一个综合的系统对我国的海洋生态问题进行管理。我国的海域辽阔,行政区划较多,各省市对自己管辖区域进行分散管理。各省市在制定所管辖区域的环境保护制度时,就有可能为了本省市的经济发展规定不利于保护环境的内容,造成临近海域的污染。各省市之间制定的标准不同导致在监管方面出现相互推诿的现象。这也反映出了我国行政机关之间缺乏合作,导致执法效率不高。《海洋环境保护法》在海洋环境问题的信息公开问题上并没有作出明确的规定,我国现在主要的信息公开还是依据《政府信息公开条例》,在此条例上有关行政机关公开的信息较为全面。这也说明我国在海洋环境保护方面的信息公开方面处理得不够及时。

(三)公众海洋环境保护意识淡薄

近些年来,随着我国大力推进环保活动,公众的环境保护意识有所提升。但是人们对于海洋环境的保护认识仍然不够。人们对于海洋资源总是有一种取之不尽的认识,这就导致这些年过度捕捞现象频繁发生,海洋生态环境恶化,这正是我国民众环境保护意识淡薄的表现。还有一些为了企业自生利益不遵守国家排放污水标准的企业,直接将未经处理的污水排入海水中,造成海水富营养化,海洋生物生存环境恶化,种种现象都说明我国民众对于海洋环境保护的意识淡薄。民众没有积极参加到防治海洋污染的活动中,当海洋污染事件发生后,没有意识到是与自己有密切联系的事情,维权意识较弱。改革开放以后,海洋污染事件发生的次数越来越多,加强公众的海洋环境保护意识是很有必要的。

四、我国海洋环境保护法律制度的完善建议

我国经济以前所未有的速度发展,制定良好的配套法律体系势在必行。在现有的法律的体系上,我国必须看到现在发展的新趋势,重新对海洋环境保护的法律、法规进行规整,建立适应我国海洋经济发展和海洋环境保护的法律制度,减少法律的滞后性带来的不良后果。

（一）完善海洋环境保护治理现代化相关内容

首先，在海洋环境的保护方面应该紧跟国家“促进国家治理体系和治理能力的现代化”的步伐①，要具备海洋治理体系和治理能力现代化的能力。具备这一能力需要在《海洋环境保护法》中作出明确规定，在有了法律基础后建设相应的法律制度。其次，完善应对突发海洋污染事件、海洋环境污染的公益诉讼、海洋污染排放等问题上的法律制度，加大污染海洋环境行为的处罚力度，进而建成一个完整的、科学的、合理的海洋环境保护的法律制度体系。

在建成海洋保护法律体系的同时也要加强对海洋污染防治的执法力度。我国现在大部分海洋环境的管理多由各省市自己进行，事实证明这种管理模式的效率是极其低下的。我国应该建立由国家海洋局统一管理的海区管理机构，这种直属机构设置可以使多部门之间相互合作，提升工作效率。这样更有利于处理海上的突发事故，间接减少海洋污染的扩散。海区管理机构应当将海洋地理空间作为一个整体来管理，把相同或类似的自然地理环境放在一起管理。这样设置既符合我国海洋环境的现状，也符合海洋环境保护的需要。这一模式改变了传统行政区划带来的弊端，充分发挥国家立法机构主观能动性的特征。在此基础上，要给予海区管理机构相符合的海区管理权，将海区管理权写进《海洋环境保护法》中，赋予其充分的法律权利。

我国还应建立海洋环境规划制度，规划的过程也是调和海洋环境保护与经济发展需求矛盾的过程。海洋环境规划制度是根据客观环境来制订合理的人类活动的计划，对于我国来说，制订这项计划很有必要，它更像一个宏观调控制度，指引着我国环境保护法治的实践。这种制度打破了我国传统的对于海洋环境保护的认知。也就是说，不能在发生环境污染后才进行治理，预防机制也是非常重要的，这能够防止很多海洋污染的发生。

（二）提高公众的维权意识

有了完备的法律制度基础还不够，必须将法律制度与实际结合起来，这样法律法规才能更好地实施，执法方面也能够提高效率。这就要增强公民的海洋环境

① 1978 年《宪法》第 11 条第 3 款规定“国家保护环境和自然资源，防治污染和其他公害”，由此确立了我国保护环境的基本国策。2018 年《宪法修正案》宪法序言第七自然段增加了“科学发展观”“习近平新时代中国特色社会主义思想”“新发展理念”“生态文明”。

保护的意识,让公民具有主人翁意识。对于现如今的情况,进行海洋环境保护的宣传活动并不是难事,可以通过电视、自媒体、互联网、微信公众号等方式进行宣传,扩大影响面,表彰保护海洋环境公民的行为,对广大公民具有示范作用。公民在海洋环境保护方面具有危机意识,那么在海洋环境保护方面的积极性就会增强。

当公众有了良好的海洋环境保护的意识后,投身海洋环境保护活动的热情就会增加,那么建立起良好的海洋环境污染公益诉讼制度就很有必要。我国遇到海洋环境污染事件时,大多采用行政手段解决问题,并没有采用诉讼方式,这就导致我国很多公民或组织得不到应有的赔偿,那么在海洋环境的保护方面是一大阻碍。再看向国外的处理方式,美国墨西哥湾发生漏油事件后,各大社会组织纷纷采用法律赋予的权利,用诉讼的方式获得赔偿,维护了自己的合法权利。在公益诉讼方面,我国民事诉讼法已经明确了这一项法律制度,但是在实践中依然存在问题。当发生海洋环境污染时该由哪个社会组织提起,在举证责任方面以及因果关系方面的问题该如何解决有待完善。那么就要建立起良好的行政问责体系,环境公益诉讼主体应进一步扩大,不仅包括直接受害者,还应包括政府环境保护部门、环境保护社会团体、公众甚至税务机关。提高了公民的海洋环境保护的意识,才能让公众在发生海洋环境污染时及时拿起法律的武器保护自己的合法权益。

(三)完善突发海洋污染事件的应急法律制度

海洋环境的突发事件是指在某一海域突然发生的情况,造成一定的人身、财产以及对某一特定区域造成重大损失的现象,严重威胁到公共安全以及公共环境的事件。从南加州漏油事件和英国的漏油事件中可以看出,石油运输中的泄漏问题严重威胁着海洋环境,其波及面积十分广阔、制造的危害难以想象,在清理的时候工程量巨大,难以恢复到海洋本来的面貌,对海洋生态的破坏也是不可逆的。随着我国对海洋资源的开发,海洋环境污染问题时有发生,建立突发海洋环境污染应急制度就十分有必要。海洋环境污染事件的发生大多具有可控性,所以在我国突发海洋污染事件时,我国就采取积极的措施控制海洋污染的扩散,从而更有利于后续救急措施的开展。

我国在《海洋环境保护法》中就突发海洋环境污染事件有比较明确的规定,但是具体的实施细则有待完善。我国应该建立全国性的海洋环境突发问题的预警制度,采用现有科技打造全方面监控海上实时状况的系统,在发生突发事件时及时向政府及公民反馈,起到一种预防作用。在面对海洋突发环境污染事件时,光靠政府的督促是远远不够的,要健全海洋管理的公众参与机制。我国的法律也规定了关于公众参与的条文,但是在实践中公众参与突发事件应急的积极性较低。我国还需要建立一支专业的海上执勤队伍,在面对突发污染事件时,能够迅速反应,更加直接地处理突发事件,这样就缩小了污染的范围,使突发事件更加快速地得到控制。海洋是一个大的整体,在海洋环境污染事件发生时波及的不止一个国家,我国应该加强国际合作,积极与周边国家签订合作协议,加强执法力度,形成多方参与的局面,更好地处理突发事件。

中国海洋环境法律制度的建设历经多年的探索,通过多方的努力才达到现在的成果。现如今,我国要结合现在的海洋环境现状,加强人才队伍建设,提高公民的意识,加强国际合作,完善突发的海洋环境污染事件的解决方案,从多方面推动海洋环境保护制度的完善。建立健全海洋环境保护法体系,减少法律留白问题。我国在每次环境污染事件后不断总结过往的教训和经验,在海洋环境保护的规划方面也在做出努力,在促进海洋资源的合理开发与利用方面具有重要价值。我国提出了很多关于海洋环境保护的口号,海洋环境保护是我国可持续发展的一项重大任务。海洋环境问题已成为世界问题,我国将与世界各国共同前进、积极行动,为全世界的海洋环境保护献出自己的力量。

美日渔业保护法律制度及其对中国的启示

孙冬鹤　王冬雪*

渔业资源和渔业产业关乎一国国计民生发展战略，在海洋经济中占有重要地位。[①] 渔业资源虽然是一种可再生资源，但是，由于渔业补贴范围广、渔业执法监管不到位，人类对于渔业资源长期过度捕捞使各渔业国家面临渔业资源濒临枯竭的严峻形势。过度捕捞加剧了海洋系统退化和“海洋垃圾带”的形成、破坏了生物多样性和沿海生态系统，从而严重影响全球粮食安全和海洋生态系统的稳定性。为应对全球渔业资源严重衰竭问题，各渔业大国纷纷开始建立以实现渔业可持续发展为目标的渔业保护法律制度。在国际层面，世界贸易组织（WTO）成员于2022年6月17日在其第12届部长级会议上就渔业补贴议题达成共识，成功通过简化版的《渔业补贴协定》，从此结束了自2001年开启的渔业补贴谈判；目前生效的《全面与进步跨太平洋伙伴关系协定》（CPTPP）也设立专章从环境保护的角度对海洋捕捞渔业进行严格限制。本文将以WTO多边渔业补贴谈判为背景，通过对标CPTPP高标准、严要求的海洋捕捞渔业规则，主要对美国和日本两个渔业大国的渔业保护法律制度进行比较研究，从而针对我国渔业保护法律制度中存在的主要问题提出具体的完善建议。

一、美国渔业保护法律制度

（一）美国渔业保护立法

1871年，美国成立渔业委员会开始对渔业进行管理，但是，由于领海权是由州政府享有，其管理结果并不尽如人意。20世纪五六十年代，由于渔产品消费的增

---

* 孙冬鹤，哈尔滨工业大学人文社科与法学学院法律系副教授。研究方向：国际经济法。
王冬雪，哈尔滨工业大学人文社科与法学学院法律系2020级法学专业硕士研究生。

① 本文使用的渔业概念不包含水产养殖。

长、捕鱼技术的进步以及周边国家渔民进入美国附近水域等原因，渔业资源直线降低。美国开始重视海洋问题，并通过制定一系列渔业管理相关法律保护其海洋环境和海洋资源。美国由此走上依法治渔的道路。美国主要的渔业保护立法详见表1。

表1　美国主要渔业保护立法

颁布时间	法律名称
1956 年	《鱼类和野生生物条例》
1969 年	《美国环境政策条例》
1972 年	《海岸带管理法》《珍贵稀有生物品种保护条例》《海洋哺乳动物保护条例》
1973 年	《海洋保护、研究和禁猎区条例》《濒临灭绝物种条例》
1976 年	《渔业保护和管理法》
1980 年	《美国水产养殖条例》《美国渔业促进法》
1996 年	《可持续渔业法》
2007 年	《渔业保护和管理再授权法》

1976 年 4 月，美国国会制定了其 200 多年历史上最重要、最全面的综合性渔业法规《渔业保护和管理法》。该法通过采取措施保护美国渔业资源，其目的是获取最大可持续产量。但是，随着船队数量的增加以及捕捞量的增大，《渔业保护和管理法》的缺陷很快暴露出来，即缺乏关于防止渔业资源枯竭和确保渔业资源可持续发展的必要性要求。美国逐渐意识到渔业资源枯竭的程度越来越严重，于 1978 年、1980 年、1983 年和 1996 年对《渔业保护和管理法》进行了多次修订。美国多次修订该法的主要目的是适应不断变化的渔业资源状况，以减少捕捞能力过剩、消除过度捕捞、重建已枯竭的渔业资源，最终促进渔业资源的可持续发展及保持渔业生产力。

1996 年，美国制定了《可持续渔业法》。该法要求在 10 年内恢复过度渔业补贴的鱼类种群。通过增加对渔业的科学研究补贴及限制外国渔船的作业，同时对本国的渔船数量和作业天数加以限制，来减少渔业捕捞从而保护渔业资源的可持续发展。

2007 年，美国国会对《渔业保护和管理法》进行了第五次修订，并通过了《渔业保护和管理再授权法》。该法成为美国渔业管理方面的主导性法律文件，确立了美国对于渔业管理和保护的执法准则,并规定了年度捕捞限额、禁渔期和禁渔区,实行渔船登记,对捕捞用具的大小、网目大小、渔具材料、渔船马力也制定了相应的标准。

(二)美国渔业补贴政策措施

美国遵循合理开发保护资源原则。为了防止渔业资源衰竭,美国开始控制渔业捕捞量增长,并逐步增加渔业科技研发和执法方面的补贴,从而持续推进渔业绿色循环发展。美国的渔业补贴措施主要有以下几种:

1. 渔船淘汰和执照减少计划

美国实施的渔船收购计划的目的是减少渔船数量并最终消除对特定鱼种的过度捕捞,以减缓经济鱼类的衰竭。这些计划包括政府给予的直接补贴以及通过降低税收或低息贷款给予渔船经营者的间接补贴。

2. 扩大渔业科技研发、渔业管理和执法的补贴

这些补贴主要目标是提升渔业设施设备水平,以减少对幼鱼的伤害;提高渔业补贴监督水平,能够在进行渔业监测方面收集有效的数据;加大渔业执法力度,提升渔业执法能力建设,促进渔业高质量发展。

3. 渔业灾害援助

在发生自然灾害后,如果船队的捕捞能力降低且不能恢复到自然灾害之前的水平,可以对因救济自然灾害对捕捞能力造成的损失给予补贴。其援助的形式多种多样,可以给予前述受灾渔民补贴,也可以给予专业的渔民补贴。

(三)美国渔业执法实践

美国的渔业执法机构主要分为四个部分:一是联邦政府渔业总部及五大区域办公室;二是州政府;三是海洋防卫队;四是地方法院。但是,根据《渔业保护和管理法》的规定,美国渔业执法机构主要是海洋防卫队。

美国海洋防卫队是主要承担沿海水域和航道的执法、水上安全、遇难船只及飞机的救助、港口安全和航运检查、污染控制等任务的武装部队。《渔业保护和管理法》赋予海洋防卫队至高无上的执法权。对于违反渔业法规的人员,无论有无拘票,只要具有充分的理由,海洋防卫队就可对其进行逮捕;执法人员还可以定期检查海上的渔船,对于违规的渔船、渔具有权扣留;有权检查渔船返回港口时的渔获物,有权扣留违反渔业法律法规的渔民。

美国海洋防卫队的办事机构大约有 70 个,配备的高科技装备助力其高效率执法。海洋防卫队拥有一支包含配有轻武器的数百艘船只的庞大舰队和数量众多的飞机和直升机,可以有效执行各种海上执法任务。飞机对于海洋防卫队的工作具有不同寻常的重要作用。在其他交通工具不能到达的地方,飞机可以有效执行海上巡逻、执法和搜救等任务。

美国对于违反渔业法行为制定了严格的惩罚制度,以确保渔业保护政策的有效执行。如果渔民违反渔业法律法规的规定,美国的渔业惩罚制度采用逐层递增方式。轻者给予警告处分并需承担相应民事责任,重者将被撤销渔业许可证并承担相应刑事责任。

根据《渔业保护和管理法》的规定,对于非故意以及情节较轻的违法行为,罚款2000 美元;对于需要向主管部门提交数据信息的故意以及情节严重的违法行为最高罚款 25,000 美元。凡是阻止执法人员登船、妨害授权的搜查、殴打执法人员或者拒捕的严重违法行为,将由美国联邦检察官办公室追究其刑事责任。但是,总体上,美国一般采取行政处罚方式,较少采取刑事处罚措施。

其他的处罚方式还有"纠错"以及许可证制裁、吊销和撤销许可证。"纠错"处罚要求违法者在有限的时间纠正自己的违法行为以避免制裁。许可证制裁则适用于严重的违法行为,即可以对任何船舶及其工作人员的捕捞许可证添加限制条件或吊销撤销捕捞许可证。一般对欺诈或者提供虚假信息的违法者给予许可证吊销、撤销处罚。

当国际社会开始日益将所有的海洋空间问题视为"一个整体"加以解决,美国也开始制定全面的海洋政策。近年来,美国着力于海洋法律法规的执行以及国家海洋政策的实施,并提出全新的海洋治理理念和具体明确的行动规划,建立并健全了真正有权威性的海洋治理和协调机制。同时,美国拥有一支多部门联合执法的高效综合执法队伍,无论边境、领海、公海,他们的触角无处不在。

二、日本渔业保护法律制度

日本是典型的岛国,海岸线曲折、多优良港湾、海运便利,具有丰富的海洋生物资源。在此条件下,日本捕鱼行业历史悠久,并逐步发展成为支柱产业。日本也由此成为世界上渔业发达国家之一。日本渔场是世界三大渔场之一,鱼类资源相当丰富。水产品在日本的饮食中占有重要地位,鱼是日本人饮食生活中不可缺少的食物。因此,日本渔业制度的重心是以资源管理和环境保护为前提,推进渔业立法。

（一）日本渔业保护立法

日本渔业保护法律体系非常完善，按照规制内容可分为渔业资源、渔业行政及渔业管理措施、渔业经营及保险救济、渔业生态保护、水产业社团与行政机关组织的法律。日本主要的一般渔业立法详见表2。

表2　日本主要渔业保护立法

颁布时间	法律名称	立法目的
1949年	《渔业法》	核心是渔业权的设置和调整。该法决定了日本渔业实行渔业权制度和渔业许可制度，对捕捞水产动植物及养殖进行规范，明确渔业权的管理方法和内容，并明确渔业许可制度的管理权限
1951年	《水产资源保护法》	通过对水产资源的保护和培育，保证渔业的可持续发展。其中对水产动植物、水面保护、鱼类、种苗等方面予以详细规定
1997年	《海洋生物资源保护与管理法》	保证《联合国海洋法公约》的实施，制定相应的海洋生物资源管理规划，实施渔获量及其配额管理的规定。其核心内容是引进限额捕捞（TAC）管理制度，限制生产者的捕捞量，最终实现保护水产资源的目的
2001年	《水产基本法》	根据新的国际形势，规范水产业发展战略和政策措施，该法全面代替了《沿岸渔业振兴法》
2014年	《内海渔业振兴相关法律》	为促进其内海渔业发展，将恢复生态环境及渔业环境提高到国家立法层面，国家给予专门的资金、政策以扶持渔业产业化调整与发展

除了上述一般性立法，日本还制定了诸多渔业保护单行法。根据内容将其分类如下，详见表3。

表3　日本渔业保护单行法

内容	法律名称
渔业资源	《养殖生产法》《沿岸渔场法》《持续性养殖生产确保法》《海洋水产资源开发促进法》《金枪鱼资源保护及管理特别法》《关于在专属经济区行使渔业等主权权利法》

续表

内容	法律名称
渔业行政及行业管理措施	《渔船法》《水产业出口振兴法》《渔港法》《渔业组合合并促进法》《渔港渔船整顿法》《渔业登陆法》《渔船工资及保险法》
渔业经营及保险救济	《渔业灾害补偿法》《渔业经营的改善及再建特别法》《沿岸渔业改善资金补助法》《中小渔业融资保证法》《渔业近代化融资法》《渔业灾害补偿法》
渔业生态保护	《关于捕获国内特定种事业实行许可手续的命令》《环境基本法》《野生动植物保护基本方针》
水产业社团与行政机关组织的法律	《水产业协同组合法》《农林水产省设置法》《渔业生产调整组合法》《农林水产省组织规定》《渔业协同组织合并援助法》

(二)日本渔业补贴政策措施

日本高度重视本国渔业发展,其渔业生产和消费在世界占有重要地位。在制定渔业补贴政策和措施时,日本坚持渔业资源可持续发展理念,禁止对非法、不报告和不管制(IUU)捕捞活动进行补贴,允许对保护生物多样性、建设资源管理型渔业进行补贴。日本渔业补贴政策主要体现在以下三个方面:

1. 振兴渔村经济、保障渔民的社会福利

多年以来,日本年轻劳动力不愿从事渔业行业,渔民老龄化程度严重,加上燃油价格上涨和渔产品出口乏力等因素,渔业人口以及渔船数量呈现逐年下降的趋势。日本整体渔业产量大幅降低,渔业经济规模也相继萎缩。为此,日本政府对渔业行业提供了巨额资金补助,主要用于港口产业建造或维修和渔村的渔业基础建设上。

2. 维护渔业资源多样性

为了保护渔业资源的可持续发展,日本政府通过优惠贷款和直接补贴政策对因禁渔及减船措施导致捕捞量及收入下降的渔民进行补贴,其效果显著。

3. 支持渔业基础建设和促进灾害保障

为调整渔业产业结构以及促进其现代化建设,日本政府为渔企渔民提供保障资金、贴息贷款或允许延缓纳税。另外,政府对因自然灾害造成的损失提供渔业保障资金支持。

(三)日本渔业执法实践

第二次世界大战后,日本面临货物非法运输和人员非法入境的问题,日本政府为此制定了《海上保安厅法》,并设立了办事处。该法规定,日本海上保安厅承担日本海上执法的主要责任,日本海上自卫队进行配合补充,其角色和职能效仿美国海洋防卫队。日本海上保安厅拥有一支规模庞大和技术先进的海警船队,历来被看作仅次于日本海上自卫队的事实上的"日本第二海军"。

为了维护海上安全和秩序,日本海上保安厅的职责有海上执法、海难搜寻与救助、防止海洋污染、预防和控制海洋犯罪、调查和逮捕海上犯罪分子、管理海上交通以及海上和水道助航设施、保障航行安全。

在《渔业法》中,日本将 IUU 捕捞认定为犯罪。对于没有捕鱼权的捕鱼行为犯罪,可判处 3 年以下监禁或 200 万日元以下罚款。2015 年,海上保安厅统计的非法捕鱼案件数量达到 2488 起。这些非法捕捞案件往往以有组织的犯罪形式发生。

关于外国渔船非法捕鱼问题,《外国人渔业规则法》规定禁止外国国民和依据外国法律设立的外国公司在日本海域从事渔业和水生动植物的采集活动。其中水生动植物的采集捕捞,包括搜寻采集鱼类、保存加工渔获物、运输或者向船舶供应渔获物及其制品。禁止在日本海域将渔获物从一外国渔船转运至另一外国或者日本渔船;禁止日本领海以外的外国渔船在日本港口转运渔获物或者登岸。凡违反日本法规定在日本领海捕鱼者,处以 3 年以下监禁或 3000 万日元以下罚款。违反上述规定从事非法转运渔获物的船长,可处以 3 年以下监禁或 400 万日元以下罚款,或两者兼有之。

总体而言,日本渔业保护法律体系比较完善,相关法律规定内容丰富,调整范围较广,管理具有层次性。日本完备的渔业法律体系与渔业补贴政策,外加配备精良的高效执法队伍,最终促进了渔业资源的保护、开发和合理利用,并全面有效地调整了渔业生产资源与贸易、环境与发展之间的平衡关系。

三、中国渔业保护法律制度现状与问题

(一)中国渔业保护立法

我国作为世界第一渔业大国,海洋捕捞量和渔船数量位居世界第一。我国渔业开发和保护由来已久,渔业保护法律体系建设已经走过 70 多年的历程。从表 4 可以看出,我国社会主义渔业保护法律体系的历史发展大体可分为三阶段,即 1949—1966 年逐步开始的渔业立法初期,1967—1978 年渔业立法停顿时期,1979

年至今是加强渔业法制化建设时期。

中华人民共和国成立以后特别是改革开放以来，我国高度重视渔业法制建设。在借鉴世界各国渔业发展经验和做法的基础上，我国相继制定了《渔业法》等一系列关于渔业的法律法规及部门规章，初步形成了具有中国特色的渔业保护法律体系。中国的主要渔业立法详见表4。

表4　中国目前生效的主要渔业立法

内容	法律性质	法律名称	时间
渔业基本法	法律	《渔业法》	2013 年修正
	行政法规	《渔业法实施细则》	2020 年修订
渔业资源养护和合理利用	行政法规	《水产资源繁殖保护条例》	1979 年
		《关于渤海、黄海及东海机轮拖网渔业禁渔区的命令》和《关于渤海、黄海及东海机轮拖网渔业禁渔区的命令的补充规定》	1955 年、1957 年
		《关于设立幼鱼保护区的决定》	1981 年
		《渔业资源增殖保护费征收使用办法》	2011 年修订
	部门规章	《渤海生物资源养护规定》	2010 年修正
渔业水域生态环境保护	法律	《环境保护法》	2014 年修订
		《海洋环境保护法》	2017 年修正
		《水污染防治法》	2017 年修正
	行政法规	《海洋倾废管理条例》	2017 年修订
		《防治陆源污染物污染损害海洋环境管理条例》	1990 年
		《防治海洋工程建设项目污染损害海洋环境管理条例》	2018 年修订
渔业生产管理	部门规章	《渔业捕捞许可管理规定》	2022 年修订
		《水产苗种管理办法》	2005 年修订
		《远洋渔业企业资格管理规定》	1997 年
		《远洋渔业管理规定》	2020 年
		《水产养殖质量安全管理规定》	2003 年

续表

内容	法律性质	法律名称	时间
水生野生动植物保护	法律	《野生动物保护法》	2018 年修正
	行政法规	《水生野生动物保护实施条例》	2013 年修订
		《濒危野生动植物进出口管理条例》	2019 年修订
	部门规章	《国家重点保护野生动物名录》	2021 年
		《水生野生动物利用特许办法》	2019 年修订
		《关于加强海洋水生野生动物保护管理工作的通知》	1991 年
		公安部《关于严厉打击破坏野生动物资源违法犯罪活动的通知》	2000 年
渔船监督管理	部门规章	《渔政管理工作暂行条例》	1979 年
		《渔业行政处罚规定》	2022 年修订
		《渔业行政执法船舶管理办法》	2001 年
渔港监督和渔船管理	部门规章	《渔业海员证管理使用规定》	1982 年
		《渔业港航监督行政处罚规定》	2000 年
外国人、外国渔船在国外管辖水域从事渔业活动	部门规章	《管辖海域外国人、外国船舶渔业活动管理暂行规定》	2022 年修订
补贴	行政法规	《反补贴条例》	2004 年修订

尽管我国已经建立了较完备的渔业保护法律体系，但综观国际多边、区域和发达国家国内的渔业保护规则，我国诸多渔业法律法规存在严重滞后性。例如，综合性的《渔业法》距离 2013 年修订已经有 9 年之久，许多条文与目前国际社会普遍接受的渔业可持续发展目标不一致，亟须进一步修改完善。

在 WTO 和 CPTPP 等国际组织和区域自贸协定限制给予造成过度捕捞、产能过剩及实施 IUU 捕捞活动的渔业补贴背景下，另一个迫切性问题是我国缺乏渔业补贴专门立法，由此产生我国一些渔业补贴导向不明、预期不稳、灵活性大等问题，而且各项补贴政策之间易发生冲突。同时，中央与地方、各地方之间、地方与行业主管部门之间的互联互通无法实现，致使渔业补贴陷入非规范性困境。由于缺乏上位法的支撑，对于禁止的渔业补贴范围没有明确规定。因此，建立渔业补贴"黑名单"制度也存在现实障碍。

（二）中国渔业补贴政策措施

我国渔业发展历史与经济发展历史同步，最初都是主张扩大生产规模、提高生产供给以满足社会所需的渔业产品。中华人民共和国成立初期，中央政府鼓励渔业产业的发展，投入大量资金用于购买渔业生产机器设备，以促进沿海地区的渔业基地和造船厂建设。1985 年，中共中央和国务院发布了《关于放宽政策、加速发展水产业的指示》，提出把发展水产工作作为调整农村农业结构、促进粮食转换的一个战略措施来部署。这将渔业发展从原来的经济层面上升到国家战略高度，对渔业发展重新定位。此后，我国政府出台了一系列的渔业补贴政策以扶持渔业发展，从最初的支持生产性项目转变为扩大综合项目开发、推进远洋产业发展以及加快建设渔业基础设施。随着新的渔业经济体系框架的确立和市场经济运营模式的基本形成，我国的渔业补贴政策也开始从为计划经济服务转向为市场经济服务。

我国是世界第一渔业大国和水产品贸易大国，同时也是渔业补贴大国。因此，我国对 2001 年 WTO 启动的渔业补贴谈判非常关注。我国总体立场更倾向于维护发展中国家利益，在向谈判小组递交的提案中也着重强调发展中国家的特殊和差别待遇。但从近年的实际情况来看，我国国内对于渔业补贴的态度正在逐渐发生变化，突出反映在对燃油补贴的调整。燃油补贴是渔业补贴中较难认定并且极为隐蔽的一种补贴，但却是渔业补贴中占据较大补贴份额的一种补贴类型。2021 年 5 月，财政部和农业农村部联合下发了《关于实施渔业发展支持政策推动渔业高质量发展的通知》（财农〔2021〕41 号）。该文件明确提出要"顺应世界贸易组织渔业补贴谈判总体趋势，促进渔业高质量可持续发展"，调整国内渔业管理和补贴政策。该文件被解读为我国将逐步削减燃油成本补贴。

目前，我国渔业补贴制度存在的主要问题是补贴结构不合理，其中燃油补贴以及船舶制造和远洋自捕水产品降税补贴投入规模较大，而且在逐年递增。我国目前柴油补贴占比高的补贴结构与 WTO《渔业补贴协定》和《补贴与反补贴措施协定》（以下简称《SCM 协定》）冲突明显，并且与渔业资源可持续发展目标相悖。这些补贴降低了渔业生产成本，渔民常在相关部门管制以及捕捞配额之外大肆捕鱼。由此不仅导致渔业资源日趋衰退，而且造成了严重的贸易扭曲。虽然在国内捕捞活动中，我国已经制定燃料补贴的量化控制目标，但远洋渔业的补贴政策未来走向并不明朗。

另外，由于我国关于渔业补贴的法律法规不健全，在渔业补贴管理模式上没有形成统一的领导以及垂直的管理，也没有形成权责分明的补贴机制，无法对渔业补贴资金预算的分解下达、审核拨付、预算绩效管理、资金分配的政策合规性以及有效性进行监督和管理。在渔业补贴财政管理方面，还存在部分具体补贴项目设计不合理、渔业补贴制度不透明、补贴管理不够规范、资金使用的监督机制不完善等问题。这导致个人和资金使用单位虚报冒领、骗取套取、挤占挪用渔业发展补助资金等违法行为的发生，严重制约了渔业补贴资金效果的有效发挥。

（三）中国渔业执法实践

在我国成立后的 70 余年中，渔业是我国农业农村经济的重要组成部分，也是国民经济的重要产业。对于我国这样的渔业大国，建设一支精明强干的渔政执法队伍对促进渔业的健康发展及国家社会经济长远发展至关重要。20 世纪 50 年代中期，虽然相关省市渔政机构及海区渔业生产联合指挥部逐步建立，但渔业执法队伍尚未形成。改革开放之初，全国建立渔政机构 130 多个，渔政人员 2300 多人，渔政船艇 33 艘，其中海洋渔政船 27 艘。1979 年，原国家水产总局发文明确了渔政船的任务、设置、名称、标志、编号以及渔政工作人员统一服装、标志等事宜，标志着渔政队伍初步建立。1986 年我国颁布的《渔业法》正式确立了全国渔政执法队伍的法律地位并赋予渔政执法队伍执法权。从此，我国专业化的渔政队伍逐渐成长壮大起来。

党的十九大以后，从建设海洋强国的战略出发，中央作出了整合海上执法队伍的英明决策，将国家海洋局及中国海监、公安部边防海警、农业部中国渔政、海关总署海上缉私警察的队伍和职责整合，重新组建国家海洋局，其以中国海警局名义开展维权执法。2018 年，根据全面深化改革的要求，又将海警队伍转隶中国人民武装警察部队领导管理。随着海警队伍逐步整合到位，海洋执法力量、执法手段、执法能力、执法水平、执法效能将越来越强。

各级渔政队伍在不断强化渔业资源环境保护、渔船渔港的监督管理、渔船及船用产品检验、渔业生产秩序维护、渔业安全生产监督、海难救助、水产养殖和水产品质量安全执法，维护广大渔民和消费者合法权益的同时，还积极顺应国际海洋制度变革，代表国家履行我国与周边国家渔业协定及渔业条约，开展专属经济区、协定水域和公海渔政巡航执法，有效维护了国家主权和海洋权益，树立了负责任渔业大国良好形象。

渔业法制建设为推动我国渔业产业结构调整、转变增长方式、促进可持续健康发展提供了强有力的保障。但是，由于我国幅员辽阔、各地区渔业自然禀赋差异显著，渔业执法存在地区差异大和各地不统一等问题。而且，执法人员职责划分不明确、职权交叉情况严重、相互推卸责任现象经常发生，影响了渔业执法效果。更重要的是，我国在快速发展经济的同时，渔业活动对渔业资源造成了严重破坏，出现了过度捕捞、产量过剩以及围湖养殖等问题，使渔业执法任务越发繁重艰巨。

四、对完善中国渔业保护法律制度的启示与建议

（一）制定与 WTO 渔业补贴规则一致的渔业保护法律和政策

综合以上对美国和日本的渔业保护法律制度的比较分析，可以发现这两个国家渔业补贴都是制度先行，立法为大。两国的渔业补贴法律体系都比较完备，在渔业补贴的范围、方式和种类方面都作出了详细的规定，且规定都与促进渔业资源可持续发展相得益彰。两个国家均坚持在 WTO 框架下制定本国的渔业支持措施和渔业保护措施，并且积极适应渔业资源的变化，及时对渔业补贴政策做出调整，大多推行减船及科技研发等补贴措施。两个国家都在减少禁止性渔业补贴的使用，将渔业补贴政策尽可能向不可诉补贴靠拢。

当然，美国和日本的渔业补贴立法和政策也有区别。美国的渔业补贴历史悠久，从开始为提高渔业生产总量实施的扩张性渔业补贴，到后来认识到人类对渔业资源破坏的严重程度，即转向操作性强和效果突出的收缩性渔业补贴。现在的美国是反对对渔业实施补贴的国家，认定补贴是加速渔业资源匮乏的直接原因，其立法主要目的是减少或消除渔业补贴，促进渔业资源绿色循环发展。

日本是对渔业产业非常重视并非常依赖的国家。日本的渔业补贴机制是最成体系且最完整的法律设计。日本渔业补贴法律规范主要以《渔业法》为主，另有些规范散见于不同的单行法中。日本在尽可能倾向更多授予“不可诉补贴”的同时，并没有减少对渔业补贴的投入量。日本的主要措施是削减对渔业的直接补贴，而对偏远和弱势的渔业生产者仍然进行补贴支持。

虽然目前《SCM 协定》对于禁止性渔业补贴的范围没有定论，但是，考虑到渔业补贴对鱼类资源可持续性的影响，根据 WTO 最近达成的《渔业补贴协定》的规

定,渔业补贴分为三种:有助于鱼类资源增长的有益补贴;对渔业生产产生有害影响的有害补贴(如针对过度捕捞和IUU捕捞的补贴,在WTO《渔业补贴协定》中属禁止之列);模棱两可的补贴。我国政府在制定有关渔业补贴法律和政策时,尽量采用有利于渔业资源发展的补贴,特别应注意以下几点:

第一,应尽量避免使用专向性补贴。在认定一项补贴是否具有专项性时,可以将其认定方式分为三个步骤。首先,需判断此项措施是否构成补贴。如果该项措施构成补贴。其次,需判断其是否具有法律上的专项性。如果其不具有法律上的专项性。最后,需判断其是否具有事实上的专项性。无论该项补贴是法律上具有专向性还是事实上具有专向性,都构成专向性补贴。

第二,合理巧用可诉性补贴。可诉性补贴是WTO允许成员使用的一种补贴。可诉性补贴只有在损害其他成员的利益时才有被提起诉讼的可能,受到损害的成员可以适用反补贴措施。在授予渔业补贴时,要考虑到尽量减少其可能给其他WTO成员方带来的不利影响。我国可加大对近海渔民转产转业补贴以及对水质污染防治补贴的支持力度。逐步减少当地渔民对于近海资源的依赖既符合未来渔业补贴发展趋势,同时也满足了可持续发展的要求。同时,加大对渔业的科研、卫生防疫、渔业教育培训和渔业科技推广的补贴力度,将对渔业出口龙头企业的补贴转移到上述补贴类型中来,最终实现我国全部的渔业补贴逐渐向不可诉补贴转型。

第三,尽快明确禁止性补贴类型。中国新的渔业补贴政策应该更加突出绿色导向,以"零容忍"态度严厉打击非法捕捞,并且积极落实联合国可持续目标,构建人与自然的生命共同体,为实现可持续发展目标做出积极贡献。中国应当对补贴类型进行梳理分类,可采用列举法明确禁止性补贴清单(如取消舰船的造船补贴、绝对禁止过度捕捞补贴等),并逐步减少和取消那些对贸易扭曲较大和对渔业资源的可持续利用不利的补贴,从而承担养护渔业资源、保护环境的国际责任。

总之,我国作为世界上最大的发展中国家,一定要根据本国国情和未来经济发展模式,对标新近达成的WTO《渔业补贴协定》,逐步调整渔业补贴类型,以保护渔业资源、提高稀有渔业物种增殖及协调平衡贸易和环境为重点,加速我国渔业现代化发展。

(二)对标CPTPP海洋捕捞渔业规则完善我国渔业保护法律制度

通过上文分析可见,《SCM协定》的首要目标是对扭曲国际贸易的补贴措施提供多边的约束,最终促进世界贸易自由。尽管 WTO 也关注环境保护,但在多数情况下将促进贸易自由放在优先地位,并没有充分解决渔业补贴对贸易、环境和发展的不利影响。

CPTPP 在第 20 章专设环境章节,通过制定多项条款反复强调环境保护的重要性。其第 20.16 条对海洋捕捞渔业进行了专门的规定,既包含缔约方实体性义务条款又含有程序性义务条款。这些规则和原则条款主要体现如下内容:(1)规制范围有渔业管理不足、造成过度捕捞和捕捞能力过剩的渔业补贴以及 IUU 捕捞;(2)针对缔约方渔业管理不足问题,要求其建立一套规范海洋野生鱼类捕捞的渔业管理系统,以防止过度捕捞和捕捞能力过剩、减少对非目标物种和幼鱼的兼捕;(3)要求缔约方通过执行和有效实施保护和管理措施,促进对鲨鱼、海龟、海鸟和海洋哺乳类动物的长期保护;(4)强化缔约方控制、减少和最终消除所有造成过度捕捞和捕捞能力过剩的渔业补贴,还表达了对燃油补贴的关注;(5)考虑到不同缔约方经济发展和粮食安全的现实需要,CPTPP 力求在促进贸易增长和保护环境之间寻求一种平衡,除了渔业可持续发展原则,还引入了缔约方尽最大努力原则;(6)强化缔约方对实施的补贴的通知义务及审议机制;(7)为打击 IUU 捕捞行为,强调了缔约方能力建设和彼此之间开展国际合作的重要性。

对标以上 CPTPP 高标准的海洋捕捞渔业规则,目前中国的渔业法律和政策存在诸多问题。中国水产品贸易企业也与其他领域的外贸企业一样,容易遭受外国贸易壁垒从而成为反补贴调查对象。这大大提高我国渔业产品的出口门槛、增加我国渔业企业的生产成本、削弱了我国渔业产品在国际市场的竞争力。我国已经在 2021 年 9 月申请加入 CPTPP,现阶段我们需大力加强 CPTPP 渔业补贴规则和我国现行渔业法律政策的比较研究,通过修改完善我国渔业补贴法律和政策为我国早日加入 CPTPP 扫清法律障碍,最终为完成我国渔业转型升级、加快渔业法制化和现代化建设服务。

(三)加强我国渔业执法能力建设

中国作为一个海洋渔业大国,拥有漫长的海岸线和极为辽阔的海域,渔业资源丰富。为了保障渔业生产者的合法权益,同时促进渔业生产的发展,首先,我们需要修改完善渔业保护法律法规,让渔政相关执法机构能够有法可依并有规可循。其次,我们还要加大渔政执法队伍能力建设、加强渔政装备保障、研发制造更高效的执法装备,从而增强我国渔政管理能力并扩大渔政监管范围。最后,我们要加强执法监督，监督渔政执法人员依法办事和正当履行职责，最终为保障国家渔业生产者合法权益、维护渔业生产秩序、保护渔民生命财产安全、推进水域生态文明建设贡献力量。

他国专属经济区军事活动的国际法问题

辛柏春*

海洋在为人类提供水产与矿产资源的同时,也是各国交往的重要通道。随着造船技术水平的提高,航海贸易的迅猛发展,跨国人员来往的增多,海洋在国际交往中的地位与作用日益重要。特别是在当今世界,海洋对国际地缘政治、国家政治与经济安全、国家军事活动的开展等,都具有重大的意义与价值。正是基于海洋对于人类和世界各国及地区的这种重要性,在国际社会的努力下,诞生了1982年《联合国海洋法公约》。《联合国海洋法公约》全面确立了海洋中各种海域的法律地位与法律制度,其中当然也包括专属经济区的法律地位与法律制度。

一、专属经济区法律制度与军事活动

(一)专属经济区制度的历史沿革

1.专属经济区制度的渊源

根据《联合国海洋法公约》第55条、第57条的规定,专属经济区是领海以外并邻接领海的一个区域,其宽度从测算领海宽度的基线量起,不应超过200海里。我们知道,传统的国际法将海洋分为领海与公海两个海域,靠近国家陆地领土的海域称为领海,领海之外就是公海。1958年联合国第一次海洋法会议制定并通过了《领海及毗连区公约》《大陆架公约》等四个公约,这样,在传统的领海与公海划分的基础上又衍生了毗连区与大陆架两个新的海域。1982年《联合国海洋法公约》则将海洋细分为包括内海、领海、毗连区、专属经济区、公海、群岛水域、用于国际航行的海峡、大陆架及国际海底区域在内的九个海域,其中,人们通常将介于领海和公海之间的毗连区、专属经济区、大陆架统称为特殊海域。

---

* 辛柏春,三亚学院法学院教授。研究方向:国际法学。

因为海洋蕴含丰富的水产资源与矿产资源，加上海洋运输的便捷性，世界各国很早就开始了对领海之外的海域的开发与利用，一些国家甚至开始主张对该海域的主权或管制权，如拉丁美洲国家提出的“国家领域说”，日本倡导的“优先权限说”、肯尼亚主张的“经济水域说”等。直到1972年，肯尼亚政府在提交联合国的文件“关于专属经济区概念的条款草案”中首次提出了“专属经济区”的概念。“专属经济区”这一概念一经提出，就得到国际社会的认同，并成为普遍使用的名词。特别是1982年《联合国海洋法公约》不但采用了这个概念，而且确立了专属经济区的法律地位与法律制度，并由此推动国际海洋法的发展进入了一个新的历史阶段。

2. 海洋权益博弈中专属经济区制度的产生

专属经济区法律制度的诞生与领海的宽度问题有着密切的关系，正是《联合国海洋法公约》将领海宽度界定为从领海基线量起不超过12海里的范围，才最终促使专属经济区这一新海域的产生。关于领海的宽度，历史上是海洋强国主张的“大炮射程说”占据主导地位。根据这一学说，各国的领海宽度为3海里。第二次世界大战以后，随着发展中国家海洋权意识的觉醒，200海里海洋权成为发展中国家的代表性主张，也就是大多数发展中国家赞同各国应拥有200海里的领海宽度。

1973年12月3日开幕并于1982年12月10日结束的联合国第三次海洋法会议是世界各国有关海洋权益的一次大博弈的过程，在该会议上最终签署的《联合国海洋法公约》中确立的各海域法律制度也是发达国家与发展中国家、海洋强国与海洋弱国、沿海国家与内陆国家、大陆国家与群岛国家相互博弈并最后妥协形成的结果。在公约的谈判中，关于领海宽度问题，从各自的立场出发，发达国家坚持“大炮射程说”的3海里主张，发展中国家坚持200海里领海的主张。经过讨价还价，最终各方妥协，一方面，确定领海的宽度为从测算领海宽度的基线量起不超过12海里的范围，这明显偏向发达国家的主张；另一方面，为了照顾发展中国家的主张，设立了200海里的专属经济区这一特殊海域。至此，在国际关系的博弈中产生了专属经济区制度。

3. 专属经济区的法律性质

如前文所述，专属经济区不是作为国家领土组成部分的领海，也不是建立在公海自由制度基础上的，不属于任何国家领土的公海，而是自成一类的特殊海域。根据《联合国海洋法公约》第56条和第58条的规定，沿海国在专属经济区内有以勘探和开发、养护和管理海床上覆水域和海床及其底土的自然资源为目的的主权权利,以及在该区内从事经济性开发和勘探等其他活动的主权权利,对人工岛屿、设施和结构的建造和使用、海洋科学研究、海洋环境的保护和保全的管辖权;其他国家在专属经济区内享有航行和飞越的自由,铺设海底电缆和管道的自由,以及与这些自由有关的海洋其他国际合法用途。由此可见,沿海国在专属经济区并不享有国家主权,而是享有一种与自然资源的勘探和开发、经济活动有关的主权权利,而其他国家即非沿海国在专属经济区的权利只限定于公海自由制度中的前三项,即航行、飞越和铺设海底电缆和管道的自由,而不包括后三项自由。根据以上规定,我们可以认为,首先,专属经济区不属于国家领土,但沿海国对其享有特殊权利,而其他国家的权利则相对有限;其次,无论是沿海国还是其他国家,他们分别享有的权利都是来源于国际法,即《联合国海洋法公约》的授权,而不是本身固有。

(二)专属经济区军事活动

1. 军事活动的概念界定缺乏国际法根据

虽然传统的国际法主要表现为战争法,但是,从早期的《海战法》与《海牙公约》,到此后的第一个以双边条约形式宣布废弃以战争作为推行国家政策工具的《巴黎非战公约》,都没有对军事活动的概念予以界定。第二次世界大战后缔结的《联合国宪章》虽然在第 2 条第 4 款中规定,各会员国在其国际关系上不得使用或威胁使用武力,但对与使用武力有直接关系的军事活动也没有具体涉及。各种国际法规则对军事活动既没有确切的定义,也没有准确的判断标准。由此可见,关于军事活动的含义在目前的国际法上并没有予以明确。

关于军事活动的概念,理论界也很少有学者对其进行阐释。按照《海洋大辞典》的解释,军队活动是指通常的船舶操作、军事装备操作、飞机起降、军队调动、军事情报的收集、武装演习、军械实验、军事测量等活动的总称。由于现代军事科学技术的飞速发展,特别是随着军舰、潜艇、军用飞机、军事侦察手段及军事测量的性能和水平的提高,现代海洋包括专属经济区的军事活动主要表现在成建制的航空母舰战斗群,包括海面舰队、水下潜艇、空中飞机等进行的军事训练与军事演习,通过侦察机与测量船所进行的军事信息侦察、军事情报收集、军事测量活动也是现代军事活动的主要表现形式。

2. 军事活动与相关海洋活动的区分

专属经济区的军事活动当然带有明显的军事性质,因此,它与其他海洋活动有所不同,例如军事活动与正常的军事航行、行政执法活动、海洋科学研究活动都有明显的区别。

首先,军事活动不同于军事航行。所谓军事航行是不包括任何军队活动在内的通过一国专属经济区的航行活动,它属于《联合国海洋法公约》所规定的其他国家所享有的航行自由权的范畴,它一般不会对沿海国的和平与安全造成威胁,沿海国一般也不应予以干预。但是,在一些敏感地区频繁的军事航行,则具有了军事活动的味道,如美国军舰经常穿过台湾海峡的军事航行。

其次,军事活动不同于海上行政执法活动。海上行政执法活动当然具有行政活动的性质,就专属经济区而言,它是经法律授权的行政执法机关依法对专属经济区内的自然资源勘探与开发以及其他经济活动进行管理的一种活动。因此,海上行政执法活动虽然也是代表国家所为的行为,但其并不具有军事活动的性质。

最后,军事活动也不同于海洋科学研究活动。对于海洋科学研究的解释,应从海洋科学研究的目的出发,即看其是否以促进人类对于海洋的认识与探索为目的。根据《联合国海洋法公约》的规定,海洋科学研究是沿海国的专属权利,其他国家没有权利在沿海国的专属经济区内从事海洋科学研究活动。而且,海洋科学研究活动是为了更好地开发和利用海洋,造福于国家与社会的活动,它当然与军事活动有明显的区别。

二、专属经济区军事活动的国际法规制及产生的问题

(一)专属经济区军事活动的国际法规制

1. 专属经济区军事活动的国际习惯法问题

目前,关于其他国家在沿海国专属经济区开展军事活动是否已经形成国际习惯法,存在不同的观点和主张。以美国为代表的西方发达国家,基于其海洋强国的身份,主张在他国专属经济区从事军事活动已经成为国际习惯法,认为世界各国应当承认并接受其他国家的这种权利。反之,大多数发展中国家基于自身海洋权益的考虑,并不认同美国等海洋强国的主张,认为一国在他国专属经济区从事军事活动并没有得到国际习惯法的认同,这种活动是没有国际法上的根据的。那种认为国际习惯法确立了专属经济区的军事活动权利的观点是站不住脚的。

我们知道,作为国际法的主要法律渊源之一,国际习惯法是在各个国家长期

实践的基础上形成的一种不成文的国际法规范。要想形成国际习惯法,必须具备两个条件:一是各国循环往复的行为,即物质条件;二是这种行为被各国认为具有法律约束力,即心理条件。只有同时满足这两个条件,才有可能被接受为国际习惯法。

从现实情况来看,首先,美国等海洋强国并不能代表世界上大多数国家,他们在他国专属经济区内从事的军事活动,只是世界上少数国家的实践行为,并不具有普遍性,因此也就构不成国际习惯法形成的物质条件。其次,美国等海洋强国在他国专属经济区从事军事活动的实践行为,也没有得到世界各国的认同与接受,包括中国、巴西等国在内的很多国家都明确表示不接受这种实践的拘束。总而言之,一国在他国专属经济区开展军事活动的实践,并没有得到国际习惯法的普遍认同与接受。

2.《联合国海洋法公约》中与专属经济区军事活动相关的规定

《联合国海洋法公约》的制定与实施是第二次世界大战后国际海洋法历史发展的产物,具有其时代背景,作为公约组成部分的专属经济区制度是海洋强国与海洋弱国、沿海国与内陆国"一揽子"交易的结果。这种交易,一方面表现为海洋强国与海洋弱国在不同的海域制度的具体规则的制定过程中的相互妥协与让步,以求得利益上的大致均衡;另一方面表现为在一些海域规则谈判中彼此立场严重对立,互不相让,无法达成一致,结果导致相关海域法律规则的缺失。比如,《联合国海洋法公约》中的专属经济区制度存在很多的不足和缺陷,其中,对于一国在他国专属经济区的军事活动问题没有具体而明确的法律规则,显得尤为突出。因为专属经济区的军事活动,特别是世界军事强国的航空母舰及军用飞机的军事活动,不仅关系到沿海国的和平安全与领土主权问题,严重的甚至危及地区与世界和平与安全。

《联合国海洋法公约》中与专属经济区军事活动有关的规定,集中体现在第58条,其第1款规定:"在专属经济区内,所有国家,不论为沿海国或内陆国,在本公约有关规定的限制下,享有第87条所指的航行和飞越的自由,铺设海底电缆和管道的自由,以及与这些自由有关的海洋其他国际合法用途……"其第3款规定:"各国在专属经济区内根据本公约行使其权利和履行其义务时,应当顾及沿海国的权利和义务,并遵守沿海国按照本公约的规定和其他国际法规则所制定的与本部分不相抵触的法律和规章。"《联合国海洋法公约》的这些规定并没有直接涉及军事活动问题,这等于在专属经济区军事活动规则方面立法是空白的。因此带来的局面是：是否允许专属经济区内的海洋军事活动以及允许限度问题，取决于沿海国与非沿海国对于专属经济区内军事活动的界定。这一方面表明专属经济区法律制度的缺陷，另一方面也体现了《联合国海洋法公约》规范的模糊性特点。这种缺陷和模糊性也是导致目前各国在专属经济区军队活动问题上争执不下的主要原因。其实，在谈判《联合国海洋法公约》的第三次联合国海洋法会议上，与会各国曾经就专属经济区军事活动问题进行了探讨，并试图制定相关国际规则，但是，因为美国与苏联的阻挠，最后，《联合国海洋法公约》放弃了就专属经济区军事活动问题制定国际规则的设想。

（二）专属经济区军事活动产生的问题

1. 对航行自由和飞越自由的不同解释

《联合国海洋法公约》第 58 条第 1 款虽然规定其他国家在沿海国专属经济区内享有航行和飞越的自由的权利，但并未指明其是否适用于军事活动，即《联合国海洋法公约》既没有明文规定其他国家的军舰和军用飞机享有航行自由和飞越自由的权利，也没有明文规定沿海国享有禁止其他国家军舰和军用飞机行使航行自由和飞越自由的权利。这也就导致了世界各国对该款规定的不同理解，以及理论界对此问题的不同解释。实践中也形成了截然相反的两大阵营，即以美国为代表的海洋强国对军舰和军用飞机在他国专属经济区内的航行自由和飞越自由持坚持态度，认为专属经济区内军事活动自由的权利应高于沿海国对于专属经济区的管辖权；大多数发展中国家则对此持反对或保留的态度，认为专属经济区内的航行自由和飞越自由，不同于传统的公海自由，它是在《联合国海洋法公约》有关条款规定限制下的一种自由。两大阵营对此问题的争执经久不息，每一方都千方百计地挖掘《联合国海洋法公约》相关条款的规定，寻找有利于自身立场的法律根据。

2. 因军事演习活动引发的问题

所谓军事演习，一般是指根据将来可能发生的战争或武装冲突中出现的情形，在模拟真实战斗的条件下预先进行演练的军事活动。军事演习是和平时期军事训练的一种形式，它可以提高部队的战斗应急能力、组织能力和实战能力，为应对将来可能突发的战争做好准备。然而，在国际和平的时期，一个国家的军队，特别是航空母舰编队，既有各种舰船，又有各式飞机，在他国的专属经济区内开展这种大规模军事演习，对沿海国而言，当然要将这种耀武扬威的行为视为对本国领土完整与国家安全的威胁行为，也不可能对此种行为置之不理。这样，实行军事演习一方认为自己有在他国专属经济区进行演习的权利，沿海国却否认这种权利的存在，由此引发的沿海国与进行军事演习的国家之间的专属经济区军事活动权利之争，《联合国海洋法公约》没有任何规范加以调整。

3. 因军事侦察活动引发的问题

军事侦察活动，又称军事情报收集，主要是指出于军事需要的考虑由携带侦察设备的船舶和飞机对他国军事及相关目标的探测行为。随着现代军事科技的发展，军事侦察的手段日新月异，方法层出不穷，其中最常见、最主要的当然是各种电子侦察手段与方法。通过军事侦察活动，可以获取各种文件、资料、数据等，这样可以对他方情况作出明确的判断，知己知彼，为做出正确的军事决定提供依据。现代的军事侦察活动大多数都是在一国的专属经济区内进行的，将给沿海国的国家安全利益造成极大的威胁，如美国的侦察船和侦察机长年在中国东海、南海进行军事侦察活动。对此种行为，沿海国当然不会放任不管，而是会采取断然措施予以坚决应对，如 2001 年发生在中国南海的"中美撞机事件"，就是在海南岛东南方向 120 海里的中国专属经济区内。对于这种在专属经济区发生的军事侦察与反侦察的权利之争，《联合国海洋法公约》同样没有作出任何规定。

4. 因军事测量活动引发的问题

专属经济区的军事测量活动主要是一种水文测量，通过这种测量活动可以获取海水的深度、海底的地形和地质、潮汐的特征等，从而为军舰的航行特别是潜水艇的水下活动提供数据支持。这种军事测量活动得到的海洋环境信息是未来军舰和潜水艇进行作战的必要保障，但对沿海国来说，则会给领土安全带来很大的威胁。军事测量活动必然是一种出于军事需要的情报收集活动，当然会损害沿海国的国家主权与海洋安全利益，根据国际法原理，国家主权是国家本身的固有权利，沿海国有维护其自身主权的法理根据，故沿海国对专属经济区的军事测量活动享有管辖权。实践中产生的分歧主要是军事测量活动与海洋科学研究的关系问题。按照《联合国海洋法公约》的规定，海洋科学研究是沿海国的专属权利，其他国家无权在他国专属经济区开展海洋科学研究活动，发展中国家据此反对他国在本国专属经济区的军事测量活动，而以美国为首的海洋强国则主张军事测量活动不属于海洋科学研究，不应受专属经济区所属国的管辖。对此问题，在《联合国海洋法公约》中同样找不到答案。

三、专属经济区军事活动之法律分析

（一）专属经济区军事活动法律争议问题解析

1. 航行自由和飞越自由不是从事军事活动的依据

我们知道，航行自由和飞越自由是公海法律制度的基础，即公海自由的两项主要内容，也是被传统海洋法普遍承认的规则。根据《联合国海洋法公约》第90条的规定，所有国家，不论是沿海国或内陆国，均有权在公海上行驶悬挂其旗帜的船舶，飞行有其国籍标志的飞行器。而且，军舰与军用飞机属于国家财产，其军事活动也属于国家行为，因此军舰与军用飞机在公海上当然不受任何其他国家管辖。但是，当《联合国海洋法公约》将公海法律制度中的航行自由和飞越自由引入专属经济区制度中来后，其含义则发生了明显变化，专属经济区内的航行自由和飞越自由将受到诸多的制约，即《联合国海洋法公约》对专属经济区内的航行自由和飞越自由的限制要多于对公海航行自由和飞越自由的限制。因为专属经济区与公海是两个不同的海域，两者的法律地位与法律制度有着明显的区别。公海不属于任何国家领土，“任何国家不得声称将公海的任何部分置于其主权之下”。沿海国对于本国的专属经济区则享有主权权利，尤其是自然资源勘探与开发及经济活动方面的主权权利。因此，一国的军舰与军用飞机在他国专属经济区以通过为目的航行自由和飞越自由是可以的，但是，以军事活动为目的的航行自由和飞越自由则与设置专属经济区的初衷不符。

2. 军事活动应“适当顾及”沿海国权益

《联合国海洋法公约》第58条第3款规定：“各国在专属经济区内根据本公约行使其权利和履行其义务时，应适当顾及沿海国的权利和义务……”根据这款规定，一国在他国专属经济区内行使其权利和履行其义务时，包括从事各种军事活动时应当遵守“适当顾及”原则，不但要“适当顾及”沿海国在专属经济区内的权益，而且还要“适当顾及”沿海国制定的与《联合国海洋法公约》的相关规定及其他国际法规则不相抵触的国内法律与规章。“适当顾及”一词本身具有弹性和选择性，并不意味着必须遵守，它本身就是缔约各方经过博弈利益平衡的产物。适当顾及原则是衡量航行自由和飞越自由的一项标准，如果航行自由和飞越自由超越适当顾及这个标准，沿海国即可对航行自由和飞越自由进行限制，以维护其自身利益。对于违反“适当顾及”义务在专属经济区内从事军事活动的行为，沿海国有权采取相应的反制行动。虽然《联合国海洋法公约》第56条第2款同时规定，沿海国在本国专属经济区行使权利和履行义务时，也应当“适当顾及”其他国家的权利和义务，但是，两者相比，沿海国应当优先，其他国家应当首先“适当顾及”沿海国的利益。因为沿海国对专属经济区的权利是属地性质的，而其他国家则是远离本土到沿海国管辖地去从事军事活动，而且军事活动还可能危及沿海国的安全与主权权利，故沿海国对其行使管辖权是必要的。

（二）专属经济区军事活动应遵循国际法基本原则

1. 专属经济区军事活动应尊重沿海国主权

国家主权原则是国际法基本原则体系中的首要原则，无论是《联合国宪章》第2条规定的会员国在国际关系中应当遵循的七项原则，还是和平共处五项原则体系，都将其作为第一项原则，《国际法原则宣言》中亦是如此。根据国家主权原则，国家有权独立自主地处理其对内对外事务，不受外来干涉。对于处理沿海国与其他国家在专属经济区内军事活动争执，尊重国家主权原则十分必要。首先，专属经济区与沿海国领土之间存在天然的联系。根据《联合国海洋法公约》的规定，毗连区是专属经济区的一部分，因此专属经济区是与国家领土组成部分的领海紧密相邻的，这样，专属经济区的军事活动是能直接威胁到国家领土主权的，尤其是现代高性能的飞机在数分钟之内即可从专属经济区抵近沿海国本土，这也是近年来越来越多的国家在自己的领空之外设置防空识别区的原因所在。所以，对专属经济区内的军事活动进行必要限制是维护国家主权必需的。其次，其他国家只有真正尊重沿海国的领土主权，沿海国才会对以通过为目的的行使航行自由和飞越自由的军舰和军用飞机予以“适当顾及”。由此可见，尊重沿海国主权是平衡两者关系的根本之道。

2. 非沿海国的军事活动应为“和平目的”

《联合国宪章》第2条规定的七项原则中包括禁止使用武力和以武力相威胁原则，这与“和平目的”原则紧密相连，和平共处五项原则当然更是以和平为宗旨。根据《联合国海洋法公约》的序言和有关条款体现的立法精神与宗旨，公约第88条规定公海只能用于和平目的，在此基础上，第58条又规定第88条的规定同样适用于专属经济区，因此一国在他国专属经济区内的军事活动应当遵守“和平目的”的原则。实际上，在谈判《联合国海洋法公约》的会议上，曾经有一些国家提出对海洋的和平利用作出确切的界定，主张“和平目的”的含义就是非军事化，即军舰和军用飞机航行和飞越等各种军事活动都是不允许的。但是，以美国为代表的海洋强国却认为“和平目的”并不当然禁止军事活动，专属经济区内的军事活动并没有违反国际法基本原则和《联合国海洋法公约》的宗旨。最终，“和平目的”原则没有明确体现在《联合国海洋法公约》的条文之中。但是，“维护国际和平与安全”是《联合国宪章》的首要宗旨，也是处理各种国际关系的出发点，专属经济区的军事活动问题当然也不例外。“和平目的”原则要求其他国家与沿海国有共同维护专属经济区和平稳定的义务，彼此应相互尊重。首先，沿海国对于他国和平目的的军事活动，如以通过专属经济区为目的的航行与飞越行为不得加以干预；其次，对于其他国家而言，除非其在专属经济区内的军事活动事先获得沿海国的同意甚至参与，否则都是与“和平目的”原则不相符的。

四、专属经济区军事活动的法律对策

（一）推动国际海洋法的改革与完善

1.《联合国海洋法公约》相关内容的改革

如前文所述，《联合国海洋法公约》是各方海洋权益博弈的结果，作为各方妥协的产物，《联合国海洋法公约》规定的内容与确立的规则，一方面具有双重性，另一方面又具有不确定性。特别是关于专属经济区存在着剩余权利问题，即该公约既没有明确认可，也没有明确禁止的权利，其中最主要的就是军事活动的权利。专属经济区的军事活动，在对沿海国主权、安全与国家利益带来威胁的同时，也危及地区和世界的和平与安全。但是，《联合国海洋法公约》对专属经济区军事活动，从定义到法律规则均未涉及。这是《联合国海洋法公约》的重大缺陷与不足，也是目前各方对专属经济区军事活动争执不下的根本原因。

有鉴于此，中国作为一个负责任的大国，应当从构建“人类海洋命运共同体”的理念出发，积极与其他国家沟通与合作，努力推动《联合国海洋法公约》相关内容与规则的改革和完善。如果将来对《联合国海洋法公约》进行修改，中国应恪守《联合国海洋法公约》“和平利用海洋”的原则，针对《联合国海洋法公约》中存在的问题提出中国的主张，努力使《联合国海洋法公约》确立的海洋法规则更加确切并具有实用性。从专属经济区的角度出发，首先，应努力争取将剩余权利问题明确化，将权利归属确定化，以解决因模糊性带来的争执。其次，我们应当站在发展中国家和沿海国的立场上，坚持专属经济区非军事化的原则，力争将专属经济区军事活动的概念与规则条文化，明确禁止专属经济区内除正常通过以外的一切军事活动，以切实维护沿海国的合法权益。只有在《联合国海洋法公约》中将专属经济区军事活动问题盖棺定论，才能从根本上解决就此问题引发的理论上的争执与实践中的对立，才能为良好的海洋秩序奠定基础。

2. 国际海洋法体系的健全与完善

国际海洋法体系是国际法的重要组成部分，《联合国海洋法公约》是国际海洋法体系中的法典式的公约，它奠定了国际海洋法的基础，具有重要的历史地位与现实意义。但是，《联合国海洋法公约》毕竟是在冷战时期美国与苏联争霸世界的背景下各方协调形成的产物，具有那个时代的烙印。随着全球化与全球治理逐渐深入，全球海洋治理也在向前推进，如海洋环境保护问题、公海保护区问题、公海生物多样性保护问题、国际海底区域的开发问题、外大陆架法律问题等，都在探索全球海洋治理的新制度新规则，这必将有力地促进现代国际海洋法体系的建立、健全与完善。国际海洋法对维护海洋和平安全乃至世界和平安全具有重要作用，目前国际海洋法体系存在的不足与缺陷是国际海洋治理过程中亟须解决的问题。专属经济区的军事活动问题当然也是全球海洋治理的焦点问题，我们应当借助全球海洋治理的大趋势，倡导“人类海洋命运共同体”的理念，助力《联合国海洋法公约》在此问题上的推进，以求得国际海洋法体系的进一步健全与完善。

（二）我国应对专属经济区军事活动的策略

1. 健全我国专属经济区军事活动的相关立法

作为《联合国海洋法公约》的缔约国，为了享受公约赋予缔约国的权利并承担公约要求的义务，特别是维护我国在专属经济区的合法权益，我国制定了《专属经济区和大陆架法》。但是，我国现在海洋法律制度包括专属经济区军事活动问题的法律规则存在很多的不足与缺陷。首先，作为国家根本法的《宪法》中并没有关于我国海洋法律制度的专门规定，这不得不说是一大遗憾。其次，《专属经济区和大陆架法》只有区区 16 个条文，而且主要内容都是关于专属经济区和大陆架自然资源的勘探、开发与管理方面的，根本没有涉及专属经济区军事活动问题，只是在第 11 条规定：“任何国家在遵守国际法和中华人民共和国法律、法规的前提下，在中华人民共和国的专属经济区享有航行、飞越的自由……”随着各国海洋活动的增加及对海洋权益的日益重视，《专属经济区和大陆架法》面对越来越复杂的海上纠纷缺乏有效的应对，尤其是在解决外国军事活动问题时，已经难以起到其应有的作用。

有鉴于此，要想解决专属经济区的军事活动问题，从国内法的角度来说，应当健全我国专属经济区的军事活动的相关立法。首先，作为国家意志的体现，应当将对包括专属经济区在内的国家海洋利益的保护提高到宪法层次，在《宪法》中明确规定我国对在专属经济区进行军事活动的否定立场，从根本上为我国反对专属经济区军事活动提供法律保障。其次，在《专属经济区和大陆架法》及相关立法中，应当根据宪法确定的精神与原则，通过专门的法律条文将对专属经济区军事活动进行管理的规则具体化、明确化，以增强法律规则的可执行性。而且，我国应视具体情况，在必要时制定《专属经济区和大陆架法》的实施细则，以进一步完善相关立法。

2. **我国应对外国军事活动的具体措施**

(1)发展海军远海作战与加强海上执法能力。

近年来，美国在中国周边海域针对中国的军事活动的频次和烈度持续增强。和平时期，美国在中国周边海域每年频繁进行抵近军事侦察和军事演习等高强度的军事活动，毫无疑问违反《联合国宪章》宗旨和《联合国海洋法公约》"和平目的"的原则。针对美国及其盟国在中国周边海域包括专属经济区内的这种军事活动，为了维护我国的海洋权益及领土主权完整，我们必须坚决采取行动予以回应。其中最重要的行动就是加强我国海军力量的建设，尤其是海军远海作战能力的提高，以强大的海军实力应对来自外部的挑战和风险。在发展海军远海作战能力的同时，我国也要加强海上执法能力的建设。在我国，海上执法机构包括海军和分属不同部门的行政执法机构，如海警、海事等。由于分属不同部门，各个执法机构之间存在各自为政难以协调的问题。因此，我们在加强这些机构各自执法能力建设的同时，更要加强这些机构的执法体系建设，使他们能够形成合力共同应对复杂的海上局面。

(2)对外国军事侦察活动进行跟踪监视并驱离。

专属经济区内的军事侦察活动，包括使用高空侦察机、电子侦察机、预警机、空地监视机、反潜巡逻机、无人侦察机等进行的空中抵近侦察活动，以及以海洋监视船和海洋测量船为代表的海上侦察活动。比如，近年来，美国的空中和海上侦察设备频繁前往中国南海开展作业，就是典型的在我国专属经济区内的军事侦察活动。这肯定会给我国的国家安全和海洋利益带来极大的威胁，我国当然要采取坚决的应对措施予以回击。因此，当发现有其他国家的军事侦察飞机或船舶出现在我国专属经济区内时，我国的海空军要及时派出战机或军舰进行跟踪与监视。通过我国战机或军舰的跟踪与监视，彰显我国在专属经济区的主权权利与管辖权，并在必要时将其驱离我国专属经济区海域，以维护我国的合法权益。

(3)运用科技方法干扰他国军事测量活动。

根据《联合国海洋法公约》的规定，海洋科学研究属于沿海国的专属权利。对于他国在我国专属经济区内的军事测量活动，我们当然认为其属于海洋科学研究活动的范畴，所以，我国坚决反对在我国专属经济区的军事测量活动并应予以制止。军事测量活动一般应在一个相对安静稳定的环境下来进行，为了制止这种测量活动，我国军队或执法机构可运用科技手段，如音频和超声波等干扰破坏其测量工作的进行，同时将其驱离出我国的专属经济区。

结 语

专属经济区不是作为国家领土组成部分的领海，也不是建立在公海自由制度基础上的不属于任何国家领土的公海，而是自成一类的特殊海域。无论是国际习惯法还是《联合国海洋法公约》都没有直接涉及专属经济区的军事活动问题。目前各国对专属经济区内的航行自由和飞越自由有不同解释，对专属经济区内的军事演习活动、军事侦察活动、军事测量活动持不同立场。实际上，航行自由和飞越自由不是从事军事活动的依据，军事活动应“适当顾及”沿海国权益，应尊重沿海国主权并应为“和平目的”。各缔约国应推动《联合国海洋法公约》相关内容的改革，健全与完善国际海洋法体系。我国应健全专属经济区军事活动的相关立法，强化应对外国军事活动的具体措施。

司法体制改革视域下司法权力评述与配置重构

刘大勇*

一、司法体制改革的基本定位

(一)司法体制改革是中国政治体制改革的重要组成部分,是中国政治体制改革的突破口

改革开放是社会主义初级阶段基本路线的两个基本点之一,是党的十一届三中全会以来进行社会主义现代化建设的总方针、总政策,也是我国宪法规定的基本内容。有学者认为,从宪法学视角看,改革开放有两个逻辑:一是改革,它是古今之变议题中的一个环节,属于宪法结构的时间性纵向逻辑;二是开放,它是中西碰撞议题中的一个环节,属于宪法结构的横向逻辑。以此思维方式,也可以把改革看成两个纬度:党的政策纬度与国家法律纬度,改革开放与宪法修改是1978年以来贯穿于党的政策纬度与国家法律纬度的两根主线。党的政策纬度与国家法律纬度的交叉出现于1993年的宪法修改,改革开放被写入宪法,至此,改革开放就成为具有宪法效力的国家发展目标,成为国家工作的核心之一,宪法也成为改革开放的动力基础与合法基础。就改革而言,是在坚持社会主义制度的前提下,自觉地调整和改革生产关系同生产力、上层建筑同经济基础之间不相适应的方面和环节,促进生产力的发展和各项事业的全面进步,更好地实现广大人民群众的根本利益。从内容上而言,改革,包括经济体制改革与政治体制改革。从顺序上来说,经济体制改革先行,政治体制改革附随,因此,改革开放40多年的进程体现出了改革以经济改革先行,政治体制改革跟随的一种局面,我国现行《宪法》的五次修改,经济制度方面的内容占比由1988年的100%、1993年的67%、1999年的50%、2004年的29%到2018年的0,政治、文化、社会方面的内容则由1988年的

---

* 刘大勇,三亚学院法学院副教授。研究方向:法学理论、宪法学、司法制度。

0、1993 年的 33%、1999 年的 50%、2004 年的 71%一路上升到了 2018 年的 100%。特别是在 2018 年的修改内容中，监察委员会的设立成为政治体制改革的重大成果写入了宪法，可以说是党的十七大关于“深化司法体制改革，优化司法职权配置，规范司法行为，建设公正高效权威的社会主义司法制度，保证审判机关、检察机关依法独立公正地行使审判权、检察权”的落实。从中可以看出，监察委员会的设立是我国改革开放以来重大的政治体制改革内容之一。这一改革在我国“人民代表大会制”与“民主集中制”体制下确立了国家监察权的行使机关及其权力与职能体系。监察权是国家权力体系的一部分，虽然不是司法权，但是与司法权高度相关，从权力的具体实施机关而言，监察机关与监察权的设立，是以“司法体制改革”为突破口的，特别是以司法体制中的“检察权”“法律监督权”“检察机关”的重构为基础的。

（二）司法体制改革承担着以法治方式，循序渐进地完善中国政治体制的使命和任务

司法体制改革的意义不仅限于作为中国政治体制改革的突破口，实质上，司法体制改革是政治体制改革的先行示范，具有以法治方式完善我国的政治体制的担当和使命。首先，在改革的程序上，无论是改革的先行试点，还是试点推开工作，都是以全国人大常委会决定的方式，以法治的方式解决改革的授权问题。其次，改革的内容是在国家机构的架构上，在宪法层面对司法机构的权力与职责改革，将部分国家权力与职责重新分工，以新设立的国家监察委员会接续部分行政机关与检察机关的权力与职能；在国家权力结构层面，是以新设立的国家监察委员会为标志，是以司法体制完善和行政体制的完善为内容的。司法体制改革与监察委员会的设立使我国的政治体制得到了进一步的完善和优化。再次，改革遵循着循序渐进的步调进行。尽管现行《宪法》的第五次修改对司法机关的司法权进行了重大的重构，但远未完成这一重构，只是“依法循序渐进”地进行了第一步，只是在一定程度上回归了司法机关以“审判权”和“法律监督权”为代表的核心权力职能体系。之所以说是在一定程度上，是因为这次改革，虽然大部分的侦查权转移到了监察委员会，以调查权的方式存在，但是检察机关的检察权当中的侦查权，还保留了小部分。从本质上来说，检察机关是“法律监督机关”；从权力属性上看，侦查权不具备法律监督权的属性。而这次改革，显然为检察机关保留了一部分侦查权，可以视为改革要循序渐进。从政治体制的重要性来说，政治体制的稳定是

保证社会稳定的基本条件，因此，可以理解涉及政治体制改革的程度与速度要控制在一定的范围之内。作为政治体制改革的先行示范的司法体制改革，必须也要遵循这一基本原则。最后，从改革的实施与成果的检验来看，循序渐进式的改革是正确的，监察委员会经过五年多的运行，社会平稳，司法体制运转良好，尤其是检察系统在侦查权限缩、增加公益诉讼权情况下，努力地探索检察机关的职能定位。监察体制进入正轨，符合改革的预期。

司法体制改革作为政治体制改革的突破口，承担着探索以法治方式完善中国政治体制的使命和循序渐进探索政治体制改革路径的任务。显然，对于上述重任，在未来一个时期内，司法体制改革还将继续，特别是对前期没有完成的内容，比如，检察权与法律监督权的混同（混用）造成的司法权内容杂乱、审判权与执行权分离两方面没有进行改革到位的问题，将是司法体制改革下一步的重点工作。

二、现行《宪法》第五次修改后的当下司法权内容与配置体系述评

（一）司法与司法权

1. 在宪法层面无“司法”与“司法权”的规定

我国现行《宪法》在提及“司法”一词时，都与“行政”一词连用，并没有单独使用“司法”或“司法权”概念。涉及“司法”这一概念的第 89 条第 8 项规定国务院行使领导和管理民政、公安、司法行政等工作。第 107 条第 1 款规定：“县级以上地方各级人民政府依照法律规定的权限，管理本行政区域内的经济、教育、科学、文化、卫生、体育事业、城乡建设事业和财政、民政、公安、民族事务、司法行政、计划生育等行政工作，发布决定和命令，任免、培训、考核和奖惩行政工作人员。”司法作为一个政治学或法学概念，最早是由乔治·劳森提出，其将政府职能进行了三重划分。本质上，司法无论作为一个政治学概念，还是一个法学概念，都与国家的权力划分相关。之后，洛克、孟德斯鸠等进一步将国家权力划分为立法权、行政权和司法权，他们的分权学说成为西方国家的一项普遍的宪法原则。我国的政治学、宪法学和社会主义法治理论体系关于国家政权的组织有自己的理论体系。具体来说，就是人民代表大会统一行使国家权力，其他国家机关由人民代表大会产生，对人民代表大会负责，受人民代表大会监督。各个国家机关只是分工不同、职责不同，但目标都是在中国共产党的领导下，在各自的职权范围内贯彻落实党的路线方针政策和宪法、法律，为建设中国特色社会主义服务。因此，在宪法中，看不到单独的“司法”一词，出现的两次，也是和“行政”一词连用，构成“司法行政”

这一专有名词，特指我们的司法行政机关和司法行政工作。

2.《人民法院组织法》与《人民检察院组织法》中有司法权的概念

《人民法院组织法》与《人民检察院组织法》作为宪法性法律，承担起了定义"司法权"的重任，《人民法院组织法》第8条规定："人民法院实行司法责任制，建立健全权责统一的司法权力运行机制。"《人民检察院组织法》第8条规定：人民检察院实行司法责任制，建立健全权责统一的司法权力运行机制。这也成为我国学界通说将我国的狭义的司法权界定为由"审判权"和"检察权"构成的法律依据。同时依据上述规定，两院共同构成我国的司法机关。

按照我国《宪法》的规定，全国人民代表大会是人民行使国家最高权力的机关，国家的行政机关、审判机关、检察机关、监察机关和军事机关都由人民代表大会产生，对它负责，受它监督。在我国，由人民代表大会统一行使国家权力，其他国家机关由它产生，对它负责，受它监督，各个国家机关只是分工不同、职责不同，但权力基础与目标是一致的、统一的。这与西方国家议会、政府、法院"三权分立"有本质的区别。因此，在宪法的层面，没有使用"司法权"这一词汇，深刻地体现人民代表大会统一行使国家权力，不采用"分权"体制，在相关的机关组织法中，具体规定"司法权力"来表明各机关行使不同的权力，只是分工，而非分权。另外，从《人民法院组织法》与《人民检察院组织法》第8条的措辞来看，关于司法责任制与司法权的运行机制，使用了"建立健全"这一修饰词语，说明我国的司法体制与司法权力运行机制一直是在探索过程中，也充分地说明司法体制改革的重要，并且改革一直在路上。

（二）审判权与检察权

1. 审判权

审判权，是指审理权和裁决权的合称，它是法院所专有的一种排他性的基本权力，除法院之外其他任何机关不享有这种权力。我国《宪法》第131条规定，"人民法院依照法律规定独立行使审判权，不受行政机关、社会团体和个人的干涉"。《人民法院组织法》第4条规定："人民法院依照法律规定独立行使审判权，不受行政机关、社会团体和个人的干涉。"相对于检察机关的检察权或法律监督权，审判权几乎不存在争议，学界与实务界公认审判权在性质上是司法权，完全具备独立行使司法权及司法权的被动性、交涉性、程序性、普遍性和终极性的特征。但是，与审判权相连接的执行权（执行权是人民法院依法采取各类执行措施以及对执行异议、复议、申诉等事项进行审查的权力,包括执行实施权和执行审查权),还有相当大的一部分由法院的执行机构来行使,比如民事案件与行政案件的执行工作。关于这部分的执行权,有相当多的学者从学理和实践的角度提出了应该交给司法行政机关来行使。最高人民法院也一直在推行法院内部的审判权与执行权的相对分离,并取得了实效。但这种分离并未使执行权脱离审判权。学者们强调的审判权与执行权分离,是一种实质上的分离或体制上的分离。所谓体制上的分离,指的就是由不同的国家机关分别在不同的体制上行使审判权和执行权。从权力属性上看审判权是司法权,而执行权通说认定其为行政权。人民法院是国家的审判机关,而不是国家的执行机关,由审判机关按照审判权的标准去行使执行权,对于制度设计来说,会导致执行体制的扭曲,客观上审判机关的法律定位,也在一定程度上产生执行难和执行乱问题。

2. 检察权

检察权既是检察制度的核心问题,也是检察理论研究中的基础性问题。相对于“审判权”,“检察权”的性质争议比较大,对检察权性质的不同界定,既关系到检察机关的法律地位和职能,又直接影响着检察改革及检察权的行使。因此,检察权性质是近年来在我国司法改革的研讨中备受关注的重大理论问题之一,同时也是迄今为止分歧较多、争议较大的问题之一。其主要有司法权说、行政权说、司法权与行政权双重属性说、法律监督权说等观点。我国的学界一般认为检察权是法律监督权,兼有司法权和行政权双重特征。我国检察权的性质的“复杂性”,来源于我国当前检察机关职权的“复杂性”。从宪法及其他法律对我国检察机关的职权的规定内容上看,相对于“审判权”,“检察权”的相关概念与权力内容要复杂得多。一般情况下,“检察权”与“法律监督权”存在混用的现象。具体包括:

(1)检察权。

《宪法》第 136 条规定“人民检察院依照法律规定独立行使检察权,不受行政机关、社会团体和个人的干涉”。《人民检察院组织法》有三处提及检察权,其中第 2 条规定:“人民检察院是国家的法律监督机关。人民检察院通过行使检察权,追诉犯罪,维护国家安全和社会秩序,维护个人和组织的合法权益,维护国家利益和社会公共利益,保障法律正确实施,维护社会公平正义,维护国家法制统一、尊严和权威,保障中国特色社会主义建设的顺利进行。”第 4 条规定“人民检察院依照法律规定独立行使检察权,不受行政机关、社会团体和个人的干涉”。第 5 条规定“人民检察院行使检察权在适用法律上一律平等,不允许任何组织和个人有超越法律的特权，禁止任何形式的歧视”。通过上述规定基本可以看出，在《宪法》层面，将检察权、审判权、监察权并列，并没有提及法律监督权；在《人民检察院组织法》层面，定义了人民检察院是法律监督机关，定义了检察权的内容和功能。从中可以看出我国宪法对国家权力形态的划分并没有将法律监督权规定为与立法权、行政权、审判权、检察权、军事权相并列的一种基本权力形态。现行《宪法》规定了检察机关的检察权，将检察权作为与立法权、行政权、审判权、军事权相并列的一种基本权力形态，而根本没有出现过法律监督权这个概念。从规范的意义上讲，检察权才是宪法层面的概念，权力属性或权力内容都高于法律监督权。从《人民检察院组织法》的规定上看，检察机关行使的一切宪法和法律赋予它的公权力都可以称为检察权，而法律监督权只是检察权的一部分，或者说，检察机关的核心工作是对一切公权力机关依法行使公权力的法律监督，但在当前的“建立健全权责统一的司法权力运行机制”的情况下，检察权的扩大是必然的现象和发展的必经阶段，当然也是必须进行改革的目标。

(2)法律监督与法律监督权。

《人民检察院组织法》第 2 条规定，人民检察院是国家的法律监督机关。从本条的规定可以得知，检察机关的核心工作是法律监督工作。第 20 条规定，人民检察院行使下列职权：①依照法律规定对有关刑事案件行使侦查权；②对刑事案件进行审查，批准或者决定是否逮捕犯罪嫌疑人；③对刑事案件进行审查，决定是否提起公诉，对决定提起公诉的案件支持公诉；④依照法律规定提起公益诉讼；⑤对诉讼活动实行法律监督；⑥对判决、裁定等生效法律文书的执行工作实行法律监督；⑦对监狱、看守所的执法活动实行法律监督；⑧法律规定的其他职权。同时，第 21 条规定，人民检察院行使本法第 20 条规定的法律监督职权，可以进行调查核实，并依法提出抗诉、纠正意见、检察建议。有关单位应当予以配合，并及时将采纳纠正意见、检察建议的情况书面回复人民检察院。抗诉、纠正意见、检察建议的适用范围及其程序，依照法律有关规定。根据第 20 条与第 21 条的规定，我们可以总结出，人民检察院当前的职权主要包括：侦查权、批捕权、公诉权、公益诉讼权、法律监督权、抗诉权和检察建议权。在上述权能中，侦查权的权力属性与法律监督权相差巨大。其他权力的权力属性与法律监督权相一致或联系紧密。我国《刑事诉讼法》第 19 条第 2 款规定：“人民检察院在对诉讼活动实行法律监督中发现的司法工作人员利用职权实施的非法拘禁、刑讯逼供、非法搜查等侵犯公民权利、损害司法公正的犯罪，可以由人民检察院立案侦查。对于公安机关管辖的国家机关工作人员利用职权实施的重大犯罪案件,需要由人民检察院直接受理的时候,经省级以上人民检察院决定,可以由人民检察院立案侦查。”从上述法条的规定可以看出,当前检察机关保留的侦查权,是指从“法律监督权”的角度,对诉讼活动实行法律监督过程中发现的“司法工作人员利用职权实施的某些损害司法公正的犯罪”进行侦查。本质上,是“司法权”重塑与“监察权”构建过程中“妥协”的结果,也是司法改革不彻底的结果。

(三)与司法权联系密切的监察权与调查权

1. 监察权

《宪法》第 127 条规定,监察委员会依照法律规定独立行使监察权,不受行政机关、社会团体和个人的干涉。《监察法》第 4 条规定,监察委员会依照法律规定独立行使监察权,不受行政机关、社会团体和个人的干涉。监察机关办理职务违法和职务犯罪案件,应当与审判机关、检察机关、执法部门互相配合,互相制约。监察机关在工作中需要协助的,有关机关和单位应当根据监察机关的要求依法予以协助。

2. 调查权

《监察法》第 18 条规定:“监察机关行使监督、调查职权,有权依法向有关单位和个人了解情况,收集、调取证据。有关单位和个人应当如实提供。监察机关及其工作人员对监督、调查过程中知悉的国家秘密、商业秘密、个人隐私,应当保密。任何单位和个人不得伪造、隐匿或者毁灭证据。”另有 88 处提及“调查”行为。

监察机关及其监察权的设立,是国家政治体制的重大改革,同时也与司法制度改革联系密切。一方面是调查权合并了原来检察权当中的一部分侦查权。另一方面,从相关法律对监察权与法律监督权具体规定来看,它们关注的对象显然是有区别的。依据《监察法》第 1 条与第 3 条的规定来看,监察权关注的对象是“所有行使公权力的公职人员”。依据《人民检察院组织法》第 2 条和第 20 条的规定来看,人民检察院的法律监督权显然是以行使公权力的机关为主要对象。

三、司法权力在司法机关中的配置重构

(一)司法体制改革重构司法权力运行应遵循的方式

1. 司法体制改革必须放到政治体制改革的大环境中思考

党的十九大报告中强调“要长期坚持、不断发展我国社会主义民主政治,积极

稳妥推进政治体制改革,推进社会主义民主政治制度化、规范化、法治化、程序化,保证人民依法通过各种途径和形式管理国家事务,管理经济文化事业,管理社会事务,巩固和发展生动活泼、安定团结的政治局面”。司法体制改革,作为政治体制改革的一部分,必然要放到政治体制改革的目标与定位中进行,必须要符合政治体制改革的要求。

2. 司法权力运行必须有利于司法公正的实现

从社会层面来看,司法公正是当前社会普遍关注的问题,也是社会稳定的最后防线。从司法机关的职能来看,司法公正是司法机构的生命和灵魂,是司法权力运行的首要目的。因此,中国司法机构的设置、职能和工作机制中,凡是有利于实现司法公正的,就应当予以保留和坚持;凡是不利于实现司法公正或妨碍实现司法公正的,就应当坚决予以改革和完善。

3. 司法权力运行必须提高效率,迟来的公正不是公正

司法体制改革要注意提高司法权力运行的效率,效率低下必然损伤人民群众追求公正的积极性,损害司法机关在人民群众心中的威信,阻碍法治社会、法治国家与法治政府的建设进程。科学合理的司法权力结构和司法机构设置,是司法机关高效工作和司法权力高效运行的关键。高效率的司法体制结构首先要求司法机构的设置应权责明晰,结构层级简洁;其次,司法机构与司法权力设置合理、衔接顺畅;最后,应该依据侦查(调查)、公诉(抗诉)、审判、执行、法律监督的特点来设计工作机构、工作流程。通过修改相关的组织法实现体制结构权力运行上的效率化。

4. 司法体制改革要依托数字赋能提升司法机关、司法权力运行的先进性、智能性、便民性

司法体制改革的终极目的是为人民服务,提升司法工作的便民性。司法体制改革必须要解放思想,大胆实践,开拓创新。一方面,通过依托大数据、云计算、区块链、人工智能、互联网技术的运用,提升司法机关、司法权力运行的先进性、智能性,解决群众反映强烈的司法腐败、司法不公以及立案难、判决难、执行难、申诉难等问题,方便人民群众参与诉讼活动。另一方面,在立足本土的基础上,做好继承和移植相结合的工作,要善于借鉴外国司法体制与司法经验,在互联互通的互联网时代,放眼世界,紧按数字时代的发展脉搏,在传承、借鉴、创新中走一条司法体制改革的中国特色的现代化发展道路。

5. 司法权力运行的机制应当具有鲜明的中国特色和中国文化底蕴

社会主义初级阶段的政治体制和司法体制是在革命斗争和改革开放环境下逐步形成的,有着鲜明的中国特色。司法体制改革必须在使司法权力的运行适应中国经济水平、文化水平、科技水平、人员素质水平和社会发展水平的前提下循序渐进地逐步推进。司法体制作为政治体制的一部分,起到基础和保障的作用,它的改革不能不切实际,不能看不到中国社会的现状,不能离开中国文化传统与国情设计自己的司法体制和司法权力运行机制,必须立足于中国的司法实践与司法权力运行规律,立足于完善有中国特色的司法制度和司法权力运行机制,走出一条符合中国国情的司法体制改革的渐进变革之路。

(二)司法权在司法机关中的配置重构

依据我国《宪法》与《人民法院组织法》、《人民检察院组织法》的规定,人民法院、人民检察院实行司法责任制,建立健全权责统一的司法权力运行机制。从上述规定可以得知,无论从学理上还是从法律实践上,我国狭义的司法权由"审判权"和"检察权"构成。相应的组织法对审判权与检察权的内容和构成进行了细化,通过分析两部组织法,结合我国司法体制改革的长远目标与现实需要,对构成司法权的审判权、检察权的内容与结构重新进行梳理与配置。

1. 检察机关的检察权配置重构

首先,从宪法层面看,《宪法》第 134 条规定的中华人民共和国人民检察院是国家的法律监督机关,是对我国的检察机关的性质进行了规定。法律监督的职能是检察机关的工作核心和基本职能。《宪法》第 136 条规定的人民检察院依照法律规定独立行使检察权,是为了使人民检察机关实现其法律监督的职能而赋予它的权能。为了实现检察机关的"法律监督"职能,必须赋予权能,在当前国家机关组织体系和权力架构下,检察机关被赋予的权能称为"检察权",检察权是由一系列权能构成的,这个权能的构成宪法不进行细化,由组织法来完成。

其次,从组织法的角度理解,人民检察院的完成法律监督职能的权力构成是由《人民检察院组织法》来是规定的。《人民检察院组织法》第 2 条重申了人民检察院是国家的法律监督机关,第 20 条则对"检察权"的结构进行了规范。第 20 条第 1 项规定"依照法律规定对有关刑事案件行使侦查权"。这一规定是赋予了人民检察院对某些刑事案件的侦查权。侦查权在本质上是一种对私权利非法行使进行干预的权力,而非对公权力进行法律监督的权力,在《人民检察院组织法》的最近一次修改中，检察院的侦查权能已经大大缩小。第2项规定“对刑事案件进行审查，批准或者决定是否逮捕犯罪嫌疑人”。本项的规定，是赋予了人民检察院批准逮捕权，是对有刑事案件侦查权的各类机关的适用刑事诉讼法行为的法律监督权。第3项规定“对刑事案件进行审查，决定是否提起公诉，对决定提起公诉的案件支持公诉”。本项的规定是赋予人民检察院公诉权，本质上也是对公权力进行监督的一种权力。第4项规定“依照法律规定提起公益诉讼”。本项的规定是赋予人民检察院公益诉讼权，结合其他法律和全国人大常委会的决定，公益诉讼包括行政公益诉讼与民事公益诉讼，而行政公益诉讼显然是一种对行政机关进行法律监督的活动。第5项、第6项、第7项是明确地赋予人民检察院对“诉讼活动”，“判决、裁定等生效法律文书的执行工作”和“监狱、看守所的执法活动”实行法律监督。第8项用“法律规定的其他职权”的形式，保障法律的统一性和周延性，避免遗漏和矛盾。结合第21条规定，人民检察院还有“检察建议权”。

通过对《人民检察院组织法》的复述与分析，人民检察院被赋予如下职权：一是某些刑事案件的侦查权；二是批捕权；三是公诉权、抗诉权；四是公益诉讼权；五是法律监督权；六是检察建议权。《人民检察院组织法》第21条将上述权力统称为“法律监督职权”，显然这样的称谓值得商榷。将批捕权、公诉权、抗诉权、公益诉讼权、检察建议权看成广义的“法律监督权”显然有其正当性与合理性，但将刑事案件的侦查权也看作法律监督权显然不妥。学界一直在争论“检察权”与“法律监督权”的关系，实际并不复杂，检察权是宪法赋予人民检察机关作为法律监督机关行使的一项综合性权能，它包括两大部分：一部分是法律监督权，另一部分是检察机关在探索“建立健全权责统一的司法权力运行机制”过程中被临时赋予的权能，随着我国治理体系与治理能力建设的深入，人民检察院的“检察权”回归到“法律监督权”的工作也在进行，司法体制改革过程，循序渐进地将侦查权剥离检察权，是大势所趋。同时，通过司法体制改革，对行政公益诉讼活动的探索和实践，加大检察权中的行政公益诉讼权能行使范围是必然的。通过上述分析，建议人民检察院在下一步的司法体制改革中，让检察机关回到法律监督的本职，将侦查权全部转隶给监察机关。最终形成监察机关的监察、调查权工作重心，集中于“所有行使公权力的公职人员”的行为的监督上；人民检察院的法律监督权集中于监督行使公权力的机关的行为上。

2. 审判机关的权力配置重构

审判机关的审判权，属于司法权，从权力属性和内容来说，学界与实务界几乎没有争议。但是,与审判权相连接的执行权是否应该由审判机关来行使,学界和实务界还是有争议的。从人民法院的执行权内容来看,应该将人民法院的执行权分成两类:第一类是为了保证审判的顺利进行而采取的"保全和先予执行权"。第二类是人民法院的判决生效后,对判决结果的执行权。第一类执行权,是与审判权紧密相连的,这类执行权与审判权不可分,是保证审判权全面有效行使的基础。后一类的执行权,如对民事案件与行政案件判决的执行工作的执行权,从性质上来说,更具有行政权的性质,由行政机关去行使更为合适,这样会保证人民法院的全部工作以审判为核心。另外,2018 年 10 月 26 日,第十三届全国人民代表大会常务委员会第六次会议修订的《人民法院组织法》,依然没有将执行权写进去。说明民事、行政案件判决执行权由人民法院行使只是在"建立健全权责统一的司法权力运行机制"过程中的一个阶段。将这部分执行权最终交由司法行政部门去行使,已经在司法体制改革的考虑之内了。将侦查权、公诉权、审判权、执行权分别交由不同的机关行使,更符合保障权力运行的合法与公正机制,同时,也会使我国的治理体系与治理能力显著提升。

3. 司法权力重构与司法体制改革要充分运用以大数据、云计算、人工智能、互联网技术为代表的数字技术

党的十九届五中全会提出:"加强数字社会、数字政府建设,提升公共服务、社会治理等数字化智能化水平。"司法体制改革的内容,显然是国家治理体系与治理能力的重要构成。尽早利用以"大数据、云计算、人工智能、互联网技术"为代表的现代新兴技术来开展司法工作,应该是国家治理体系和治理能力现代化的基本路径之一。当前,智能移动终端的高度普及、高速网络的全面覆盖、云计算与海量存储的实现,以及"大数据、云计算、人工智能、互联网技术"等现代技术具有精准性、高效性、综合性、利于法治化的特点,显然对于以审判权与检察权为代表的司法权公平、公正、公开、效率、便民目标的实现能够"数字赋能"。2017 年最高人民法院发布了《关于加快建设智慧法院的意见》。2018 年 1 月 3 日,最高人民检察院提出智慧检务建设重大战略,正式印发《关于深化智慧检务建设的意见》。最高人民法院提出"建设智慧法院,就是要构建网络化、阳光化、智能化的人民法院信息化体系,支持全业务网上办理,全流程审判执行要素依法公开,面向法官、诉讼参与人、社会公众和政务部门提供全方位智能服务,使信息化切实服务审判执行,让司法更加贴近人民群众,用先进信息技术不断提高各级人民法院的科学管理水平。"最高人民检察院提出未来智慧检务建设要形成"全业务智慧办案、全要素智慧管理、

全方位智慧服务、全领域智慧支撑”的智慧检务总体架构，到2025年年底，要实现智慧检务的发展目标，以机器换人力，以智能增效能，打造新型检察工作方式和管理方式，全面实现检察工作数字化、网络化、应用化、智能化。最高人民法院与最高人民检察院对于“数字赋能”的认识具有积极的意义，除了要技术层面改变，还应当考虑，由于数字时代的到来，司法体制改革的步调与内容，会不会因为技术的突变而加快或力度加大？由于技术的提升，原来难以解决或解决困难的权力行使与监督都会产生变化。司法体制改革只有紧跟技术的变迁，才会符合时代的需要。